年金制度の展望

改革への課題と論点

坪野剛司
監修

年金綜合研究所
編

東洋経済新報社

まえがき

　2012年（平成24年）頃から，日本において年金をめぐる社会環境は，一部の方々の誤解による悪い風評が広がり，特に若い人の信頼性が著しく低い状況が続きました．

　特に小泉内閣時に導入された"基礎年金番号"の，実施の途中段階で起こったさまざまな問題で，年金への不安心理は頂点に達しました．

　現実には，わが国の年金は1日の遅れもなく確実に支給され，その総額も平成28年度には国税収入とほぼ同額の約55兆円に到達しました．年金がないと地域経済が成り立たなくなるなど，日本社会に隅々までいきわたり徐々に不安は解消に向かっています．

　しかし，若者を中心とした年金不信は，保険料納付率の低迷や最近のいわゆる"振替加算"の支給漏れ等の報道もあり悪い風評は必ずしも解消には向かっていません．

　この半世紀，私的扶養から公的扶養に社会が変化したことにより，年金が存在することによって，子どもが親の扶養から解放されつつあることは，今の若者には完全には理解されていません．日本の人口1億2,700万人のうち現在約7,000万人が年金に加入し，約4,000万人の年金受給者がいます．その約6割が年金収入だけで生活し，高齢者の収入の約7割が年金所得からとなっています．日本の公的年金に不信・不安が続くことは，高齢者はもちろん若者にとってもけっして好ましいことではありません．人生百年と言われる21世紀，一日も早く悪い風評は払拭する必要があります．特に，年金の持続可能性を実証し，制度の安定を確保することが最も重要です．

　年金制度ができて70年間を経て，どこに誤解があるのでしょうか．

　① 社会の変化で時代に合わなくなっている点はないか．

　② 年金先進国の趨勢と乖離していることはないか．

　③ 今の制度に論理的な問題はないか．

　④ 度重なる改正で複雑になりすぎ，世論の理解との間に距離はないか．

　⑤ 日本の人口推移を基に将来を見直し，改革が遅れている部分はないか．

⑥　単に世間が誤解しているだけなのか.

などさらに多くの検討・分析をする必要があります.

　誤解を解消するためには, より客観的かつ長期的な観点から学術的研究を行う必要があります. これらの悪い風評を早く払拭し, 年金制度の正しい理解を深めるためには, 正確な情報とその公開が求められています. これに少しでも応えるため, 経済学・財政学・法学・年金数理・会計学・運用理論など各分野の専門家の知識を融合し, その研究成果を“政策提言”として公表することを目的にした研究所を設立する必要がありました.

　本年金綜合研究所の設立にあたっては, 吉原健二氏 (元厚生事務次官) をはじめ, 評議員 (予定者) の方々に設立目的を説明し, その運営方法などを相談させていただきました. また, 加藤肇氏 (株式会社シーエーシー執行役員) を中心にして重丸幸久部長, 川上智子氏 (初代事務局長) などと日夜議論を交わし, 平成24年 (2012年) 10月1日, 一般社団法人として設立しました. おかげさまで皆様のご理解とご協力を得て今年で5年を経過しました.

　この5年間には, 学者・民間研究者・行政官 (現役・OBを含む) など, のべ数百人の方々が様々なテーマで研究活動を行い, 研究報告をまとめていただきました. そのいくつかは政策提言になっています.

　研究成果は数多くあり, それぞれのテーマごとに別冊としてすべて報告書にまとめてありますが, その中から特に重要な7編を5年間の集大成として1冊の本にまとめることにしました. この7編は副タイトル「改革への課題と論点」とし, 日本の公的 (企業) 年金の将来展望をそれぞれの研究責任者が要約し, 個人的見解を追加し, わかりやすい表現で解説する形をとっています.

　その内容をおおまかにまとめると以下のとおりです.

　国民皆保険・皆年金の形成・展開・変容にあたって. 行政官僚の役割等を年金70年の歴史をみて, 基礎年金創設を含め, これを序章とさせていただきました.

　第1章は, 基礎年金創設30年にあたり, その給付水準の検証, その後, マクロ経済スライドの導入, 財政再計算の廃止と検証計算の導入, 保険料の上限固定, 支給開始年齢, 繰上げ・繰下げ増減率の是非などを幅広く分析してありま

す.

　第2章は，比較困難で難しいと言われている各国の公的年金の実状を分析したうえで国際比較してあります.

　第3章は，国際的にみた理想的な高齢期の所得としての年金像を考えてみました,

　第4章は，リスクを中心とした企業年金のあり方，特に，中小企業にとっての企業年金持続可能性を考えてみました.

　第5章は，本来は一体で考えるべき，年金制度と税の関係を論じております.

　最後の第6章は，企業年金として最も重要なガバナンス問題が記述されている.

　以上のように，多様な改革への論点を取り扱った研究成果の集大成を一冊の本としてまとめてみました.

　また，研究所の事業はこの5年間に，毎月1回各方面の有識者や研究者を中心に，社会保障制度全般について議論する勉強会を50回以上行い，誤解のない社会保障制度の方向性を求めてまいりました. さらに年3回合計16回，東京，大阪を中心にシンポジウムを開催し，のべ5,000人近い方々に参加いただきました.

　今後も設立時の目的に沿い研究活動を続け，"政策提言"や勉強会，シンポジウムを行ってまいりますが，研究者各位には是非ともご協力をお願いします.

　最後に，研究所設立時およびその後の運営において物心両面でご尽力いただいた酒匂明彦氏（CAC Holdings 代表取締役社長）に厚く御礼を申し上げますとともに，本書出版にあたり大変お世話になった村瀬裕己氏（東洋経済新報社）にも厚く御礼を申し上げます.

　　　平成29年（2017年）10月1日

　　　　　　　　　　　　　　　　　一般社団法人　年金綜合研究所

　　　　　　　　　　　　　　　理事長　坪野　剛司

研究にあたって

　本書は，①年金問題の課題の検討・分析・提案，および，②近未来・遠未来において人々の活力ある生活を支える年金および関連重要諸制度について現段階においてなすべき課題について解き明かし，今の世代と将来の世代に提案する，という年金綜合研究所において行っている研究活動の成果を一般の皆様方に提供することを企図したものである．

　年金綜合研究所ができて5年，研究の中でも，多くの読者にとって，根本的に重要な視点，理解していただきたい点を特に選んで取りまとめを行っている．

　年金綜合研究所に設けられた「研究課題検討会」（研究所の関係者および外部の識見により構成されている）においては，今何を研究し関係機関に提言等を行っていくべきかという活動を推進している．その過程では，年金や社会保障だけにとらわれていても限界があるという認識をつねに持っている．

　現在の年金制度の内容の検証と吟味を，所要の角度から行い，必要な提案を行っていくことは大切である．それとともに，改正を重ねて今日に至っている年金制度について，将来に向けて制度を考える場合には，①かつてとは大きく変わっている人口構成や雇用形態の大きな変容，②わが国経済が世界的な様々な事象に大きく影響を受ける形になっていること，③世代間の国民意識が大きな変化や相違を見せていること，など基本的前提が異なってきた現状を直視して，より大胆に制度のあり方・内容を見直すとともに，関連する社会の制度や様々な慣習を変えていく必要がある．

　そうした認識に立って，年金綜合研究所では評議員会・理事会等での検討と論議を経て，根源的に掘り下げた研究を進めることにつとめている．年金綜合研究所として取り組んだ研究・検討結果の本書は，年金のみならず，日本の制度全体が，現在，将来においてより良くなるようにという思いを持ってまとめられたものである．

　なお，出版するにあたっては，研究レポートの表現，特に，専門的でわかり

にくい部分をわかりやすくする工夫をした.

　また, 研究レポートの提案や内容に対して, 様々な考え方があることは当然であり, 様々な議論が起こる契機になり, 年金制度をめぐる認識に一層の深みと広がりができることを歓迎するものである.

年金綜合研究所

研究テーマ検討委員会委員長・評議員　**酒井　英幸**

目　　次

まえがき　　　　　　　　　　　　　　　　　　　　　　　坪野　剛司

研究にあたって　　　　　　　　　　　　　　　　　　　　酒井　英幸

序章　わが国の公的年金制度……………………………………………… I
これまでの歩みを振り返り，今後の課題を考える　　　吉原　健二

1　わが国の公的年金制度のこれまでの歩み ……………………………… I

2　わが国の公的年金制度の今後の課題……………………………………… 6

3　これからわが国の公的年金制度を維持するために重要な3つの政策 ‥ 10

4　おわりに…………………………………………………………………… 14

第1章　公的年金に対する現状認識と課題…………………… 15
畑　満

1　公的年金に対する現状認識………………………………………………… 16

1.1　社会保障制度改革国民会議報告書で示された現状認識　　16

1.2　2014年財政検証で浮き彫りとなった課題　　19

2　基礎年金と厚生年金の給付水準……………………………………………… 20

2.1　1985年改正での基礎年金の給付水準　　20

2.2　1989年改正以降の基礎年金の給付水準　　22

2.3　基礎年金の給付水準と生活保護水準　　24

2.4　福祉元年前の厚生年金の給付水準　　25

2.5　福祉元年の厚生年金の給付水準と標準的な年金モデル　　27

2.6　基礎年金導入時の厚生年金の給付水準と標準的年金モデル　　28

2.7　2004年改革での厚生年金給付水準の実質的引き下げ　　29

3　現在の年金水準と高齢者の消費水準……………………………… 30

3.1　2014年財政検証の標準的年金モデルと現在の年金水準　30

3.2　夫婦高齢者世帯の消費水準と基礎的消費支出水準　31

3.3　高齢者単身世帯の消費水準と基礎的消費支出水準　34

3.4　標準的年金新モデル体系の試み　37

3.5　標準的年金新モデル体系と高齢者の生活水準　38

4　30年後の年金水準と老後生活……………………………………… 41

4.1　現行制度における30年後の年金額と老後生活　41

4.2　オプションを全部実施した場合の高成長30年後の老後生活　43

4.3　オプションを全部実施した場合の低成長30年後の老後生活　46

5　年金水準と支給開始年齢はどうあるべきか……………………… 48

5.1　基礎年金水準のあり方　48

5.2　基礎年金水準の下限設定と支給開始年齢の引き上げ　49

5.3　繰り下げ増額率の見直し　51

5.4　高齢者雇用の現状と課題　53

6　就労期間と年金受給期間の均衡 ………………………………… 56

6.1　欧米諸国の支給開始年齢引き上げの動向　56

6.2　私的年金のあり方　57

6.3　長寿化の進行および就労期間の長期化と年金水準　58

第2章　国際比較からわかる日本の年金制度……………………… 63

佐野　邦明

1　年金制度の国際比較に際しての視点……………………………… 64

1.1　国際比較評価における課題　64

1.2　国際比較評価の意義　67

1.3　国際比較評価における対象制度と評価方法　68

2　年金制度の国際比較評価の結果 ………………………………… 71

2.1　充分性要素に関する評価　71

2.2　持続性要素に関する評価　73

2.3　私的退職給付制度運営の健全性要素に関する評価　76

2.4　年金制度の総合評価結果　78

3　日本の老後所得保障における課題への対応……………………… 81

3.1　マクロ経済スライドの意味　81

3.2　退職後給付個人勘定の創設　81

3.3　公私制度の役割分担のための新たな充分性指標　85

3.4　公的年金制度と私的退職給付制度・自助努力の新たな連携　89

第2章付録……………………………………………………………… 91

第3章　高齢期の所得保障と企業年金制度……………… 105

清水　信広

1　問題の所在と研究目的 ……………………………………… 106

2　老後所得の充分性に関する指標 ………………………… 107

2.1　所得代替率の利用と限界　107

2.2　家計アプローチの考え方　108

2.3　オーストラリアの事例　109

2.4　議論の基礎となる指標整備の必要性　111

3　公的年金と就労との連携，および企業年金の役割 ……… 111

3.1　検討の枠組みと考慮を要する事項　111

3.2　高齢期の就労との連携　112

3.3　長生きリスクへの対応──公的年金と企業年金の連携　115

3.4　年金制度による物価上昇への対応　116

3.5　雇用と就労の変化への企業年金側の対応　117

4　企業年金のいっそうの普及を図るために ……………… 118

4.1　企業年金に関する基本的な認識　118

4.2　企業年金に関する「軟らかい強制」　118

4.3　企業年金のポータビリティ　121

5　金融の角度から見た企業年金 …………………………… 122

5.1　金融仲介機関としての企業年金　122

5.2　金融仲介機関としての企業年金のポテンシャル　124

5.3　企業年金および個人年金をめぐる行政のあり方　125

5.4　金融仲介機関としての将来の可能性と検討課題　127

6　企業年金の運営コストと受託者責任······················128
　6.1　課題運営コストと企業年金改革　128
　6.2　企業年金の規模と運営コスト　128
　6.3　終身年金の運営コスト　129
　6.4　確定拠出年金の運営コストの低減　130

7　企業年金の制度設計と積立規制·······················132
　7.1　年金政策における受容可能性の観点　132
　7.2　企業年金に対する積立規制　133
　7.3　企業年金における下方乖離準備金　135
　7.4　企業年金で用いる割引率をめぐる議論　135

8　リスク共有制度·····························136
　8.1　年金制度におけるリスク共有制度　136
　8.2　リスク共有制度の背景　137
　8.3　加入者の選択の自由の制限　138
　8.4　世代間・世代内のリスク共有と方法　138
　8.5　リスク共有制度の設計事例　140
　8.6　リスク共有制度における財政　142
　8.7　リスク共有制度のガバナンスと情報開示　142

9　企業年金ガバナンスの今後のあり方·················143
　9.1　年金ガバナンスにおける独立した統治機構　143
　9.2　年金ガバナンスの強化とコスト増　143
　9.3　大規模年金への制度統合の必要性　144

10　企業年金税制の今後のあり方·······················144
　10.1　個人の資産形成に対する政府税制調査会の視点　144
　10.2　企業年金と課税の中立性　145
　10.3　企業年金の一般の貯蓄に対する差別化の必要性　145
　10.4　年金掛金の拠出段階における税制　145
　10.5　企業年金の運用段階の税制　146
　10.6　企業年金の給付段階の税制　147

第4章　企業年金の普及と持続可能性················149

小野　正昭

1　企業年金の普及促進の必要性……………………………………150
　1.1　企業年金普及における中小企業の重要性　150
　1.2　日本における退職給付制度の展開の経緯　151
2　退職給付制度の普及促進のための政策提言………………………161
　2.1　退職給付制度に対する中小企業のニーズ　161
　2.2　中小企業のための退職給付制度普及への提言　163
3　企業年金の持続可能性の向上……………………………………171
　3.1　企業にとって長期の約束が難しい時代　171
　3.2　「リスク共有」という考え方　175
4　リスク共有制度の評価と課題……………………………………184
　4.1　リスク共有機能を持つモデル制度の設計　184
　4.2　分析および評価　189
　4.3　リスク共有制度の課題　192

第5章　年金制度と税制……………………………………………195

宮島　洋

1　問題提起──「社会保障・税一体改革」を超えて ………………196
　1.1　社会保障制度と税制の多面的関連　196
　1.2　多面的関連の主要な論点　197
　1.3　税制・税務に依拠する社会保障制度　198
2　社会保障財源の税──消費税を中心に…………………………199
　2.1　公費の基本財源としての税　199
　2.2　「社会保障・税一体改革」における消費税　202
　2.3　EU 付加価値税と社会保障　204
　2.4　日本の消費税の特徴　206
　2.5　わが国の今後の租税財源　209
3　公的年金の税制 …………………………………………………212
　3.1　老後所得保障の仕組み　212
　3.2　公的年金の制度と財源調達　214
　3.3　公的年金の課税方式　216
　3.4　公的現金給付水準の国際比較　218

　3.5　所得課税による年金政策　220

4　企業年金と退職金の税制……………………………………………223

　4.1　年金所得代替率の国際比較　223

　4.2　わが国の企業年金制度の特徴　225

　4.3　企業年金の基準税制　226

　4.4　企業年金税制における積立金課税　229

　4.5　企業年金税制の再編　231

　4.6　退職所得税制の優遇措置　235

　4.7　退職所得税制の抜本見直し　236

5　公正な年金制度とマイナンバー制度………………………………239

　5.1　所得比例年金一本化の理念と実際　239

　5.2　マイナンバー制度と所得把握　241

　5.3　地方税所得基準の不合理　244

　5.4　補論：「給付付き税額控除」の吟味　246

第6章　ガバナンス強化を目的とする
　　　　企業年金検査制度の提案……………………………249
　　　　年金数理人への期待
若杉　敬明

はじめに………………………………………………………………250

1　年金と企業年金……………………………………………………252

　1.1　年金の三本柱　252

　1.2　企業年金の経営的意義　253

　1.3　企業年金とコーポレート・ガバナンス　254

　1.4　従業員に対するインセンティブとしての企業年金　254

2　企業年金の財政とリスク…………………………………………255

3　企業年金運営体制の現状と問題点………………………………257

　3.1　企業年金の運営体制　257

　3.2　企業年金の運営業務の内部統制と内部監査　258

　3.3　企業年金における不祥事発生の原因　258

　3.4　企業不祥事の原因としての内部監査の実態　259

　3.5　確定給付企業年金の行政監査　260

3.6　企業年金運営に対するガバナンスの必要性──企業年金検査　262

4　企業年金検査制度──企業年金を健全・適正に運営するためのガバナンス強化策………………………………………………………………264

4.1　企業年金検査の意義と対象　265

4.2　企業年金検査制度の概要　267

5　企業年金検査制度に向けた監督官庁，
日本年金数理人会および年金検査人の役割………………………………272

5.1　監督官庁の役割　272

5.2　日本年金数理人会の役割　273

5.3　年金検査人の役割　274

6　企業年金検査制度の狙いとその効果……………………………………274

6.1　企業年金検査制度の狙い　274

6.2　企業年金検査制度導入による効果　275

7　むすびにかえて──社会保障審議会企業年金部会の最近のガバナンス論議の問題点……………………………………………………………276

参考文献　281

付録資料　「日本の将来推計人口」（平成29年推計）　　287

あとがき　　　　　　　　　　　　　　　　　　　　　　　　近藤　師昭

研究会メンバー一覧

シンポジウム開催一覧（東京）

シンポジウム開催一覧（大阪）

年金綜合研究所　研究報告一覧

有識者による意見交換会

執筆者略歴

序章

わが国の公的年金制度

これまでの歩みを振り返り，今後の課題を考える*

吉原　健二

1　わが国の公的年金制度のこれまでの歩み

　わが国の民間労働者を対象とする社会保険としての公的年金制度は，1939年（昭和14年）に制定された船員保険法による船員を対象とする船員保険制度が最初である．その2年後日本がアメリカと戦争を始めた1941年に労働者年金保険法が制定され，翌42年から従業員規模10人以上の一般の男子工場労働者を対象とする労働者年金保険制度が発足した．今年（2016年）はそれから75年目の年にあたる．国民皆年金になって55年，基礎年金が発足して30年にあたる年でもある．わが国の年金制度にとって歴史的な大きな節目の年である．そこで最初にわが国の年金制度の75年の歩みを，おおむねわが国の政治，経済の時代区分にあわせ，5つの時期に分けてざっと振り返ってみたい．

　第1期は労働者年金保険法が制定されてから，終戦をはさみ，戦後の混乱，復興期を経て，わが国の経済や国民生活が戦前の水準を回復した1955年（昭和30年）ごろまでの時期である．労働者年金保険法は，1944年（昭和19年）に従業員5人以上の工場労働者，女子のほか，事務職員にも適用が拡大され，名称も厚生年金保険と改められた．制度は戦争によって壊滅的な打撃を受けたが，障害および遺族給付を中心に細々と存続し，1954年に全面改正され，再建され

---

*　本章は，2016年10月に執筆した「わが国の公的年金制度のこれまでの歩みを振り返り，今後の課題を考える」に基づいている．したがって，発足して30年，55年，75年などの記述は，2016年を基準としている．

た．その時，それまでの報酬比例1本の給付体系が，定額プラス報酬比例という体系に改められ，老齢年金の支給開始年齢は55歳から60歳に引き上げられ，財政方式も完全積立方式から修正積立方式に変更された．またおおむねこの時期に国家公務員共済組合，公共企業体職員共済組合，市町村職員共済組合，私立学校教職員共済組合，農林漁業団体職員共済組合などがつくられた．この時期は，被用者年金制度の創設，整備期であった．しかしこれらの被用者年金の適用を受ける者は約1,200万人で，全被用者1,800万人のうちの70％程度であり，従業員5人未満の零細企業の被用者には何の年金制度もなかった．

　第2期が1955年（昭和30年）から75年ごろまでの時期であり，わが国の経済は未曾有の高度経済成長を遂げ，勤労者の賃金水準や国民の生活水準は大きく上昇した．しかし1955年当時，全就業人口約4,000万人のうち年金制度によってカバーされている者は約1,200万人程度にすぎず，まだ全就業者の半分以上を占めていた農業や自営業者などには何の年金制度もなかった．そのため政治が55年体制になってからの初の1958年の総選挙で自民党が全国民を対象とした国民年金制度の創設を最大の選挙公約とし，大勝した．そして1959年，被用者年金が適用されていない20歳以上の全国民を対象とした国民年金制度が創設され，その時すでに70歳以上であった者には同年から無拠出の福祉年金が支給され，61年から拠出制年金の保険料の徴収が始まり，国民皆年金体制となった．昭和40年代に入ると厚生年金，国民年金を通じて年金の給付水準が大きく引き上げられ，昭和30年代には月額3,500円程度であった厚生年金の老齢年金の水準が，1965年（昭和40年）には月額1万円，69年には月額2万円，73年には5万円に引き上げられた．1973年には物価スライド制度も導入された．この時期は経済の高度成長とともに，わが国の年金制度が大きく成長，発展した時期であった．

　第3期が1975年（昭和50年）から90年（平成2年）ごろまでの時期であり，わが国の経済が高度成長から安定成長に移り，バブルが崩壊するころまでの時期である．安定成長とはいえ，高度成長期に比べて税収は大きく落ち込み，国の財政は赤字となった．そのため戦後にできた諸制度を見直す行政改革や，増税なき財政再建が政治の中心課題となった．年金制度については厚生年金と各種共済組合との間の給付体系，給付水準の大きな違い，格差が問題になり始め，わが国で最も古い共済組合である国鉄共済組合の財政の悪化も懸念され始めた．

そのため厚生年金と共済組合の給付体系, 給付水準の統一, 制度間の財政調整, さらには制度全体の再編, 統合が年金制度の大きな課題となった. まず1983年 (昭和58年) に国家公務員共済組合と国鉄共済を含む公共企業体職員共済組合が統合され, 86年に基礎年金の導入を柱とする大改革が行われた. それは被用者であるとないとを問わず, 20歳以上の全国民が国民年金に加入し, 保険料を40年納めれば, 65歳から全国民共通の月額5万円の基礎年金を受け, 被用者はそのうえに2階部分の給付として報酬比例年金を受けることとし, 基礎年金の費用は加入者数に応じた各制度からの拠出金でまかない, 拠出金の3分の1は国が負担するというものであった. これによりすべての被用者年金は基本的に報酬比例年金を支給する制度となり, 1995年 (昭和70年) を目途に被用者年金を一元化することが閣議決定された. この時, 厚生年金については, 5人未満の法人事業所への適用, 将来の給付水準を適正化するための報酬比例部分の給付乗率の引き下げ, 船員保険との統合なども行われた.

　第4期は1990年 (平成2年) から2004年ごろまでの時期であり, 政治は自民の単独政権が長く続いた55年体制が終わり, 自民は野党に転落, その後自社さ, 自自, 自公などの連立政権の時代になった. 経済はバブルが崩壊し, 長い低迷期に入った. 人口は1990年には高齢化率が12%を超え, 生産年齢人口は95年の8,700万人をピークに減少し始めた. 年金制度について将来の年金給付の増加と保険料上昇の抑制が最大の課題となった. まず厚生年金の老齢年金の支給開始年齢が60歳から65歳へ引き上げられ, 報酬比例年金の乗率が引き下げられ, 月収のほか賞与も保険料の賦課対象とする総報酬制が導入された. 2004年 (平成16年) には, 給付の増加と負担の上昇を抑制するため, 年金制度の給付と負担の関係, 財政方式を180度転換し, 保険料率を18.3%を上限に固定し, 積立金の元本も取り崩して給付にあて, 被保険者数の減少や平均寿命の延びを反映させて給付水準を実質的に低下させていくというマクロ経済調整の仕組みが導入された. 同時に基礎年金の国庫負担の3分の1から2分の1への引き上げも決まった. これによりわが国の年金制度は5年ごとの財政再計算のたびに保険料を引き上げたり, 給付水準を引き下げたりする必要がなくなり, 人口の急速な高齢化をのりこえ, およそ100年先まで財政の均衡が保たれる持続可能な制度になった. 残された課題は基礎年金の国庫負担を3分の1から2分の1に引き上げるための安定財源の確保, 非正規労働者に対する厚生年金の適用拡大,

被用者年金の一元化などというのが当時の自公政権や厚労省の認識であった.

　第5期が2005年（平成17年）から今日までのおよそ10年余りの時期であり，わが国のこの時期に民主党政権が誕生し，政治は混迷，激動し，経済もアメリカで起きたリーマン・ショックなどが原因で停滞，低迷し，賃金，物価も上がらないデフレが続いた．そのうえ2011年には東日本大震災が起きた．公的年金制度についても2つのことが原因で大きな政治問題になり，年金制度にとって悪夢のような10年余になった．その第1の原因は2006年に起きた年金記録問題で，1997年（平成9年）から進められてきた全国民共通の基礎年金番号に統合できず，誰のものかわからない厚生年金や国民年金の記録が5,000万件以上もあることがわかった．年金の正確な記録管理のためには，被保険者の氏名や住所，勤務先などが変わったり，死亡した場合には本人や事業主などから届出がないとわからない．したがってある程度誰のものかわからない記録が生ずるのはやむをえないが，その件数があまりにも多かったことから「消えた年金」として大きく報道され，国民に大きな不安を与えた．そしてその原因は年金業務に携わっていた社会保険庁に年金記録管理の重要性についての認識が足らず，ずさんであったことにあるとされ，社会保険庁は廃止され，年金業務は新たに設立された日本年金機構が行うこととなった．

　この時期に年金制度に対する国民の不安，不信を高め，政治問題となったもう1つの原因は，民主党政権の誕生である．小泉内閣のあと，閣僚の不祥事などが相次ぎ，安倍，福田，麻生と1年ごとに内閣総理大臣が変わり，そのうえ年金記録問題が起き，2009年（平成21年）の総選挙で自民党は議席数を300から119に減らす一方，沖縄米軍基地の県外移転や，わが国の公的年金制度を全額税を財源とする月額7万円の最低保障年金と報酬比例年金を組み合わせた全国民1本の新しい年金制度に変えることなどをマニフェストに掲げた民主党が議席を115から309に増やし，政権交代が起きた．しかし民主党の政権運営は未熟で稚拙，党内はバラバラで，鳩山，菅，野田と内閣総理大臣が1年ごとに変わり，マニフェストが掲げた選挙公約は何ひとつ満足に実現できなかった．新年金制度案も法案の骨子すら示すことができず，現行制度に対する国民の不安を高めるだけに終わった．しかし野田内閣の時，自公と協力して財政の再建と社会保障の財源確保の同時達成を目的として「社会保障と税の一体改革」に取り組み，消費税率の8％，さらに10％への引き上げを決めるとともに，年金制

度について基礎年金の国庫負担率の2分の1への引き上げの恒久化，老齢年金の受給資格期間の25年から10年への短縮，非正規の短時間労働者に対する厚生年金の適用拡大などを内容とする「年金制度機能強化法」や「被用者年金の一元化法」などを成立させた．しかし民主党は分裂した．

　一体改革を成し遂げたとはいえ，国民の期待を大きく裏切った民主党は，2012年（平成24年）12月の総選挙で，議席を230から57に激減させて大敗，自民党は295の議席を得て大勝，自公の安倍政権が復活した．2013年の参議院選挙でも民主党は大敗，衆参のねじれは解消され，自民の一強体制になった．安倍内閣は，まず大胆な金利緩和を第1とするアベノミクスにより経済のデフレからの脱却を図った．それにより長く続いた株安，円高が大きく株高，円安に転じ，経済は明るさを取り戻した．そのため2014年4月消費税率を予定どおり5％から8％に引き上げた．しかし，その後，中国をはじめとする世界経済の影響もあって，景気に再び暗雲がただよい始め，消費税率の10％への引き上げは2019年10月まで2度にわたって延期された．しかし同年12月にまだ任期半ばにもかかわらず行われた解散，総選挙でも自民党は291の議席を得て大勝し，自民の一強体制がさらに確実になり，安倍内閣はこれまで憲法解釈上できないとされてきた集団的自衛権を閣議決定で容認し，国民の意見が大きく分かれ，学者のなかにも強い違憲論があるなか，2015年わが国の安全保障政策の大転換である「安全保障関連法案」を成立させた．

　社会保障については，一体改革の際に制定された「社会保障改革推進法」に基づき，2012年（平成24年）社会保障改革国民会議を設置し，その報告に基づき，13年「持続可能な社会保障制度の確立を図るための改革の推進に関する法律（社会保障改革プログラム法）」を制定し，14年に一体改革でできなかった医療，介護について「医療介護総合確保推進法」を制定した．しかし年金については一体改革で成立した年金関連法の着実な実施を推進するとともに，給付水準のマクロ経済調整のあり方等を検討課題にかかげるにとどめ，2016年に，㋐従業員500人以下の企業も労使が合意すれば短時間労働者に対して厚生年金を適用する，㋑賃金変動が物価変動を下回る場合賃金変動にあわせて年金額を改定する，㋒年金額のマクロ経済調整について物価の上昇の範囲内で前年度の未調整分をあわせて調整する，㋓国民年金の第1号被保険者について産前産後の保険料を免除する，㋔年金積立金の管理運用法人（GPIF）について年金積

立金の管理についての重要な意思決定を行う合議制の委員会を設けることなど
を内容とする「年金制度の持続可能性の向上を図るための国民年金法等の改正
法」を成立させた．

　以上がわが国の公的年金制度の75年間の大ざっぱな歩みである．この間わが
国の人口，経済，社会など年金制度を取り巻く環境は大きく変化し，制度のか
たちは分立から統合に向い，保険料は上昇を続けた後，上限が固定された．給
付は急速な拡充の時代から抑制の時代を経て，今後縮小を図っていかざるをえ
ない時代になった．そして1961年（昭和36年）に国民皆年金になってから約半
世紀たった2015年（平成27年）のわが国の公的年金制度は，被保険者数が約
6,700万人，年金受給者は約4,000万人，年金給付費の総額は年約55兆円，対
GDP比11％，保険料の総額は年約30兆円，国庫負担は年約10兆円，年金積立
金は総額年約200兆円という巨大な制度になった．

2　わが国の公的年金制度の今後の課題

　わが国の公的年金制度は，諸外国に比べて制度の創設，誕生は遅かったが，
経済の高度成長や人口の急速な高齢化により，制度の成長，成熟は早く，いま
では成熟度（被保険者数に対する受給者数の割合）は最も高い制度になった．
しかしその一方で制度の将来の持続可能性が最も懸念される制度にもなった．
これからわが国は，人口の高齢化がさらに進むとともに，生産年齢人口や総人
口が急速かつ急激に減少していく．それはわが国の経済や社会に大きな影響を
与えるが，年金制度にとっても制度を支える現役世代の減少を意味するだけに
影響はきわめて大きい．こうしたなかでわが国の年金制度はこれからどのよう
な途を歩むのであろうか．残された今後の課題は何か．2060年ごろの制度の姿
を想像しながら，考えてみたい．

　2013年（平成25年）8月に出された社会保障制度改革国民会議の報告は，こ
れまでの改革によりわが国の公的年金制度の長期的持続可能性はおおむね確保
されたという認識に立ち，㋐給付水準のマクロ経済調整による年金額の改定の
あり方，㋑短時間労働者に対する被用者年金の適用拡大，㋒高齢期における多
様な働き方に対応する年金受給のあり方，㋓高所得者に対する年金給付および
年金課税のあり方，の4つを検討課題とし，一体改革のなかで長期的な検討課

題とされていた年金の支給開始年齢の引き上げについては，給付水準のマクロ経済調整の仕組みが発動されれば年金財政の均衡がとれる仕組みになっており，仮に引き上げても年金の給付総額は変わらず，年金財政への影響はない．それにいま65歳への引き上げの途上にあり，そのさらなる引き上げを論議すべき時期ではないという消極的な見解を示した．

　これまでの改革により，わが国の公的年金制度の持続可能性が確保されたということについては，私もほぼ同様の認識を持っている．しかし制度の持続性をさらに強固なものにするためには，まだいくつかの検討課題が残されていると思う．1つは元気な高齢者に70歳ぐらいまで働いてもらって公的年金制度の被保険者になってもらい，制度によって支えられる側から制度を支える側に回ってもらうことで，そのために現在60歳までとなっている国民年金の被保険者期間を，厚生年金と同様，任意加入ででも70歳ぐらいまで延長するとともに，年金の受給開始年齢もせめて67～68歳まで引き上げることである．その理由は，現在約7,700万人のわが国の生産年齢人口が2060年には4,400万人へと急速かつ大幅に減少することに伴い，現在約6,700万人の公的年金の被保険者数が60年には3,800万人乃至3,900万人程度に減少すると見込まれるからである．これに対し，老齢年金の対象となる65歳以上は2060年には3,500万人程度と見込まれており，障害年金や遺族年金の受給者を含めれば，公的年金の被保険者数と年金受給者数がほぼ同数になる．そうなれば18.3％に固定されている保険料収入と国庫負担および積立金の運用収入によっては年金給付費をまかなうことができない．そこで積立金の元本も取り崩して年金給付費にあてることとしたのが2004年（平成16年）に導入された有限均衡方式と言われる新しい財政方式である．これによって制度は財政的には維持可能とされているが，年金の被保険者数と受給者数がほぼ同数であることは，年金制度の姿としてけっして健全とは言えない．こういうことが予想されるとすれば，早い時期から被保険者数の減少を少しでもくい止め，増やす方策を講ずることが必要である．

　元気な高齢者に70歳ぐらいまで現役として働いてもらうことはけっして無理な話ではない．国際的には15歳から64歳までが生産年齢人口とされているが，わが国の高齢者はいま60歳や65歳では，「高齢」「高齢者」とは思っても，「老齢」「老人」とは思っていない．漢和辞典にも「老」とは本来70歳以上の者をいうと書いてある．70歳ぐらいでは多くの人が元気であるかぎりまだ何らかの

かたちで働きたいと思っている．いまわが国の高齢者の就業率は21.7％と主要国のなかで最も高い．国際的な人口構造の年齢区分を変えるわけにはいかないであろうが，わが国の場合の生産年齢人口は18歳以上70歳未満ぐらいと考えるほうが国民の意識や実態にあっている．それに今後の生産年齢人口の急激な減少は将来深刻な労働力不足をもたらし，70歳ぐらいまでの元気な高齢者に働いてもらわないかぎり，経済を成長させることも難しくなるだろう．

　年金の受給年齢を少しでも引き上げたほうがよいと思うもう1つの理由は，わが国の年金受給者数が総人口の規模に比して多すぎ，年金受給期間も平均寿命に比して長すぎると考えるからである．わが国の総人口は現在は1億2,700万人であるが，2060年には8,600万人程度に減少する．年金の受給開始年齢が65歳のままでは，障害年金や遺族年金を含めて国民の4割以上の人が年金受給者になる．しかも65歳の時の平均余命は現在は男子19.4年，女子は24.2年であるが，2060年には男子は22.4年，女子は27.7年と予想されており，年金の受給期間は20年から30年以上にも及ぶ．年金制度は国民の4割を超える人が平均寿命より15年も20年も早く，25年も30年も年金を受ける制度としてつくられたわけではない．制度の創設時に想定されていたのはせいぜいその半分程度であり，年金制度として果しうる役割，果すべき役割を超えている．

　諸外国の年金の受給年齢もこれまでは65歳が一般的であったが，近年67〜68歳への引き上げが趨勢になりつつある．例えば2060年の人口の高齢化比率が30％と予想されるドイツは2029年に67歳，25％と予想されるイギリスは2046年までに68歳，わずか22％と予想されるアメリカですら2027年に67歳に引き上げることをすでに決めている．これに対して平均寿命が最も長く，人口の高齢化率が40％近くにもなるわが国の受給開始年齢が，マクロ経済調整の仕組みによって給付水準を下げていけば給付総額は変わらないという理由で65歳のままでいいとは思えない．年金の受給開始年齢は「制度のかたち」のみならず，「社会のかたち」を決め，「国民の働き方，生き方」にもかかわる問題であり，年金財政上の問題としてのみ考えてはならない．次に述べるように2014年の財政検証ではマクロ経済調整により基礎年金の水準が，将来大きく低下することが予想されており，それへの対応策としても，早晩この問題を論議すべき時期が来るであろう．

　わが国の公的年金制度のもう1つの大きな検討課題は，2004年（平成16年）に導入された給付のマクロ経済調整の仕組みの全体的な見直しである．上昇すると予想していた賃金や物価が上昇せず，デフレが続いたことなどのため，この仕組みが導入されてから10年間はまったく発動されず，2015年に初めて発動された．この仕組みの発動が10年も遅れたことは年金財政に大きな影響を与え，2014年の財政検証によれば，制度導入時59.3％であった標準世帯の年金の給付水準の所得代替率は62.7％に上がり，導入時には基礎年金，報酬比例年金ともに20年程度と予想されていた調整期間は基礎年金は30年にも及び，夫婦で月額約13万円，36.8％程度の基礎年金の所得代替率は26.0％にも低下することがわかった．基礎年金の所得代替率が26％，金額として月額9万2,000円程度になれば夫婦の老後の生活費の基礎的部分をまかなう年金とはいえなくなる．これに対し報酬比例年金の調整は6年程度で終了し，25％程度の所得代替率も1％程度低下するにすぎないと見込まれている．言い換えればマクロ経済調整は基礎年金を中心に行われることとなる．このような導入時には想定しなかった財政検証結果は，マクロ経済調整の発動条件が賃金や物価の上昇を前提としたものでいいかどうか，基礎年金の調整期間が30年にも及ぶことや，給付水準の大きな低下にどう対応すればよいかなど，マクロ経済調整の発動条件や発動方法について根本的な見直しが必要になったと受け止めなければならない．

　それにもう1つマクロ経済調整について心にとめておくべきことは，この仕組みは年金財政の均衡を図るうえできわめて有効な方策であるが，けっして唯一，最善の方策ではないということである．被保険者数の増加や年金受給者数の減少，被保険者期間の延長や年金受給期間の短縮につながる他の有効な方策を排除したり，不必要とするものではない．マクロ経済調整がたまにしか発動されないとなればなおさらのことであろう．

　社会保障改革国民会議は，高所得者に対する年金給付および年金課税のあり方も検討課題としている．これはいま国の財政が厳しいことから，高所得者の基礎年金の国庫負担について所得制限を導入するかどうかということである．しかし基礎年金に対する国庫負担は国民年金創設時，国民の保険料拠出義務に見合う国の義務として設けられたもので，給付も一体不可分のものである．社会保険方式の年金制度においては納めた保険料が同じであれば給付も同じとい

うのが鉄則であり，所得制限の導入は禁じ手である．職業や所得にかかわらず
国民の誰もが共通で最小限の給付として65歳から基礎年金を受けられるように
しようというのが国民皆年金の趣旨でもある．それにすでに基礎年金を受給し
ている者の受給権を制限することが法律上可能かどうかという問題もある．こ
の問題は税制上の措置で対応するのが適切であろう．

3　これからわが国の公的年金制度を維持するために重要な3つの政策

　戦後71年，わが国は平和憲法のもとで経済の成長，発展と，国民生活の向上
を第1の目標とし，国民は長寿と生活の豊かさを求めて，ひたすら働き，生き
てきた．その目標は見事に達成されたが，同時に諸外国に比べて突出した人口
の減少，高齢化，少子化をもたらし，1,000兆円を超える GDP のほぼ2倍の
巨額の長期債務をかかえるに至った．そしてこれらが社会保障の維持を困難に
しているのみならず，新たな貧困や格差の拡大，地域社会の崩壊，国家財政の
破綻，さらには国家の衰退の懸念までもたらしている．多くの美しい自然も失
われ，長寿や豊かさ，技術の進歩による生活の利便さの向上もいいことばかり
でないことがわかってきた．
　戦後を国民皆年金になった1961年（昭和36年）から数えると，今年は昭和が
27年，平成は28年，あわせて55年の年になる．ほぼ同じ年数であるが，昭和の
27年と平成の28年は，人口も経済も社会も，政治までまったく異なる対照的な
27年，28年となった．昭和の27年はひとことで言えばすべてが成長し，発展し，
増加した時代であった．政治も安定していた．これに対し平成の28年はすべて
が停滞し，減少し，悪化し，政治も不安定な時代になった．日本を取り巻く国
際情勢も大きく変わった．国民の働き方や生活スタイル，価値観なども大きく
変わった．そのなかで，国の借金と高齢者の数と社会保障費だけが増え続けた．
年金制度も昭和の27年は制度の創設，拡大，給付の改善が一番の課題であった
が，平成の28年は，新自由主義，市場原理重視の考え方が強くなるなかで，き
びしい社会保障費の抑制，削減策が進められ，将来にわたり制度を維持するた
めの給付の増加の抑制や給付水準の引き下げが一番の課題となった．
　さらに戦後のわが国の社会保障の歩みを振り返ると，世界に誇るべきは何と

言っても1961年（昭和36年）の国民皆保険，皆年金の達成であった．その一方，本来昭和の時代にわが国がやるべきことをやらずに，諸外国に比べて20年も30年も後れをとった政策が3つある．第1は消費税の導入や増税である．フランスはもっと古いが，ヨーロッパの国々に消費税に相当する付加価値税が導入されたのは1960年代から70年代であり，消費税率は多くの国でいま20％前後である．しかしわが国に消費税が導入されたのは1989年（平成元年）で，税率はまだ8％にすぎない．しかもわが国は税収が不足しても増税せず，国債を発行して不足をまかなってきた．経済を成長させれば増税の必要はないと考えてきたのである．そして減税がしばしば選挙の公約になった．

　第2は平均寿命の延びや人口の高齢化に対応した高齢者の雇用対策，定年制の廃止や年金の受給開始年齢の引き上げである．厚生省が最初に厚生年金の受給開始年齢の引き上げを考えたのは1980年（昭和55年）であった．しかし60歳定年制など雇用がそこまで進んでいないことを理由に労使が強く反対し，与野党も反対して実現することができず，厚生年金の定額部分の引き上げが決まったのは1994年（平成6年），報酬比例部分の引き上げが決まったのは2000年，実際に引き上げが始まったのは01年，定額部分と報酬比例部分をあわせ，男女とも65歳になるのは，何と65歳以上人口が3,700万人，高齢化率が31.6％にもなる2030年となった．あまりにも遅すぎる．

　第3は児童手当制度や家族手当制度の創設などの，児童家庭対策や少子化対策である．ヨーロッパの各国に児童手当制度や家族手当制度が実施されたのはフランスが最も早く，1933年であった．第2次世界大戦後の1946年にイギリス，48年にスウェーデン，55年にドイツにも児童手当制度が実施された．しかしわが国は，戦前はむろん，戦後も，子どもの養育はすべて親の責任と考えられ，賃金体系などとの関係もあって，費用の負担を求められる事業主などが反対し，社会保障としての児童手当制度が創設されたのは1972年であった．それも義務教育終了前の第3子以降，月額3,000円というもので，たいした制度にはならなかった．

　人口の少子化の原因であるわが国の女子の合計特殊出生率は，戦前は4から5以上であった．戦後も1947年（昭和22年）から49年までの3年間は出生率が高く，第1次ベビーブームと言われた．その後経済の高度成長の時代に急速に低下していったが，1966年の丙午（ひのえうま）の年のほか，おおむね人口維持

水準である2.10を前後していた．しかし1974年以降おおむね一貫して下がり続け，89年（平成元年）に1.57，2005年（平成17年）には1.26になった．しかし昭和の時代は人口の急速な高齢化への対応が大きな課題とされ，出生率の低下，少子化を問題とすることはむしろタブーであった．出生率が1989年に1.57に落ち込んでからは次第にタブーではなくなり，2003年に少子化対策基本法が制定され，国が少子化対策に本腰で取り組むようになった．

　こういった政策の遅れが，いま問題になっているわが国の社会保障の高齢世代に対する給付への偏り，給付と負担の世代間の格差や不公平，年金制度の持続性への不安などの原因となっている．

　したがって消費税率のせめて15％程度までへの引き上げ，高齢者の就業率の向上，少子化対策の3つの政策は，これからわが国が公的年金制度を維持していくためにしっかり取り組んでいかなければならない重要な政策である．なかでも人口の少子化対策はわが国がこれから何十年もの長期にわたって取り組むべき最重要かつ最優先の課題である．

　わが国の2014年（平成26年）の女子の合計特殊出生率は，1.42であるが，東京23区は1.15であり，新宿区などではすでに1.0を割っている．このままでは2100年にはわが国の総人口は約5,000万人，15歳以上65歳未満の生産年齢人口はその約半分の2,500万人，65歳以上の高齢人口が約4割の2,000万人，15歳未満の年少人口が1割を切って約450万人になると推定されている．人口の減少を悲観的にばかり考える必要はないという意見もあるが，私はそうは思わない．体が弱り，病気がちで，医療や介護の必要な75歳以上の後期高齢者のお年寄りが多くなり，元気で明るい子ども達の声がほとんど聞かれない国になる．人口の少ない町村は消滅していかざるをえない．それはけっして遠い先の話ではない．私どもの子や孫の時代にそうなるのである．

　人口の少子化対策は，子どもの出生率を上げることだけが目的であってはならない．結婚するかしないか，子どもを産むか産まないかは，あくまで国民一人ひとりが選択し，決めることであって，国がいくら旗を振っても黙って国民が従うというものではない．国がやるべきことは，国民が結婚し，安心して子どもを産み育て，それに喜びや幸せを感ずる環境や条件を整備することである．

　さらに少子化対策は生まれた子ども達が心身ともに健やかで，高い資質，能力を持つ成人に育つ対策を含むものでなければならない．そのためには教育に

もっと力をいれるとともに，最近増えつつある子どもの貧困や虐待，いじめなどの問題にも対策が講じられなければならない．わが国の教育に対する公的支出の対 GDP 比は 3 ％程度で，OECD 諸国のなかで最も低い国に属する．国がこれからどの程度人をつくり，人を育てる対策に真剣に取り組み，成果をあげるかにわが国の未来がかかっている，といっても過言ではない．

　最近，国連をはじめいろいろな機関が150カ国程度の世界各国の国民の幸福度，国民の満足度の比較調査を行っている．幸福度や満足度の指標は，裕福度（1人当たり GDP），健康度（健康寿命），人生の選択における自由度，仕事や頼れる人の有無などであるが，どの調査でも幸福度，満足度が一番高い国はデンマークであり，フィンランドやノルウェーなどがそれに続き，アメリカは10番目程度，日本は何と四十数番目である．一方，日本の年間の自殺者数は約 3 万人で，人口10万人当たりでは，OECD 諸国のなかで韓国，ハンガリーに次いで高く，アメリカの約 2 倍，イギリスやイタリアの約 3 倍である．

　付加価値税率が20％を大きく超え，税などの国民負担率が50％，60％であるにもかかわらず，北欧諸国の国民の幸福度，満足度は何故こんなに高いのだろうか．それは国民が何よりも個人の自立と平等を大切にすると同時に，相互扶助と連帯の精神も強い．また増税であれ，減税であれ，税は行政や公共サービスに関する国民の政府に対する願望，要望であり，それが確実に実現し，税が国民に還元されていることが目にみえるかたちで実感できることが大きな理由の 1 つと言われている．日本の国民負担率はまだ40％程度で，アメリカや韓国，メキシコなどとともに，世界各国のなかで最も低い国に属する．平均寿命も最も長い国でありながら，国民が感じている幸福度，満足度は四十何位とは情けない．

　2014年（平成26年）の衆議院に引き続き，16年の参議院選挙でも与党で過半数をとった安倍政権は，20年の GDP600兆円，子どもの希望出生率1.8の達成を目標に，経済の再生，働き方改革，子育て支援などを進め，「1 億総活躍社会」の実現を目指している．「1 億総活躍社会」といっても具体的な意味がよくわからないし，戦前を知る人間にとってはそのようないい方には少し引っかかるものがあるが，男女や年齢を問わず，すべての国民が元気であるかぎり，その能力を生かして生涯現役で活躍し，社会に貢献してもらおうということであろう．その実現はけっして簡単ではないが，目標としては大変結構であり，

国はその実現に向けて最大限の努力をしてほしい．これからわが国の人口はいずれ1億人を切ることは間違いないし，経済もアメリカ，中国に次ぐ第3位の国であり続けることは無理であろう．そうなってもわが国がいろいろな面で独自の良さと輝きを持ち，国民が明るい希望を持って，生きる誇りと喜びを感じられる国になってほしい．

4　おわりに

先に述べたように，いまわが国の公的年金に加入し，保険料を納めている被保険者数は約6,700万人，一方で年金受給者数は国民の3人に1人，約4,000万人である．1人当たりの年金額は平均月額10万円を超える．公的年金の老齢年金は平均寿命が90歳にもなる国民の長い老後の生活を支える重要な社会保障給付であると同時に，国民の長寿に対するお祝い金，長く社会に貢献した人に対する感謝と功労のお金でもある．年金給付には障害給付も遺族給付もある．制度を支える現役世代の被保険者数がこれから大きく減少する以上，年金額の水準は少しずつ低くなっていかざるをえないが，公的年金制度を是非のちのちの世代にしっかり引き継いでいき，わが国を老後に不安のない，幸福度の高い長寿国にしてほしい．そのためには保険料を納めれば老後に確実に年金が受けられるという制度に対する国民の強い信頼感，制度を管理する国への強い信頼感が欠かせないということを国は忘れてはならない．

最後にもう1つ安全保障関連法成立に関連して，憲法改正論議が高まってきた．自民・公明の両党のほかに日本維新の会などを加えると，衆参両院において憲法改正の発議に必要な改憲勢力は3分の2を超え，今後憲法改正論議がさらに高まることは間違いない．いまの日本国憲法には国民の勤労の権利とともに勤労の義務の規定があり，納税の義務の規定もある．国民に健康で文化的な最低限度の生活を保障することは今後とも国の重要な責務である．そのための社会保障の費用はほぼ約6割が保険料，約4割が税でまかなわれている．憲法を改正する際には納税の義務にあわせて国民の保険料納付の義務も憲法に規定してほしい．保険料を納めることを憲法上の義務であることを国民が自覚し，保険料をきちんと納めることこそ，社会保障制度を維持させていくうえで最も大事だと思うからである．

第 **1** 章

公的年金に対する
現状認識と課題

畑 満

要　旨

　公的年金の課題については，社会保障制度改革国民会議報告書で，①マクロ経済スライドの見直し，②短時間労働者に対する厚生年金への適用拡大，③高齢期の就労と年金受給のあり方，④高所得者の年金給付の見直し，の4つに整理された．このうち，高齢期の就労と年金受給のあり方に関係する年金支給開始年齢については引き上げを行う必要はなく，個々人が一人ひとりの人生における就労期間と引退期間のバランスをどう考えるかは個人の選択に委ねればよい，と報告書では基本的に認識されている．

　この状況の中で2014年（平成26年）財政検証が行われ，将来における基礎年金水準の大幅な低下と，報酬比例部分よりも相当長期間にわたり基礎年金水準の低下が続くという問題が2009年財政検証に続いて改めて確認された．特に経済が低成長の場合には，その問題がより深刻なものとなることも判明した．

　現行制度で所得代替率50％が確保されると見込まれている経済高成長のケースであっても，約30年後の2050年ごろには標準的年金受給者の年金額ですら70歳台後半以降になると相対的貧困線相当水準を下回ることが本章の分析で明らかになった．

　この解決策として，マクロ経済スライドをデフレ下でもフルに発動するオプション，月5万8,000円以上の賃金収入があるすべての被用者へ適用拡大をするオプション，基礎年金の保険料拠出期間を現在の40年（20〜60歳）から45年（20〜65歳）に延長し拠出年数が延びた分に合わせて基礎年金が増額する仕組みとするオプション，の3つを全部実施しても，経済が低成長のケースでは約30年後の2050年ごろには標準的年金受給者ですら80歳台後半以降になると相対

的貧困線相当水準を下回るし，非正規就労を40年続けた人は経済が高成長のケースでも70歳台後半以降では相対的貧困線相当水準を下回ることも本章の分析で明らかになった．オプションを実施するだけでは老後生活を乗り切れないため，基礎年金や厚生年金の水準，支給開始年齢のあり方などを見直す必要がある．

　基礎年金の水準については，介護保険や医療保険の負担に耐えうるように基礎年金の下限を設定することや，低所得高齢者向け住宅政策や家賃補助政策と組み合わせた基礎年金水準を設定するなど水準のあり方を見直す必要がある．基礎年金の下限設定にあたっては，保険料水準を引き上げずに現行給付水準もしくはそれに近い水準を維持する観点や高齢者の健康水準の上昇・長寿化の進行に対応した就労期間の長期化を図る観点から，65歳を超えた雇用の確保と連動して支給開始年齢を引き上げて受給期間を短くする代わりに年金水準の実質的引き下げを極力回避する必要がある．

　非正規雇用者への厚生年金適用にあたっては，適用を避けるほうが事業主にとって有利となることのないように，適用事業所における雇用者全員の給与総額に厚生年金保険料を賦課し徴収することが必要である．また，低賃金の非正規雇用者に対する厚生年金の適用にあたっては，事業主が保険料の7〜8割程度を負担し，本人の保険料負担をその残余とすることで軽減する仕組みを導入することも検討する必要がある．

　65歳を超えて就労する際の賃金低下に対しては，職務に沿った勤務・給与体系の確立や最低賃金水準の引き上げ等の賃金・雇用制度の見直しのほか，企業年金や個人年金など私的年金について，従来のDB（確定給付年金制度）かDC（確定拠出年金制度）かの議論にとどまることなく，退職一時金税制の見直しや私的年金の強制化などを含め拡充や革新が必要である．日本の厳しい超少子高齢社会を乗り切るためには，公的年金のみならず賃金・雇用制度，リカレント教育の強化等の教育制度，税制等の所得再分配の見直しなどの社会経済全体の仕組みの変革，私的年金の革新など包括的かつ統一的な見直しが必要である．

1　公的年金に対する現状認識

1.1　社会保障制度改革国民会議報告書で示された現状認識

　現在の公的年金制度は2004年（平成16年）の年金改革による枠組みで運営されている．保険料の上限を固定して，その財源の枠内で年金を支給することに

より，負担が際限なく引き上がることへの経済界の懸念に対処するものとなっている．また，その代償としてマクロ経済スライドの導入により，現役世代のボーナス込みの平均手取り収入に対する標準世帯（夫：サラリーマン厚生年金加入40年，妻：専業主婦）の老齢年金の比率（所得代替率）が下がっていくように調整する仕組が組み込まれている．ただし所得代替率がどこまでも下がっていくのでは，老後生活における所得の主柱としての役割を担わされている公的年金がその役割を果たせなくなるため，所得代替率には50％の下限が設けられている．仮に50％を下回る場合には，マクロ経済スライドによる年金額調整を終了して，政府は年金給付と費用負担のあり方を見直すこととされている．

　2013年（平成25年）8月にとりまとめられた社会保障制度改革国民会議報告書において，公的年金の課題は，マクロ経済スライドの見直し，短時間労働者に対する厚生年金への適用拡大，高齢期の就労と年金受給のあり方，高所得者の年金給付の見直し，の4つに整理された．

　このうち，高齢期の就労と年金受給のあり方に関係する年金支給開始年齢については，2025年までかけて厚生年金の支給開始年齢を引き上げている途上にあり，ただちに具体的な見直しを行う環境にはないとして，中長期的課題とされた．この背景には，2004年の年金改革で保険料の上限が固定され，その財源枠で年金の給付総額が制御される財政方式に変わったため，支給開始年齢を引き上げても長期的な年金給付総額は変わらず，支給開始年齢の引き上げは年金財政の観点からの対策ではなくなったとの認識がある．長期的な年金給付総額が変わらないのであるから，支給開始年齢を引き上げると受給者の数が絞られ個々人の年金支給額が引き上がることになる．しかしながら，支給開始年齢を引き上げなくても雇用が65歳を超えて延長され引退年齢が上昇すれば，引退年齢時からの繰り下げ受給を個人が選択することにより支給開始年齢を引き上げた時と同程度の水準の年金額を獲得できる．よって，個々人が一人ひとりの人生における就労期間と引退期間のバランスをどのように考えるかは，個人の選択に委ねればよいと報告書では認識されている．マクロ的には，高齢者のみならず子供も含めた非就労人口と就労人口のバランスの問題として支給開始年齢の問題を考えるべきとの指摘も示されている．高成長ケースのように60歳台後半まで就業率が大幅に上昇すれば，非就労人口と就労人口のバランスは1950年代と2050年代とはほぼ同じであるから支給開始年齢引き上げを行う必要がない

と考えられているものと見受けられる.

　ただでさえ労使双方の反対が強いなかで,支給開始年齢の引き上げを行う必要はないとの認識もあろう.所得代替率が50％へ引き下げられていくなかで支給開始年齢を引き上げると,保険料上限固定方式のもとで浮いた財源は既裁定受給者を含む全世代に薄く配分される.所得代替率の低下が50％に達する途中で終了するから,公的年金制度の枠のなかだけで考えれば給付と負担の倍率が有利とされる現在の受給世代の給付水準が相対的に高止まりし,将来世代は給付水準こそ上昇するものの支給開始年齢が引き上がることにより給付と負担の倍率が不利になるとの議論がある.公的年金で給付と負担の倍率を論ずるのは誤りであるのに,支給開始年齢引き上げ不要論の根拠の1つとされた.

　このほか,高所得者の年金給付の見直しについては,高齢期の所得によって基礎年金の国庫負担相当分の給付を調整することは社会保障・税一体改革関連法の自公民の3党協議で否定的な扱いがなされ,公的年金等控除などの年金課税のあり方の見直しのなかで検討される方向となっている.

　したがって,取り組むべき課題は,①マクロ経済スライドの見直し,②短時間労働者に対する厚生年金への適用拡大,③基礎年金の保険料拠出期間の65歳ないしは67歳への延長,の3つであるとの認識が社会保障制度改革国民会議報告書における到達点である.

　2014年（平成26年）財政検証においては,①マクロ経済スライドの見直し,②短時間労働者に対する厚生年金への適用拡大,③基礎年金の保険料拠出期間の65歳ないしは67歳への延長,の3つの課題についてオプション試算が行われ,それぞれのオプションは公的年金の持続性を高めることが判明した.

　ただし,3つの課題のうち,①マクロ経済スライドの見直しについては,物価・賃金の伸びが低い場合でもマクロ経済スライドによる調整がフルに発動されるような仕組みではないが,年金の名目額が前年度を下回らないこととする条件を課しつつ賃金・物価上昇の範囲内で前年度までの未調整分をあわせて調整する仕組み,いわゆるキャリー・オーバー方式が2016年の国会で成立した.自公連立の巨大与党のもとで成立した法律だけに,マクロ経済スライドの見直しをめぐっては一応の決着をみたということであろう.現状認識の到達点の立場に立てば,残された取り組むべき課題は,②短時間労働者に対する厚生年金への適用拡大,③基礎年金の保険料拠出期間の65歳ないしは67歳への延長の2

つとなる.

1.2　2014年財政検証で浮き彫りとなった課題

　2014年（平成26年）財政検証によれば，将来における基礎年金水準の大幅な低下と報酬比例部分よりも，相当の長期間にわたり基礎年金水準の低下が続くという問題が2009年財政検証に続き改めて確認された. 特に経済が低成長の場合には，その問題がより深刻なものとなることも判明した. 現在のマクロ経済スライドの調整のやり方では報酬比例年金の調整期間は6年程度で，25％程度の所得代替率も1％程度低下するにすぎないのに対して，経済が高成長のケースでも基礎年金の調整期間は30年にも及び，36.8％の所得代替率が26％程度にまで低下する. 現在のマクロ経済スライドによる調整は基礎年金を中心に調整が行われるから，2017年現在夫婦2人での基礎年金額である約13万円が，30年近く後の2040年代半ばには経済が高成長のケースですら名目額ではともかく実質的には9万2,000円程度に低下する. そのため，基礎年金の本来の役割が果たせなくなるおそれが強い. 厚生年金受給者の間でも，基礎年金は再分配機能を果たしている. 基礎年金が報酬比例部分の年金よりも大きく実質的水準が低下すると，賃金が高かった厚生年金受給者よりも，賃金が低かった厚生年金受給者のほうが年金水準の実質的低下が大きくなる. 非正規雇用者の増大により低賃金雇用者が増えており，これらの者が将来受給者になった時に，生活困窮者が増大する可能性は十分にある. マクロ経済スライドや既裁定物価スライドにより年金の実質的価値が低下していくなかで医療保険や介護保険の保険料負担や利用者負担が相当に重いものとなっていく可能性は高い. 年金が中所得者や低所得者にとってあまりにも不十分なものであれば，結局のところ税を財源とした低年金者対策を迫られたり，年金に対する信頼が低下したりすることになる.

　本章では，2014年財政検証に用いられた標準的年金モデルだけでなく，現在の典型的パターンとして，①夫婦共働きモデル，②生涯独身男性モデル，③非正規雇用の生涯独身男性モデル，または④同女性モデルを抽出し，合計5つのモデルを取り上げた. 将来の医療保険や介護保険の保険料負担と利用者負担，所得税や住民税の負担を考慮して，これらのモデルの年金額が老後生活のなかで機能を発揮できるに足るものか否か，その十分性を無業の夫婦高齢者世帯や

高齢者単身世帯における消費支出の平均のみならず，分布にも視野を広げて検証している．年金額がもし十分性に欠けるならば，そのような事態を避けるためにはどのような政策が必要となるのか，についても考察を行った．

　従来，基礎年金や厚生年金の年金水準については，無業である65歳以上の高齢者単身世帯や夫婦高齢者世帯における基礎的消費支出額や消費支出額の平均値などと対比することにより，基礎年金や標準的年金モデルの新規裁定年金額の水準や所得代替率が議論されるにとどまっていた．しかしながら，65歳を超えると現在の労働市場の状況では就労は一般的には必ずしも容易ではないから，既裁定年金の年金水準についても考察を深める必要がある．

2　基礎年金と厚生年金の給付水準

2.1　1985年改正での基礎年金の給付水準

　公的年金は老後生活の所得保障の主柱であり，老後生活の確かな支えとならなければならない．しかし公的年金は老後生活のすべてを支えるものではない．2014年における高齢者の所得のうち公的年金・恩給の占める割合は67.5％と3分の2を超えているが，働ける間の稼働所得，老後に備えた私的年金，資産所得，仕送りによる親族扶養も老後生活を支える手段である．基礎年金の給付水準については，老後生活の基礎的部分を保障することを政策目標として，高齢者の生活費等を総合的に勘案して1985年（昭和60年）改正で設定され，さまざまな調査結果をもとに1984年度（昭和59年度）価格で月額1人5万円，夫婦で10万円と定められた．このような額に定められた根拠は以下のとおりである．[1]

　第1は，1979年全国消費実態調査結果による65歳以上の高齢者の単身無業世帯における基礎的消費支出額である．消費支出額は7万2,548円で，このうち保健医療費，交通・通信費，教養娯楽費，諸雑費などのその他の消費支出を除いた食料費，住居費，光熱・水道費，家具・家事用品費，被服および履物費を生活費のなかの基礎的消費支出と考えると4万0,685円となる．この額に1979～83年までの累積消費者物価上昇率17.0％を考慮したものを84年度価格と

すると 4 万7,601円と，5 万円近い水準となる．夫65歳以上，妻60歳以上の夫婦 2 人世帯における消費支出額は全国消費実態調査結果によれば13万2,578円で，基礎的消費支出額は 7 万1,567円となり，1984年度価格では 8 万3,733円となる．この水準は10万円よりはかなり低く，基礎的消費支出以外の保健医療費や交通・通信費などの一部はまかなえる水準であった．

第 2 は，1983年家計調査結果による全世帯，勤労者 2 人世帯，一般 2 人世帯の基礎的消費支出である．これらは，それぞれ10万2,442円，10万9,822円，9 万5,630円とおおむね10万円前後であり，高齢の夫婦 2 人世帯に対する基礎年金10万円は全世帯などの基礎的消費支出におおむね均衡した額であった．

第 3 は，高齢者世帯の所得である．厚生省の国民生活実態調査結果によれば，高齢者世帯の1983年の所得は一世帯当たり平均で210万8,000円，平均世帯人員は1.53人であった．単身で年60万円，夫婦で120万円という基礎年金の水準は所得の面から見てもおおむね老後所得の半分程度は保障していると考えられた．

第 4 は，厚生省年金局が1982年（昭和57年）11月から83年 1 月にかけて各界の有識者1,000人を対象に今後の年金制度のあり方について調査を行った「21世紀の年金に関する有識者調査」の結果である．この調査結果でも，年金制度が成熟し加入期間40年が一般的になった時の国民年金の望ましい給付水準は夫婦で月額10万円程度とする有識者が42.5％と最も多かった．

以上のような根拠に基づいて基礎年金の水準が月額 1 人 5 万円，夫婦で10万円と定められた．基礎年金の導入は実質的には全国民一本の新年金の創設であった．基礎年金が導入されたのは内閣総理大臣の諮問機関であった社会保障制度審議会が1977年（昭和52年）12月と79年10月の二度にわたって「皆年金下の新年金体系」と題して行った建議の影響があった．それは日本の年金制度を新しく税方式の基本年金と，それに上乗せされる社会保険方式の年金の二階建て方式とし，基本年金は65歳から単身月額 3 万円，夫婦 5 万円を支給するものであった．夫婦 5 万円は老人夫婦世帯の標準的消費支出額のおおむね 5 割程度として設定された．この建議は基本年金の財源に年金目的税として所得型付加価値税を創設する構想であったが，当時新たな間接税として消費税の導入が考えられはじめていたこともあって論議は深まらなかった．社会保険方式による年金制度が創設されてから相当の年月が経過していることもあり，社会保険方式による基礎年金と上乗せの報酬比例年金からなる二階建て年金として厚生省か

ら実現可能性のある考え方が提示され実現したものである.

2.2　1989年改正以降の基礎年金の給付水準

その後の1989年（平成元年）財政再計算に基づく制度改正おける基礎年金額の改定においても同様の考え方が踏襲されたが，94年財政再計算に基づく制度改正では，全世帯の消費水準の伸びや現役世代の所得の伸び等を勘案して基礎年金の水準が決定された．1989年全国消費実態調査における65歳以上の単身無業世帯の基礎的消費支出額は，調査のサンプル数が少なく，バブル期であったこともあって，平均値が高かった．急激に高くなった基礎的消費支出額の平均値を基準にして基礎年金の水準の引き上げを行うと，その年金水準がさらに基礎的消費支出の増大をもたらすというスパイラル現象を引き起こす可能性が高い．すると高齢者の生活水準が現役世代の生活水準よりも上方に乖離するおそれが強くなるだろう.

その後の2000年（平成12年）改正においても，1994年財政再計算における全世帯の消費水準の伸び等を勘案して基礎年金水準を設定する方式が踏襲されたが，94年財政再計算以降における全世帯の消費水準の伸びよりも消費者物価の伸びが高かったため，購買力維持の観点から消費者物価の伸びに応じた基礎年金の水準が設定された．この改正で既裁定年金は賃金スライドではなく消費者物価スライドとされたから，賃金上昇率が消費者物価上昇率を上回る経済成長が実現した場合には基礎年金額は新規裁定年金受給者と既裁定年金受給者とで額が異なる構造が導入されたことになる．ただ，物価がマイナスであるにもかかわらず2000年度から02年度まで基礎年金額を引き下げない特例措置をとったことや，経済がデフレ基調であったため，この構造はいままでは出現したことはない．しかし，今後，賃金上昇率が物価上昇率を上回ることが続けば，この構造が常態化することになる.

2004年（平成16年）改革では保険料の上限固定方式が導入され，保険料，国庫負担，積立金の運用収入と元本，これらの収入の枠内で，おおむね将来100年間の年金給付をまかなうこととされた．2002年に発表された国立社会保障・人口問題研究所の将来推計人口で，それまでの推計と比べて格段に高齢化が進む見通しが出された．1人の女性が一生涯に産む子供の数は50年後の2050年でも1.39とされ，少子高齢化が急速に進み，世界にも例を見ない厳しい超高齢社

図表 1-1　高齢者単身世帯の基礎的消費支出と老齢基礎年金額の推移

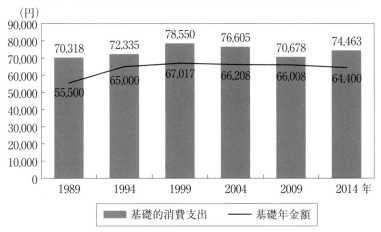

（注）　1．基礎的消費支出は総務省「全国消費実態調査」．
　　　　2．1989年の基礎的消費支出は60歳以上で無業単身世帯の計数．
（出所）　年金綜合研究所［2016］「公的年金の現状と課題に関する研究」『報告書』に基づき筆者作成．

会が到来すると見込まれた．65歳以上人口が全人口に占める割合はピーク時の2054年には36％に達すると見込まれたため，保険料の上限を固定した財源の枠内で支給開始年齢を65歳に固定したままで当時の年金水準を確保することは不可能であった．支給開始年齢の引き上げは労働界の反対が強いなかで2000年改正においてようやく65歳への引き上げが25年に実現することになったばかりで，さらに引き上げることができる環境ではなかった．その状況のなかで年金給付をまかなう手段としてマクロ経済スライドにより年金額を実質的に引き下げる調整の仕組みが導入された．2004年（平成16年）財政再計算により，厚生年金の報酬比例部分のみならず基礎年金にもマクロ経済スライド調整を適用することで将来20年近くにわたり給付水準を引き下げれば，おおむね将来100年間の年金財政が均衡する見通しが示された．

　2000年以降03年までの間，「家計調査」における無業の高齢夫婦世帯や高齢者単身世帯の基礎的消費支出はおおむね横ばいないしは減少傾向であり，消費者物価上昇率はマイナスであった．物価がマイナスであったにもかかわらず，デフレ基調の経済のさらなる落ち込みを懸念して，基礎年金水準を据え置く物価スライド特例措置が2000年から02年の3年間にわたり行われた．このため2004年改正で設定された基礎年金額については夫婦2人で13万2,000円となっ

図表1-2　夫婦高齢者世帯の基礎的消費支出と老齢基礎年金額の推移

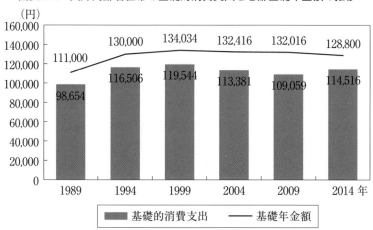

(注)　1．基礎的消費支出は総務省「全国消費実態調査」．
　　　2．1989年および1994年の基礎的消費支出は，無業の夫65歳以上，妻60歳以上のみの世帯の計数．
(出所)　年金綜合研究所［2016］「公的年金の現状と課題に関する研究」『報告書』に基づき筆者作成．

たが，本来水準では13万円であった．マクロ経済スライド調整により約20年後の2023年度には賃金水準対比で基礎年金水準は15％実質的に引き下げられる見通しとなり，実質的には11万円程度と見込まれた．

　この年金改革により基礎年金水準を取り巻く構造はさらに大きく変容したが，2000年以降の経済のデフレ基調のため，マクロ経済スライドは2015年度に発動されるまで一度も発動されることはなかった．基礎年金水準をめぐって検証は行われていたが，基礎的消費支出の動向から見ると，現在の基礎年金水準は無業の夫婦高齢者世帯の基礎的消費支出をまかなうには十分であるものの，無業の高齢者単身世帯の基礎的消費支出をまかなうには不十分である．また，基礎年金から天引きされる介護保険料が急激に上昇してきていることに加え，医療保険や介護保険の利用者負担が制度改正により高まってきている．これらの問題にまで視野を広げた議論はほとんど行われないまま現在に至っている．

2.3　基礎年金の給付水準と生活保護水準

　基礎年金が創設された1985年改革における基礎年金額は1984年度価格で5万円であり，当時の生活保護水準における生活扶助費と比べると2級地の男性5

万3,050円，女性5万1,980円と3級地の男性4万7,800円，女性4万6,830円の
額の間に収まる水準であった．

その後，生活保護水準の級地区分が6区分に変更され，基礎年金額の水準は
2級地-2と3級地-1の間に収まる水準であったが，2014年度（平成26年度）
では3級地-2とほとんど変わらない水準にまで低下した．

もとより，公的年金と生活保護とは制度の目的や役割がまったく違うもので
あるから，基礎年金額が生活扶助費を必ず上回らなければならないというもの
ではない．生活保護には原因の如何を問わず個人個人の収入や資産などを厳格
に調べる資力調査があり，預貯金などの資産，勤労，三親等以内の親族による
扶養などあらゆる手段を講じてもどうしても最低生活水準に満たない時には，
その差額が支給されるのが生活保護である．これに対して，基礎年金は，老後
生活の基礎的部分を保障するものとして高齢者の単身無業世帯の基礎的消費支
出などを基準にして設定され，40年間の保険料納付を事前に行った結果，満額
を権利として受給できるものである．貧困に陥った時の事後的な救済としての
生活保護と，老後生活の基礎的部分を事前に保険料納付により準備する基礎年
金とは根本的に性格が異なる．

しかしながら，生活扶助第1類費は個人単位の経費で食費や被服費などから
なるし，生活扶助第2類費は世帯共通経費で光熱費や家具什器などからなって
いるほか，住まいを持たない人には住宅扶助費が別に設定されており，高齢者
の単身無業世帯の基礎的消費支出などを基準にして設定される基礎年金水準が
生活保護基準とまったく無関係とも言い切れない面がある．基礎年金額が生活
扶助費よりも相当に低い額になり，高齢者の基礎的消費支出をまかなうのが困
難になってくると年金制度としての機能が十分には果たせず，信頼性を損なう
おそれが強くなってくるであろう．

2.4　福祉元年前の厚生年金の給付水準

労働者年金保険が1941年（昭和16年）に制定され，その後44年の改正で名称
を改められた厚生年金保険は，戦後の混乱期を経て54年に再建された．この時，
養老年金は老齢年金と名称が改められ，老齢年金額も従来の報酬比例年金だけ
ではなく定額部分も加えたものに改められた．定額部分は月額2,000円，報酬
比例部分は平均標準報酬月額（加入期間全期間にわたる標準報酬月額の平均で

ボーナスは含まない）に加入月数1月当たりの給付乗率5/1,000と加入月数を乗じた額とされた．標準報酬月額は加入者個々人に毎月きまって支給される給与などを基準として，個人ごとに複数のランクに分類して保険料や年金額計算の基礎とされているものである．受給者に配偶者または18歳未満の子どもがいる時には1人につき月額400円が加算されることとされた．定額部分の額は，加入期間の長さには関係なく，当時の60歳以上の者の生活保護法による2級地の生活扶助基準の額2,175円を参考として定められたものである．報酬比例部分は加入期間20年を基準に平均標準報酬月額の10％となるように定められたものであった．

1954年改正で特筆すべきは，男子の老齢年金の支給開始年齢が20年をかけて段階的に55歳から60歳に引き上げられたことである．改正当時の最新の生命表は第9回生命表であり，1950年（昭和25年）から52年にかけての基礎データに基づいて算定されたものであり，平均寿命は男性59.57年，女性62.97年であり，人生60年時代といってよい状況であった．1954年当時，同世代の半数程度が就労を開始した15歳の平均余命は男性50.95年で，受給資格期間である20年を満たした人が退職の有無にかかわらず老齢年金が受給できるのは65歳からであったから，当時15歳の男性が平均的に生き延びる年齢65.95歳とほぼ同年齢であった．65歳前に退職していれば退職時点から老齢年金が支給されたが，55歳前には支給されなかった．退職の有無にかかわらず受給できるという意味での老齢年金の受給開始年齢は65歳であり，65歳前に支給される老齢年金は退職を要件としていることから，退職年金的性格が強かったと言えよう．15歳から支給開始年齢55歳まで生き残るのは男性で79％，女性で82％であり，55歳の平均余命は男性17.8年，女性が20.5年であった．55歳まで生き残った約8割の者が18〜20年程度の期間の年金を受給するであろうと見込まれていた時代において，60歳支給になるのは20年先の1974年であったとはいえ，戦後の平均寿命は延びていたし，先見の明のある決断だったと言えよう．当時の定年年齢は55歳であり，労働団体は反対したが，政府は撤回に応じなかった．[2]

1955年（昭和30年）ごろから日本は高度経済成長の時代に入り，賃金が急上昇した．1973年11月のオイルショックに至るまでの19年間で，平均では約11％

---

2)　吉原・畑［2016］，18-22頁．

も上昇し，この間の消費者物価の平均伸び率約4.5％を 6 ％以上も上回り，生活水準はそれだけ実質的に改善した．現役勤労者の生活水準が上昇しているのに対して，厚生年金の水準が据え置かれたままでは老後保障の実をあげることはできない．

　1965年（昭和40年）に平均標準報酬月額 2 万5,000円で加入期間20年の者の標準的な老齢年金を月額 1 万円とする改正が行われ，直近の現役男子の標準報酬月額の平均 2 万7,725円に対して36％の水準にまで厚生年金の水準が引き上げられた．改正前は加入期間の長短によらず20年以上であれば定額部分については一律の年金額であったが，この改正で加入期間 1 月につき単価250円とする期間比例制に改められた．報酬比例部分についても加入期間 1 月当たりの給付乗率が 6 /1,000から10/1,000に引き上げられた．

　その後1969年（昭和44年）改正では，定額部分の単価を加入期間 1 月につき400円に引き上げることによって月額 2 万円の年金を実現した．

2.5　福祉元年の厚生年金の給付水準と標準的年金モデル

　厚生年金の給付水準については，福祉元年と称された1973年（昭和48年）の制度改正で，現役勤労者男子の平均的な賃金月収（ボーナス抜き）の一定割合を目途とする考え方が取り入れられ，おおむね60％程度を目途とする考え方が政策目標として初めて導入された．そのために加入期間にわたる平均標準報酬月額の算定にあたっては，過去の低い標準報酬をそのまま使わず，改正時の賃金水準に評価し直すという賃金の再評価制が導入された．

　これにより，改正後新たに老齢年金の受給者となる男子の加入期間は平均で27年，再評価後の平均標準報酬月額は 8 万4,600円となる．これに専業主婦の妻に対して加給年金を加えることとしたのが，福祉元年と言われる1973年に導入された標準的年金モデルである．定額部分の単価が加入期間 1 月当たり1,000円に引き上げられ，妻の加給年金額も月額1,000円から2,400円に大幅に引き上げられたことと相まって，改正後の年金額は月額 5 万2,242円となった．この年金水準は，現役勤労者男子のボーナス抜きの平均的な賃金月収である標準報酬月額に対して約62％であった．

　標準的年金モデルの年金月額が現役勤労者男子の平均的な賃金月収の60％とされた根拠としては，以下の 3 つがあげられる．第 1 は，ILO128号条約にお

いて妻を有する年金受給資格年齢の男子たる標準受給者が30年間保険料拠出をした場合には従前所得の45％以上の年金を支給することとされていることを踏まえ，ボーナスを含めてもおおむね45％となるようにしたことである．第2は，生活保護基準において老人2人世帯の最低生活保障水準を標準4人世帯の最低生活保障水準の6割程度としていたことである．第3は，健康保険の傷病手当金が標準報酬月額の60％であったことである．

1973年改正のもう1つ特筆すべきことは，年金受給後も年金額の実質価値の維持が図れるように，年金額の自動物価スライド制が導入されたことである．賃金再評価制と自動物価スライド制の導入により，現役勤労者の平均的な賃金月収に対しておおむね一定割合の年金水準を確保できる仕組みが確立し，わが国もようやく1957年の西ドイツの年金改革のレベルに追いついたと言えよう．

しかしながら，この改正法成立直後の1973年10月に第1次オイルショックが突如として発生し，73年に16.1％，74年に21.8％と消費者物価が急騰した．そのため，導入されたばかりの自動物価スライド制が発動され，1974年および75年に同率で年金額が引き上げられた．そのうえ，定額部分も報酬比例部分も加入期間に比例して年金額が増える仕組みなので，厚生年金が成熟していくなかで加入期間が次第に長期化し，現役勤労者男子の平均月収に対する年金額の比率が1976年（昭和51年）の財政再計算で64％，80年の財政再計算で68％と財政再計算を経るたびに上昇した．そのため，将来の受給者の年金額や年金給付の規模が過大になることが危惧されるようになった．

その対策として，厚生省は1980年の財政再計算に基づく制度改正において，支給開始年齢を65歳に20年かけて段階的に引き上げることで対処しようとしたが，当時はほとんどの企業で定年がまだ55歳であり，65歳までの雇用環境が十分には整備されておらず，時期尚早として労使とも強く反対し，支給開始年齢の65歳への引き上げは頓挫した．しかしながら，現役世代の過重な負担を避け年金制度の安定的運営を図る見地から，将来の受給者の年金額や年金給付の規模が過大になることは避けなければならない．そのため，将来の受給者の年金水準をいかに適正なものにするかが課題となった．

2.6　基礎年金導入時の厚生年金の給付水準と標準的年金モデル

基礎年金導入時の厚生年金の標準的年金モデルは，財政再計算時に新たに受

給者となる男子の平均的な加入期間や平均標準報酬月額をもとにしたそれまで
の標準的年金モデルだけでなく，厚生年金が将来成熟して加入期間が40年にな
った時の年金水準を表すモデルが加えられた．従来のモデルでは加入期間は32
年，平均標準報酬月額は25万4,000円，年金額は月額17万3,100円で，現役勤労
者男子の平均月収の約68％となる．一方，厚生年金が将来成熟して加入期間が
40年になった時の年金水準を表す新たな標準的年金モデルについては，高齢の
夫婦2人世帯で，夫は厚生年金に40年間加入し，妻は専業主婦で40年間国民年
金の第3号被保険者であると仮定したものをモデルとしたのである．この標準
的年金モデルによれば，夫婦2人の基礎年金額はそれぞれ5万円，夫の老齢厚
生年金額は7万6,200円で，夫婦2人あわせて受給する年金額は合計17万6,200
円で，現役勤労者男子の平均月収の約69％となり，従来のモデルの年金水準を
わずかに上回るがほぼ同水準になるように適正化された．

　この標準的年金モデルは1989年（平成元年）および94年の財政再計算時にも
使われた．1994年改正においては可処分所得スライドの導入が行われたが，加
入期間が40年の標準的年金モデルの年金額は男子平均標準報酬月額の68％で，
現役勤労者男子のボーナス抜きの平均月収に対して60％程度の年金水準を確保
するとの政策目標は維持された．

　その後，2000年改正において保険料の総報酬制（ボーナス込み）が導入され，
加入期間が40年の標準的年金モデルの年金額はボーナス込みの手取り総報酬比
で約59％となった．この改正で，標準的年金モデルの年金水準はボーナス込み
の手取り総報酬に対しておおむね60％程度とする政策目標に改められた．すな
わち，標準的年金モデルの所得代替率（手取り総報酬に対する年金額の比率）
はおおむね60％程度とする政策目標に改められたのである．

2.7　2004年改革での厚生年金給付水準の実質的引き下げ

　2004年の年金改革では，保険料上限固定方式のもとでの年金額のマクロ経済
スライド調整により給付水準を実質的に引き下げる考え方が導入された．厚生
年金の保険料率の上限については，厚生労働省は20％，経済界は当初15％，後
に16％を主張し，意見が対立したが，与党である自民党・公明党が調整し
18.3％に決まった．この保険料上限の枠内で年金額のマクロ経済スライド調整
を行い続けると，将来の経済状況や人口状況によっては年金水準が下がり続け

ることがないわけではない．年金水準がどこまでも下がることは老後生活の主
柱としての役割を果たすべき公的年金として問題があるので，年金の支給開始
時における標準的年金モデルの所得代替率に関して50％の下限が設定され，
50％になった時点でマクロ経済スライドによる調整を終了し，給付と負担のあ
り方を見直すこととされた．2004年の年金改革で厚生年金の給付水準に対する
考え方は大幅な変貌を遂げたが，年金の支給開始時における標準的年金モデル
の所得代替率の下限が50％であることの適切性については，根拠が明確にされ
ているとは言いがたい．

3　現在の年金水準と高齢者の消費水準

3.1　2014年財政検証の標準的年金モデルと現在の年金水準

　2014年（平成26年）の財政検証では04年改革の標準的年金モデルが踏襲され
た．2014年ではボーナス込みの総報酬の月平均額は42万8,000円で手取りでは
34万8,000円と推計され，加入年数40年の標準的年金モデルの年金月額は21万
8,000円，その所得代替率は62.7％となった．

　一方，2014年現在における65歳男性の厚生年金の平均年金額は，基礎年金額
も含めて月額17万1,000円程度であり，その平均加入期間は約37年程度である．
同時点の65歳女性の基礎年金額は月額5万4,000円程度で，その国民年金の平
均加入期間は約34年程度である．仮にこれらの男女が夫婦であったとすると，
夫婦の年金額は月額22万5,000円程度となる．2014年現在での現実の夫婦世帯
は厚生年金に37年の長期にわたり加入する男性だけで構成されているわけでは
ないので，現在の夫婦2人世帯の平均年金額はこれよりも若干低いと考えてよ
い．

　2014年全国消費実態調査結果によると，夫婦2人暮らしでともに65歳以上の
夫婦高齢者世帯のなかで無業世帯の実収入月額は平均22万8,000円であり，そ
のうち公的年金受給額が平均で21万3,000円となっている．この年金受給額は
2014年財政検証の標準的年金モデルの年金額に近似しているから，標準的年金
モデルの夫婦の働き方の経歴の組み合わせは現実的でないけれども，年金額の
観点からはかなりの妥当性があると言えよう．

3.2　夫婦高齢者世帯の消費水準と基礎的消費支出水準

　現在の夫婦高齢者世帯における公的年金の平均的受給額は2014年で21万3,000円であるが，夫婦ともに無業の65歳以上である夫婦高齢者世帯の消費支出は平均23万6,000円である．この水準は現役勤労者世帯40歳台の2人世帯における消費支出26万3,000円に比べて1割程度低い．しかし，基礎的消費支出額は夫婦高齢者世帯で11万5,000円と，現役勤労者世帯40歳台2人世帯の11万9,000円に比べると4％低い程度にすぎない．

　無業の夫婦高齢者世帯は加齢に伴って消費支出が減少していく．65〜69歳の60歳台後半層では26万1,000円であるのに対して，70歳台前半層では25万2,000円，75歳以上では21万8,000円である．夫婦高齢者世帯については75歳以降の年齢階層別消費支出水準は不明であるが，関連データでは70歳台後半層の22万2,000円から85歳まで5歳間隔につき約2％減少する程度にとどまっており，夫婦高齢者世帯についても同様な傾向であろうと考えられる．要するに，消費支出水準は65歳から75歳にかけておよそ16％程度減少するが，75歳以降の消費支出水準の減少はきわめて緩やかであると公表データからは言えよう．

　無業の夫婦高齢者世帯の基礎的消費支出についても加齢に伴って減少していく．60歳台後半層では12万1,000円であるのに対して，70歳台前半層では12万円，75歳以上では11万円である．75歳以降の年齢階層別基礎的消費支出の水準は不明であるが，関連データでは70歳台後半層からの11万2,000円から85歳以上の層まで11万円台前半で上下動しており，減少傾向は見られない．夫婦高齢者世帯についても同様な傾向であろうと考えられる．要するに，基礎的消費支出水準は65歳から75歳にかけてはおよそ10％程度減少するが，75歳以降は横ばいであると公表データからは言えるが，基礎的消費支出や消費支出の加齢に伴う減少の程度についてはさらなるデータ分析が必要であろう．

　現在の公的年金制度では，既裁定年金の物価スライドやマクロ経済スライド調整は保険料上限固定方式のもとで当然のこととして受けとめられている．既裁定物価スライドが主張されるのは，現役世代の負担が重くなっていくなかで労働生産性の伸び分まで所得移転する余力は乏しいと考えられること，物価スライドで購買力は確保されること，加齢とともに消費水準が低下していくことから賃金スライドは必要性に乏しいことが根拠とされている．厚生年金にマク

図表 1-3　65歳以上の夫婦無職世帯等における消費支出の年齢階層別推移

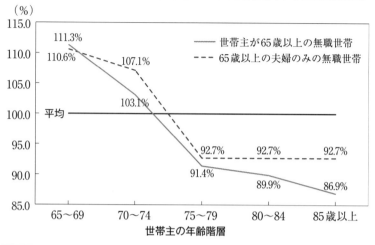

消費支出	世帯主の年齢階層					平均
	65〜69	70〜74	75〜79	80〜84	85歳以上	
世帯主が65歳以上の無職世帯	111.3%	103.1%	91.4%	89.9%	86.9%	100.0%
65歳以上の夫婦のみ無職世帯	110.6%	107.1%	92.7%	92.7%	92.7%	100.0%
世帯主が65歳以上の無職世帯（万円）	27.1	25.1	22.2	21.9	21.1	24.3
65歳以上の夫婦のみ無職世帯（万円）	26.1	25.2	21.8	21.8	21.8	23.6

（出所）　年金綜合研究所［2016］「公的年金の現状と課題に関する研究」『報告書』に基づき筆者作成.

ロ経済スライド調整や既裁定物価スライドを適用するにあたっては，現行制度では標準的年金モデルの既裁定年金の所得代替率がその既裁定年金受給時点における新規裁定年金の所得代替率に対して 2 割までの低下は容認することが織り込まれている．いわゆる「 8 割ルール」と称される仕組みである．このため，現在65歳で厚生年金受給者となった者は，経済が高成長ケースであっても手取り賃金対比で実質的に現在の水準の 3 分の 2 以下の水準にまで引き下げられる．一般的に，既裁定物価スライドのもとで実質賃金の上昇が大きい時には，年金受給者は現役世代に比べて相対的に貧しくなる程度が大きくなり，消費水準が低迷していく側面があることに留意しなければならない．これにマクロ経済スライド調整が行われる時は，さらにその調整率が加わるので生活水準が低下し，消費抑制に迫られることは十分に認識しておく必要がある．マクロ経済スライド調整はフル発動すると，経済成長が低いケース F，G，H ではほとんど年率 1 ％以上であるし，2040年前後では 2 ％近くにのぼる．

図表 1-4 65歳以上の夫婦無職世帯等における基礎的消費支出の年齢階層別推移

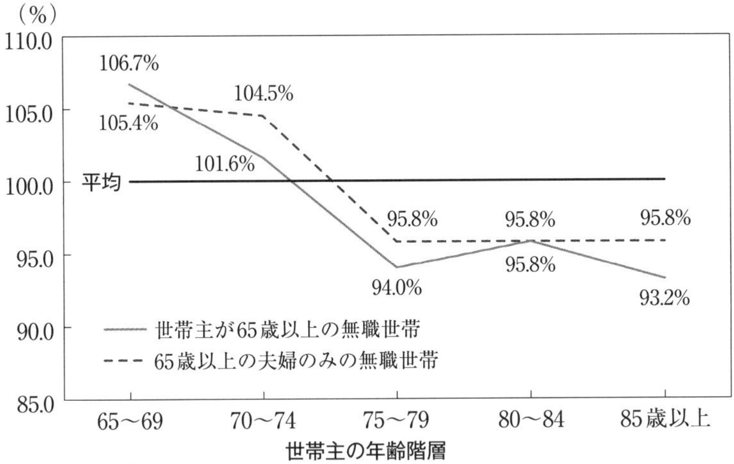

（%）

基礎的消費支出	世帯主の年齢階層					平均
	65〜69	70〜74	75〜79	80〜84	85歳以上	
世帯主が65歳以上の無職世帯	106.7%	101.6%	94.0%	95.8%	93.2%	100.0%
65歳以上の夫婦のみ無職世帯	105.4%	104.5%	95.8%	95.8%	95.8%	100.0%
世帯主が65歳以上の無職世帯（万円）	12.8	12.2	11.3	11.5	11.2	12.0
65歳以上の夫婦のみ無職世帯（万円）	12.1	12.0	11.0	11.0	11.0	11.5

（出所）　年金綜合研究所［2016］「公的年金の現状と課題に関する研究」『報告書』に基づき筆者
作成.

　無業の夫婦高齢者世帯の消費支出は65歳以上全体の平均が65〜69歳層よりも
1割程度低いため，消費水準の加齢に伴う減少等を根拠とする現行の既裁定物
価スライドの仕組みを維持するならば，65歳新規裁定年金受給者の厚生年金水
準を再考する必要があろう.

　従来，厚生年金の年金水準については，65歳以上の夫婦高齢者世帯における
消費支出額の平均値などと対比することにより，標準的年金モデルの年金額の
水準や所得代替率が議論されてきた. しかしながら，今回の分析で明らかなよ
うに，年金額の水準や所得代替率の議論は新規裁定年金のみならず既裁定年金
についても議論が深められる必要がある. マクロ経済スライド調整や既裁定物
価スライドによる年金受給者の生活水準低下問題に対しては，新規裁定年金受
給者の所得代替率50%への引き下げは保険料上限固定方式のもとではやむをえ
ないと断じるのではなく，新規裁定のみならず既裁定の年金額についても対象
として，収入，消費支出額，基礎的消費支出額のそれぞれについて，さらなる

データ分析に基づき議論を行い，新規裁定時の年金額を8割まで下げてよいか
どうかを検討することが必要であろう．

　なお，年金額の平均と実支出の平均との間には，65歳以上の高齢者単身無業
世帯でも，夫婦65歳以上で無業の夫婦高齢者世帯でも，3万円程度の収入不足
がある．その差は主として預貯金の取り崩しで埋められており，現在でも平均
で見るかぎりは消費支出のすべてが年金でまかなわれているわけではない．こ
のような現象は，平均値どうしの比較であることから生じやすいのであるが，
高齢者世帯の平均的消費支出すべてを公的年金で支給すべし，と主張している
わけではない．例えば，収入十分位や消費支出十分位のどの層までのどの程度
の消費水準を公的年金の守備範囲とするのか，高齢者にも課せられる所得税，
住民税，社会保険料の負担や利用者負担を公的年金の守備範囲とするのか否か，
などの精緻な議論が必要な時にきているのである．

3.3　高齢者単身世帯の消費水準と基礎的消費支出水準

　65歳以上の高齢者単身無業世帯の基礎的消費支出額の平均は2014年度で7万
4,500円であり，基礎年金額6万4,100円をおよそ1万円上回っている．現在の
基礎年金の水準は，高齢者単身無業世帯の基礎的消費支出の平均額をまかなう
ものとはなっていない．高齢者単身世帯で無業だといっても資産も含めれば，
その実態は多様である．近年進行している所得格差の拡大により，現役時代か
らの集積である資産格差には大きいものがあるから，基礎年金だけで基礎的消
費支出の平均額をまかなわなければならないというものでもない．一方，年金
受給者のなかには基礎年金しかない者や非正規雇用期間が長く厚生年金額が低
い者が存在する．これらの年金受給者は基礎的消費支出のほかに介護保険や医
療保険の保険料負担や利用者負担も少ない年金額のなかからまかなわなければ
ならない．

　2014年全国消費実態調査における高齢者単身無業世帯の集団の平均年齢は
75.4歳であり，今後も長寿化の進展とともにこの平均年齢は上昇していくであ
ろう．65歳以上の高齢者の消費支出は加齢とともに減少していく傾向にあると
言われてきた．しかしながら，過去の2004年，09年，14年の3回にわたる全国
消費実態調査による結果では，必ずしもそのようには言い切れない結果も見ら
れる．2004年調査結果では70歳台前半層のほうが65歳台後半層よりも基礎的消

費支出が大きいし，14年調査結果では80歳以上の層のほうが65歳から79歳までの層よりも基礎的消費支出が大きい．80歳以上の住居費が急に高くなっているため，基礎的消費支出額が80歳以上で急に上昇する結果となっている．これはリフォーム費用が大きいサンプルがあったためと言われている．

　2004年および09年の調査結果では75歳以上層の基礎的消費支出は60歳台後半層に比べておよそ6％しか低下していない．2014年調査結果では65〜69歳層に比べて70歳台前半層は12％減少しているが，変動の大きい住居費が減少幅のおよそ3分の2を占め，残り3分の1の大部分が食料費の減少である．基礎的消費支出における光熱・水道費，家具・家事用品費，被服および履物費はいずれの調査結果でも65〜69歳層と75歳以上層でもおおむね同額である．基礎的消費支出のおよそ4割から5割を占める食料費だけが65歳から84歳にかけておよそ年率1％減少していると考えられる．

　基礎年金は当初の理念としては，高齢者単身無業世帯の衣食住を平均的にカバーするものとして水準が設定された．しかしながら，持家世帯と借家世帯では住居費が大幅に違うので，借家世帯で基礎年金だけしか受給できない単身世帯の生活状況には厳しいものがある．65歳以上の無業単身世帯のうち，家賃・地代を払っている世帯の割合は2割程度存在する．この家賃・地代の平均額は3万5,000円であり，持家世帯の住居費の平均額1万1,000円に比べ負担が2万5,000円程度高い．低所得高齢者向けの住宅供給政策や家賃補助政策が確立していない現状では，高齢者だけの一人暮らし借家世帯が基礎年金だけで基礎的消費支出をまかなうのは相当困難であることがわかる．

　2017年に導入された住宅セーフティネット制度が機能したとして，65歳以上の高齢者単身無業世帯について，住居費を持家世帯の平均値で修正した修正基礎的消費支出額を算定すると65〜69歳で7万4,000円程度，80歳以上で6万5,000円程度となり，80歳以上の修正基礎的消費支出額の低下幅は65〜69歳層の約89％である．これらの集団の平均年齢はそれぞれ67.0歳，83.7歳であるから，年率0.7％程度の低下ならば受給者にも受忍されようが，これを超えた低下幅になると問題が生ずるかもしれない．

　同様のことを，夫婦とも65歳以上で無業の夫婦高齢者世帯について計算すると，修正基礎的消費支出額は65〜69歳で平均11万8,000円程度，75歳以上で10万8,000円程度となる．これらの集団の平均年齢がそれぞれ67.4歳，79.4歳で

図表 1-5　65歳以上の単身無職世帯における基礎的消費支出と消費支出の年齢階層別推移

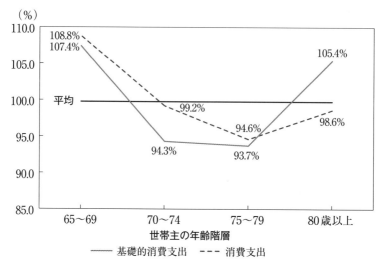

世帯主の年齢階層

―― 基礎的消費支出　--- 消費支出

	世帯主の年齢階層				平均
	65〜69	70〜74	75〜79	80歳以上	
基礎的消費支出	107.4%	94.3%	93.7%	105.4%	100.0%
消費支出	108.8%	99.2%	94.6%	98.6%	100.0%
基礎的消費支出（万円）	8.0	7.0	7.0	7.5	7.4
消費支出（万円）	16.6	15.1	14.4	15.0	15.2

（出所）　年金綜合研究所［2016］「公的年金の現状と課題に関する研究」『報告書』に基づき筆者作成.

あることから，年率0.8％程度の減少となる.

　従来は，基礎年金の年金水準については，無業である65歳以上の高齢者単身世帯や夫婦高齢者世帯における基礎的消費支出額の平均値などと対比することにより基礎年金の年金額水準が議論されるにとどまっていた．しかしながら，今回の分析で明らかなように，基礎年金の年金額水準は新規裁定年金のみならず既裁定年金についてもさらなるデータ分析を踏まえ議論が深められる必要がある．また，無業の高齢者単身世帯の基礎的消費支出は65歳以上全体の平均が65〜69歳層よりも7％程度低いため，基礎的消費支出の加齢に伴う減少を根拠とする現行の既裁定物価スライドの仕組みを維持するならば，65歳新規裁定年金受給者の基礎年金水準設定について改めて検討する必要があろう.

3.4 標準的年金新モデル体系の試み

基礎年金導入時から用いられている従来の標準的年金モデルは，標準的年金モデルの夫婦の働き方の経歴の組み合わせは現実的でないけれども，年金額の観点からはかなりの妥当性があることが前節の分析でわかった．

しかしながら，20歳から60歳まで夫婦で，夫は40年間厚生年金に加入し，妻は40年間専業主婦であるというモデルは，平均初婚年齢が30歳を超える現在の日本社会の姿からはしっくりこない場合が多いのも事実である．年金水準を設定する基準となる尺度として設けたと説明されても，現実社会からモデルが乖離しているので納得感を得にくい．

本節では2014年財政検証に用いられた標準的年金モデルだけでなく，夫婦共働きモデル，生涯独身男性モデル，非正規雇用の生涯独身男性または生涯独身女性モデルを以下のように設定した．

第1のモデルは，従来の2014年財政検証に用いられた標準的年金モデルである．夫は20歳から60歳まで厚生年金に40年間加入し，平均標準報酬額月額はボーナス込みの年収を月額換算したものとして42万8,000円とする．妻は国民年金に第3号被保険者として20歳から60歳まで40年間加入するとする．この夫婦世帯の生涯収入は2億0,554万円，年平均513万6,000円である．これをモデル①と呼ぶことにしよう．

第2のモデルは，現在の実績データの平均に基づき夫婦共働きモデルを作成するものであり，モデル②と呼ぶことにしよう．夫の厚生年金の加入期間については65歳の男性厚生年金受給者の実績データに基づき36.4年とし，厚生年金の平均標準報酬額月額はボーナス込みで41万1,000円とする．妻については，現在60歳の女性の厚生年金平均加入期間に基づき14.9年とし，厚生年金の平均標準報酬額月額はボーナス込みで26万7,000円とする．夫婦とも基礎年金には40年間加入をするものとする．この夫婦世帯の生涯収入は2億2,726万円，年平均568万円である．この年収は厚生年金加入時のものだけであり，それ以外は特段設定をしていない．婚姻年齢は設定しなくてもモデルが構成できていることが，このモデルの特徴である．

第3のモデルは，生涯独身男性モデルである．このモデルでの厚生年金加入期間や平均標準報酬額月額は，モデル①の夫のケースと同じとする．すなわち，

この男性の生涯収入は2億0,554万円，年平均513万6,000万円である．これを
モデル③と呼ぶことにしよう．

　第4，第5のモデルは，非正規雇用の生涯独身男性と，同女性モデルである．
厚生年金に40年間加入し，ボーナス込みの平均標準報酬額月額は21万4,000円
とする．生涯独身男性モデルのちょうど半分であり，生涯収入は1億0,277万
円，年平均257万円である．これをモデル④と呼ぶことにしよう．非正規雇用
の生涯独身女性モデルについても，厚生年金加入期間やボーナス込みの平均標
準報酬額月額は同じとし，これをモデル⑤と呼ぶことにしよう．

　これら5つの年金モデルを総称して，標準的年金新モデル体系と呼ぶことに
する．

3.5　標準的年金新モデル体系と高齢者の生活水準

　現実に可能性のあるこれら5つの年金モデルについて，現在の医療保険や介
護保険の負担，所得税や住民税負担を考慮して，これらのモデルの給付の十分
性を検証してみよう．

　各モデルの年金額は月額で，モデル①が21万8,000円，モデル②が22万8,000
円，モデル③が15万4,000円，モデル④および⑤が10万9,000円である．

　現在の高齢者の消費水準については，2014年で夫婦ともに65歳以上である夫
婦高齢者世帯の消費支出額の分布では，25万円未満の層が63％を占める．この
クラス以下であれば，基礎的消費支出額はおおむね全体平均の11万8,000円程
度におさまると推測される．このクラスの消費支出額の平均は22万4,000円で
あるので，モデル①およびモデル②の年金額でほとんどをカバーできる．この
モデル①およびモデル②の年金しか収入がない場合には，公的年金等控除によ
り所得税と住民税は非課税となり，医療保険と介護保険の社会保険料負担のみ
が課せられる．その負担額は2014年度で7,000円程度である．選択的消費支出
を若干抑制することにより，一般的には吸収可能であろう．現在のモデル①程
度の年金水準があれば，65歳以上の夫婦のみで無業の世帯の平均的消費水準23
万6,000円より1〜2割程度低いけれどもほどほどの生活を送ることができる
と考えられる．これらのケースでは，現在の年金水準が確保されるのであれば，
在宅介護でも施設介護でも対応可能と言えよう．夫婦のいずれかが認知症にな
った時には，グループホームなどへの入所は費用面からは困難との結果となり，

特養に入所できない時には在宅介護によらざるをえなくなる．しかしながら年金水準が所得代替率50％へ実質的に引き下げられ，既裁定年金は所得代替率が40％まで引き下げられていくと，夫婦とも健康な時のみならず夫婦のいずれかが特養入所する時や在宅介護を受ける時にも厳しい状況に陥ることになろう．とりわけ，夫に先立たれた妻が在宅介護を受ける時にも，同様に費用面の問題が大きくなってこよう．

　高齢者無業単身世帯の消費支出月額の分布では，単身者全世帯の消費支出月額の第1四分位である10万円に満たない層が世帯数で36％を占めている．2014年全国消費実態調査における等価可処分所得の中央値の半分，いわゆる相対的貧困線が132万円であることを考慮すると，単身世帯の消費支出月額10万円はおおむね相対的貧困線相当水準と考えてよいと思われる．モデル④もしくはモデル⑤の年金額しか収入がない場合には，消費支出をこの程度に抑えざるをえなくなるであろう．高齢者無業単身世帯の消費支出額の第1四分位は8万4,000円であるが，これは単身者全世帯の消費支出額の第1四分位である10万円よりもかなり低い．高齢者が優遇されすぎているとの議論が近年は強いが，低所得高齢者の問題には年金の観点のみならず社会保障政策や住宅政策など総合的な視点に立って光がもっと当てられるべきであると思う．いずれにしても一生涯非正規雇用で就労した場合には，厚生年金に40年間加入し続けたとしても相対的貧困線相当水準ギリギリの老後生活を余儀なくされるのである．公的年金の実質的水準が引き下げられる今後は，状況はもっと厳しくなることは容易に想像がつく．低年金を少しでも避けるためには非正規雇用者をできるだけ厚生年金に適用しようとすることは必要である．しかし，それだけでは問題の解決になっていないこともわかる．最低賃金の引き上げをはじめとして，低賃金全般の引き上げや，超長寿社会に対応した65歳を超える就労期間の延伸や雇用確保年齢の引き上げを図る必要があろう．公的年金は賃金が高くなれば増えるし，加入期間が長くなればなるほど増える．基礎年金の加入期間は現在40年間が上限であるが，これを45年といわず47年や50年に延ばすことがあってもよい．

　生涯独身で正規雇用だった男性のモデル③では年金額が15万4,000円であるので，高齢者無業単身世帯における消費支出額の中央値12万2,000円程度の生活水準は十分に享受できるし，単身者全世帯の消費支出額の中央値14万5,000

図表 1-6　65歳以上の夫婦のみの世帯の消費支出額階級別世帯数分布・消費支出額と
　　　　　基礎的消費支出額

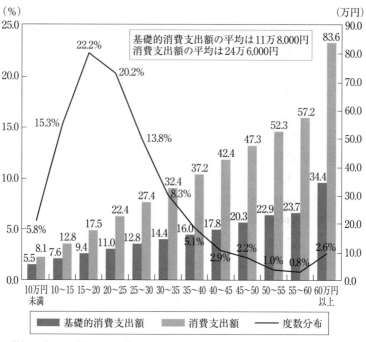

（注）　65歳以上の夫婦のみの世帯には有業者を含む.
（出所）　総務省統計局「2014年（平成26年）全国消費実態調査」に基づき筆者作成.

図表 1-7　高齢者無業単身世帯の消費支出額階級別世帯数の分布

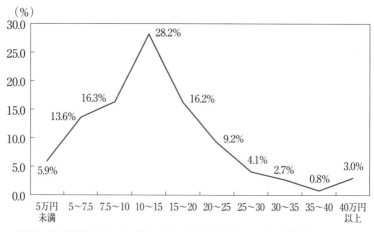

（出所）　総務省統計局「2014年（平成26年）全国消費実態調査」に基づき筆者作成.

円程度の生活を送ることも十分に可能である．このケースでは費用面だけから見れば，在宅介護でも施設介護でも対応可能と言えよう．

4 30年後の年金水準と老後生活

4.1 現行制度における30年後の年金額と老後生活

標準的年金新モデル体系を前節で提示したが，およそ30年後の2051年度に標準的年金新モデル体系で示した4つのモデルの年金額はどのようになるのであろうか．2051年度の年金額を推計するには，経済前提を設定する必要がある．2014年財政検証における経済前提の8つのケースのなかから，ケースEとケースHを用いることにする．ケースEは内閣府試算の経済再生ケースに接続し，2024年度以降の消費者物価上昇率1.2%，実質賃金上昇率1.3%，運用利回りの対賃金スプレッド1.7%とするものであり，アベノミクスが成功した場合の言わば高成長ケースである．これに対して，ケースHは内閣府試算の参考ケースに接続し，2024年度以降の消費者物価上昇率0.6%，実質賃金上昇率0.7%，運用利回りの対賃金スプレッド1.0%とするものであり，アベノミクスがうまくいかなかった場合の言わば低成長ケースである．

第1にケースEのもとで，現行の公的年金制度のまま2051年度に到達した場合を考えてみよう．2015年9月に公表された厚生労働省年金局数理課「2014年（平成26年）財政検証詳細結果」の「各年別財政見通し」「各年別オプション試算」「既裁定者の年金額の見通し」を駆使して推計を行った結果を以下に示す．推計結果の年金額や男性の平均手取り賃金額は名目額を2014年度から51年度までの37年間の物価上昇率で割り戻したものである．

ケースEの場合には，2051年度の男性の平均手取り賃金額は53万4,000円である．モデル①の年金額については，夫婦で月額27万円，平均手取り賃金額対比で50.6%であるのは2014年財政検証で示されたとおりである．夫と妻の基礎年金額が65歳の新規裁定時で月額6万9,000円，平均手取り賃金額対比で13.0%である．消費水準の伸びは1994年から20年間で賃金水準の伸びとおおむね同程度であったし，今後も超長期的には賃金の伸びとほぼ同程度に消費も伸びると考えるのが妥当であろう．この考え方に立つと，基礎年金は対手取り賃金比で現在に比べて実質的に約3割低下することになる．平均的な賃金を稼い

で勤労生活を終えて引退した者の夫婦世帯の基礎年金では高齢者の平均的な基礎的消費支出をまかなえないことをどのように考えるのか，また基礎年金の役割をどのように考えるのか，という問題に突き当たる．とりわけ88歳（1963年生まれの者）以上の者の基礎年金額は月額5万6,000円であり，対手取り賃金比で現在に比べて実質的に半分近い水準まで低下することになる．現在の価値で推し量れば3万6,000円程度であり，基礎年金では食費程度しかまかなえないことにもなりかねない．経済前提がケースEであると所得代替率が50％を超えるので大丈夫だという考え方に立つのが現行制度であるが，その内実を分析してみると，基礎年金が事実上は機能しなくなりかねない姿が浮き彫りになった．

　モデル①の場合には，厚生年金の報酬比例部分もあることから，これをあわせて考えても年金額でまかなえるのは，高齢期のどの年齢層においても平均的消費支出額に社会保険料負担や医療・介護の利用者負担を加えた額のおおむね6〜7割程度である．貯蓄などの自助努力でカバーするか，あるいは消費水準を相対的貧困線相当水準程度以下に落とすかして対応しなければならない．モデル①の年金額が，70歳台後半以降になると相対的貧困線相当水準を下回ることには，特に留意しておく必要がある．モデル②の年金額が相対的貧困線相当水準を下回るのが80歳以降にずれ込むことを除いて，これらの状況はモデル②でもほぼ同じである．モデル④もしくはモデル⑤では，相対的貧困線相当水準の8割から3分の2くらいまで消費水準を下げる必要に迫られる．貯蓄がほとんどない場合には，居住地の物価や住宅事情にもよるが生活保護水準にまで消費を抑制する必要に迫られることもありうるだろう．いずれにしても，所得代替率が50％を若干超える程度の給付水準であると，高齢期の貧困者が増大する可能性が大きい．所得代替率50％を下限とすることの妥当性が問われねばならない．

　ケースHの場合については，2051年度ではケースEの結果よりもさらに厳しい結果となっている．基礎年金額は65歳の新規裁定時で月額5万4,000円，平均手取り賃金額対比で12.1％である．報酬比例部分の水準低下はさらに厳しく，モデル①における報酬比例部分の所得代替率は16.8％まで低下するし，基礎年金とあわせたモデル①の所得代替率は41.0％まで低下し50％の下限を大きく下回っている．しかも，このあとも機械的にマクロ経済スライドによる給付

図表1-8　現行制度における夫婦2人65歳以上世帯の年金モデル①と老後生活水準
（ケースE：2051年度）

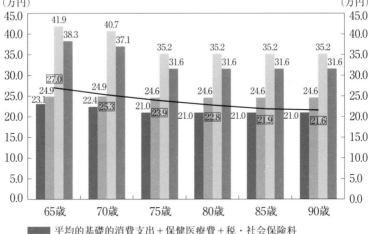

（出所）　年金綜合研究所［2016］「公的年金の現状と課題に関する研究」『報告書』をもとに，
　　　　夫婦2人65歳以上世帯第1五分位相当の消費支出額については筆者が追加作成．

水準調整を続けると所得代替率の低下が進み，国民年金は2055年度には積立金がなくなり完全な賦課方式に移行し，それ以降モデル①の所得代替率は35～37％程度で推移することとなる．ここまでくると公的年金としての機能はもはや果たせなくなってしまっているといっても過言ではない．

4.2　オプションを全部実施した場合の高成長30年後の老後生活

こうした事態を回避するためには，2014年財政検証で示されたオプション試算の政策を総動員することが必要であると考えられる．最も効果の大きいのは，マクロ経済スライドをデフレ下でもフルに発動するオプションⅠ，月5万8,000円以上の賃金収入があるすべての被用者へ適用拡大をするオプションⅡの②，基礎年金の保険料拠出期間を現在の40年間（20～60歳）から45年間（20～65歳）に延長し，拠出年数が延びた分に合わせて基礎年金が増額する仕組みとするオプションⅢを全部実施することである．

　これら3つのオプション試算の前提となっている制度見直しを全部実施した場合の年金額への効果の推計は，本来であれば，財政検証と同様のシミュレーションを行うべきである．しかし，シミュレーションを行うことは簡単ではない．ここでは，財政検証結果で示されている現行制度前提の場合とオプションⅠ，Ⅱの②，Ⅲのそれぞれの前提となっている制度見直しが実施された場合の所得代替率に与える効果を基礎年金分と報酬比例年金分に分けてそれぞれ単純に乗じたものを合算した．3つのオプションの複合効果も考慮しないきわめて粗い方法ではあるが，2051年度ではケースE，ケースHのいずれにおいてもオプションⅢの場合には基礎年金のマクロ経済スライド調整が終了していることから，効果に関してある程度の方向性は示唆していると考えた．

　その方法で年金額を計算すると，経済前提がケースEの場合には2051年度の65歳時の基礎年金額は名目額を物価上昇率で割り戻すと月額10万4,000円と推計される．現役男性の手取り賃金対比では19.5％であり，現在の価値で推し量っても6万8,000円となり，夫婦2人では13万6,000円で現在の基礎年金額よりも高い水準であるから，夫婦高齢者世帯の65〜69歳時の平均的な基礎的消費支出額はまかなうことができる．しかしながら，老後生活を過ごすために必要な社会保険料や保健医療などの費用を含めると1〜2割ほど不足している．この状況はモデル①でも，モデル②でも，夫婦2人の基礎年金額は同じであるから変わらない．もっとも，この現象は現在でもすでに発生しているが，厚生年金の報酬比例年金があるので消費水準を夫婦高齢者世帯の平均的水準の8割程度に抑制すればモデル①やモデル②の年金だけで生活ができる．夫婦のうちいずれかが在宅介護や特養への入所が必要となった場合にも，同様に生活を切り詰めれば対応可能である．社会保険料の上昇も，所得代替率が現在よりも上昇したことにより吸収できる．ただし，夫婦のいずれか1人が認知症を発症した時にはグループホームに入所することは困難である．認知症が進んでも特養に入所できなかった場合には，在宅介護によらざるをえないが，夫婦のうちの健常者の負担が大きいという問題が残される．

　モデル①においては，妻の死亡により夫が一人暮らしになった時にはモデル③と同じ状況となる．2051年度の基礎年金額は65歳時で月額10万4,000円であるが，もともと単身者の基礎年金は夫婦2人世帯の半額に定められている．現在と同様に，単身者の平均的な基礎的消費支出額をまかなえるものとはなって

いない．しかしながら，厚生年金の報酬比例部分が65歳新規裁定時に月額14万
2,000円（名目額を物価上昇率で割り戻した額）であり，基礎年金とあわせて
24万7,000円の年金額になるので，無業の高齢単身者の平均的な消費水準より
も1～2割程度消費水準を下げれば年金だけで対応可能である．特養への入所
は80歳以上になって年金額が既裁定物価スライドによる実質的価値の減少があ
っても可能であるし，在宅介護もほぼ年金だけで可能である．ただグループホー
ムへの入所に関しては，東京都のような大都市部での入所は公的年金だけで
は困難であると思われる．75歳以上になってから認知症のために入所するのは，
地方都市でも困難な場合があるのではないかと危惧される．経済成長により賃
金水準が上昇すれば，その分だけグループホームの入所費用も上昇すると考え
られるからである．モデル②で夫が一人暮らしになった時はモデル③より若干
厳しい状況となるが，おおむね同じ傾向である．

　モデル①もしくはモデル②において，夫の死亡により妻が一人暮らしになっ
た場合にはモデル③の状況とは異なる．妻は遺族厚生年金を受給することにな
るが，遺族厚生年金額は夫の老齢厚生年金額の4分の3なので，夫の一人暮ら
しの場合よりも全般的に状況は厳しくなるが，無業高齢単身者の平均的消費水
準よりも生活水準を2～3割程度切り下げれば年金だけで対応可能である．特
養への入所はもとより，生活水準を1～2割程度切り下げれば，在宅介護を受
けることも年金だけで可能である．

　モデル④もしくはモデル⑤のような高齢者単身世帯では，厚生年金の報酬比
例部分の年金額が2014年現在で4万5,000円であり状況はいっそう厳しくなる．
単身者全世帯の2014年度消費支出額の第1四分位は10万円であり，これに2051
年度までの手取り賃金の上昇率分を物価上昇率で割り引いた分を加えると15万
3,000円となり，これに社会保険料を加えると2051年度で75歳の場合16万2,000
円が相対的貧困線相当水準となる．75歳の年金額は2051年度15万5,000円であ
り，相対的貧困線相当水準を下回っている．貯蓄などの自助努力分があれば相
対的貧困線相当水準を超えることも可能であるが，非正規就労を40年間続けた
人は一般的には貯蓄などが少ないはずであり，ケースEのような経済高成長の
ケースでもモデル④のように非正規就労を長期間続けて高齢期になると生活が
きわめて厳しくなることが判明した．厳しい状況ではあるが，生活水準を相対
的貧困線相当水準よりも1割程度引き下げれば年金だけで生活できよう．一方，

在宅介護サービスについては年金だけで受けることが可能となると見込まれる．再分配効果を持つ基礎年金と報酬比例年金が経済高成長により機能しているからである．しかしながら，特養についてはユニット型個室への入所は困難で多床室等に入所することで対応せざるをえないし，グループホームへの入所に関しては困難である．

4.3　オプションを全部実施した場合の低成長30年後の老後生活

　ケースHでは，オプションを全部実施しても2051年度の65歳時の基礎年金額が月額6万3,000円と推計される．現役男性の手取り賃金対比では14.2%であり，現在の価値で推し量ると4万9,000円となる．夫婦2人では9万8,000円であり，現在の基礎年金水準の75%程度である．これでは夫婦高齢者世帯の平均的な基礎的消費支出額すらまかなえない．ましてや社会保険料や保健医療などの費用は基礎年金だけではまかなえず，厚生年金の報酬比例部分が受給できる世帯はともかく，基礎年金のみの世帯では貯蓄その他の自助努力による財源しかなくなる．このような基礎年金の機能の低下をどの程度まで容認するのかは十分な議論と検討が必要である．

　厚生年金の報酬比例部分の年金をあわせても，ケースHではモデル①の所得代替率は51.4%であり，50%に近い．このレベルの所得代替率から生じる問題点は，すでにケースEの現行制度の場合に述べたとおりであり，ここでも同様の問題が生じている．

　モデル①の場合には厚生年金の報酬比例部分もあることから，これをあわせて考えても年金額でまかなえるのは，高齢期のどの年齢層においても平均的消費支出額に社会保険料負担や医療・介護の利用者負担を加えた額のおおむね6〜7割程度となっているのも同様である．特に，80歳台後半になると2人世帯の相対的貧困線相当水準を下回る．貯蓄などの自助努力でカバーするか，あるいは消費水準を相対的貧困線相当水準より下にまで落とすかして対応しなければならない．モデル②では，2人世帯の相対的貧困線相当水準を下回るのは90歳以降であるが，全体的なこの状況はモデル②でもほとんど変わらない．

　すなわちモデル①，②，③のいずれの場合においても，高齢期における消費水準を相当抑制し，現役時代よりも生活水準を落とす必要に迫られよう．

　モデル④では，生活水準を相対的貧困線相当水準に低下させても厚生年金で

図表1-9　オプションを全部実施した場合における夫婦2人65歳以上世帯の年金モデル①と老後生活水準（ケースH：2051年度）

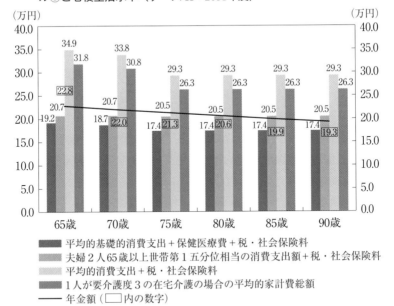

（出所）　年金綜合研究所［2016］「公的年金の現状と課題に関する研究」『報告書』をもとに,
夫婦2人65歳以上世帯第1五分位相当の消費支出額については筆者が追加作成.

はまかなえないし，特養への入所費用すら捻出できない．生活を切り詰めれば在宅介護は受けられるかもしれないが，借家世帯の場合には家賃負担のため生活保護水準の近くにまで生活水準を落とさざるをえない場合もあるかもしれない．いずれにしても，所得代替率が50％を若干超える程度の給付水準であると，高齢貧困者が増大する可能性が大きい．

　ケースHのような経済状況は，過去20年間続いた日本経済の状況と似ている．違っているのはケースHよりも賃金と物価の上昇率が低く，両者の上昇率の間にはほとんど差がないことである．ケースHよりももっと厳しい経済状況と言ってよい．ケースHや過去20年間と同程度の経済状況であっても老後生活が現役時代の生活水準と実質的に同程度に近い，ほどほどのものとなるような年金制度づくりが必要であろう．

　その際には，非正規就労者に対する賃金水準が適切に確保されるとともに，一般的な雇用者に対しては65歳を超えた雇用と適切な賃金水準が確保され，生

図表 1-10　オプションを全部実施した場合における高齢者単身世帯の年金モデル④
　　　　　と老後生活水準（ケースH：2051年度）

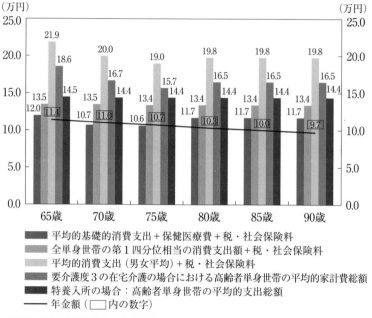

（万円）

- ■ 平均的基礎的消費支出＋保健医療費＋税・社会保険料
- ■ 全単身世帯の第1四分位相当の消費支出額＋税・社会保険料
- ■ 平均的消費支出（男女平均）＋税・社会保険料
- ■ 要介護度3の在宅介護の場合における高齢者単身世帯の平均的家計費総額
- ■ 特養入所の場合：高齢者単身世帯の平均的支出総額
- ── 年金額（□内の数字）

（出所）　年金綜合研究所［2016］「公的年金の現状と課題に関する研究」『報告書』をもとに，全
　　　単身世帯の第1四分位相当の消費支出額については筆者が追加作成.

涯賃金が増えるようにすることも重要である．公的年金の年金額は現役時代に
おける賃金・雇用など労働市場の状況に左右される．公的年金制度は労働市場
などマクロ経済の下部構造の制約下に置かれており，下部構造である経済の成
長や賃金分配が重要であり，近年の日本経済に顕著に見られるかたよった資源
配分や内部留保など合成の誤謬に陥らない経済政策が必要であることは言うま
でもない．

5　年金水準と支給開始年齢はどうあるべきか

5.1　基礎年金水準のあり方

　基礎年金水準については，基礎年金の創設より30年を経て経済社会も大きく
変動したため，その水準設定の考え方を再構築する必要がある．
　第1に，持家世帯と借家世帯では住居費が大幅に違うことを考慮することで

ある．これは，年金政策だけでは解決できない問題である．低所得高齢者向け
の住宅供給政策と家賃補助政策の総合的確立が必要である．それらの制度が確
立されれば，その引き換えに基礎年金水準の設定根拠から家賃地代を除いて設
定することができる．持家のない低所得者で低所得高齢者向けの住宅供給政策
の対象からはずれた者には，10％を超えた消費税率の引き上げを行う時には，
地方消費税を財源として生活保護基準の住宅扶助額を念頭にした基準額に基づ
く家賃補助を差額支給する必要がある．なお，住宅供給や家賃補助を行う住宅
セーフティネット制度については低所得高齢者のみならずすべての低所得者に
たいして普及・確立することが必要なことはいうまでもない．

　第2に，近い将来，介護保険料や医療保険料などの増大が見込まれることの
ほか，基礎年金の創設時に比べて医療保険の自己負担額が増大していることや
創設時にはなかった介護保険の利用者負担額が増大していることから，基礎年
金満額水準を受給する者の税・社会保険料負担額と保健医療費や介護保険利用
負担額を基礎年金水準の設定根拠に含めることにより，基礎年金水準の設定を
行い，公的年金制度の信頼性確保を図る必要がある．

　これらの制度変更は，基礎年金水準が大幅に低下する問題や，報酬比例部分
よりも相当長期間にわたり基礎年金水準の低下が続くという問題への対応の一
部となろう．

　なお，年金受給開始後の実質経済成長の果実を受給者がまったく受け取れな
い仕組みである既裁定物価スライドの適用を基礎年金には行わない考え方もあ
りうる．

　基礎的消費支出に連動してスライドする仕組みに転換するのも1つの考え方
である．中長期的課題として，厚生年金は新規裁定も既裁定も賃金スライドだ
けにするのも1つの考え方である．この方式ならば，賃金スライドと物価スラ
イドを併用するため，賃金と物価の高低で扱いの異なる複雑な現在の仕組みに
受給者や年金関係者がとまどうこともなくなる．このスライド方式の見直しは
支給開始年齢を65歳のままに据え置くと費用増を招くが，支給開始年齢を引き
上げることにより財政中立にすることは可能であろう．

5.2　基礎年金水準の下限設定と支給開始年齢の引き上げ

　前節では，3つのオプションを全部実施した場合のきわめて粗い試算結果を

示した．この結果は3つのオプションを全部実施した際の数理計算を行ったものではなく，たんにそれぞれのオプションの給付改善効果を乗じただけのものであるが，この結果をもとに今後の政策についてある程度の方向性は論じることができよう．1つのオプションを実施するのではなく複数のオプションを全部実施する場合のほうが所得代替率引き上げ効果はより大きくなり，所得代替率の下限50％を下回るリスクが縮小することは確実である．

　公的年金制度の安定性を考慮すれば，制度をむやみに変更するのではなく，3つのオプションを全部実施することの優先度が高いようにみえる．しかしながら，過去20年程度続いている経済状況に近い経済前提ケースHの場合に，3つのオプションを全部実施しても妥当と考えられる基礎年金水準を確保できないことがわかった．したがって，基礎年金水準について下限を設定する必要がある．また，厚生年金の所得代替率の50％の下限についても，マクロ経済スライド調整や既裁定物価スライドの仕組みのなかでは十分でないことが判明した．保険料上限18.3％の固定は前提として維持しながら，基礎年金の適用年齢の範囲の拡大，65歳を超えた雇用確保と連動した支給開始年齢の引き上げ，公的年金と私的年金との役割分担や融合などの見直しを行う必要がある．支給開始年齢の引き上げを行う際には，繰り上げ可能年齢も連動して引き上げていくことも検討する必要がある．65〜74歳層が一般的にはかなり健康であるにもかかわらず，60歳からの繰り上げを存置しておくと，近視眼的な誤った選択によって低年金者が増えるおそれがある．一度選択してしまうと一生低い年金のままになるので，高齢期に介護状態になった時や住居費の負担が重くなってきた時には，低年金対策への要請が大きくなってくる．結局，国家財政の負担が重くなるリスクが避けられないことになる．

　妥当な基礎年金水準を確保するもう1つの手段は，保険料の引き上げである．しかしながら，保険料の引き上げには事業主側の反対が強い．保険料の上限をいまのままにして妥当な基礎年金水準を確保するには，受給者の範囲を絞り受給者数を少なくするしかない．そのためには，基礎年金の支給開始年齢を引き上げざるをえない．支給開始年齢を引き上げることで，年金受給期間が短くなると同時に年金加入期間は長くなる．年金受給額は増えるし，現役世代として活動している人も増えるし，生涯収入も増加する．それらの結果として，人々の暮らしが改善され，公的年金制度の信頼性や持続性も高めることができるよ

うになる．保険料固定方式のもとでの支給開始年齢の引き上げは，現役世代と引退世代の適切な人口バランスと老後生活の安定を図るために，厚生年金の保険料上限を18.3％に固定したままで適切な給付水準の確保を図るものであり，保険料負担の上限を引き下げることを企図したものではない．

　また，オプションⅡの導入にあたっては，非正規雇用者への厚生年金適用を避けるほうが事業主にとって有利となることのないように，適用事業所における雇用者全員の給与総額に厚生年金保険料を賦課し徴収することが必要である．また，低賃金の非正規雇用者に対する厚生年金の適用にあたっては，ドイツのミニ・ジョブ制度に見られるように，事業主が保険料の7〜8割程度を負担し，本人の保険料負担をその残余とすることで，負担を軽減する仕組みを導入することを検討すべきである．

5.3　繰り下げ増額率の見直し

　繰り上げ減額率や繰り下げ増額率については，いくつかの問題点があるので触れておこう．現在の繰り上げ減額率や繰り下げ増額率は，2000年改正の際に当時の平均余命や金利，賃金，物価の経済的要素を勘案して定められたものであり，現在もしくは将来の平均余命や金利，賃金，物価の経済的要素を勘案して定められたものではない．繰り上げ減額率や繰り下げ増額率は財政中立となるように定められていると言われているが，実は正しくない．

　もともと繰り上げ減額率や繰り下げ増額率は積立方式と親和性の高い年金現価率の考え方に基づいて定められている．このことをもって年金数理的に中立であるとか，数理的公平性が保たれているとか言われることがあるが，年金財政に影響を与えないという意味の財政中立とは概念がまったく違う．平均余命や金利，賃金，物価の経済的要素によらない繰り上げ減額率や繰り下げ増額率などは存在しえない．受給開始年齢の個人による選択で繰り上げを選択する人，繰り下げを選択する人，どちらも選択せずに支給開始年齢から受給する人の間では，平均余命や金利，賃金，物価の経済的要素の動向によって必ず有利不利が生ずる．

　現在の平均余命や金利，賃金，物価の経済的要素の状況では，現行の繰り下げ増額率で繰り下げると有利になっている．そのために，繰り下げを選択する人が増えてくると，その財源を繰り下げない人たちから逆に配分することにな

る．その結果，本来の支給開始年齢の受給者の所得代替率が下がることになる．

　イギリスでは英国国家統計局によって所得十分位別の平均寿命が計算されている．[3] 2011年から13年のデータでは，所得第1分位の男性の平均寿命は74.1年であるのに対して，第10分位では83.1年と9年の開きがある．女性では，所得第1分位の平均寿命は79.1年であるのに対して，第10分位では86.0年と7年の開きがある．アメリカでも所得水準の高い人のほうが一般的に長生きするという実証研究がある．[4]

　日本でも同じであるとすると支給開始年齢を65歳のまま据え置いて繰り下げの選択を推奨することによって実質的に支給開始年齢を引き上げさせる政策は，年金を通じた逆再分配をさらに拡大させることになる．

　現在の金利は超低金利であるが，金利，賃金，物価は変動が大きい．これに対して，寿命の長命化はゆっくりとではあるが着実に進行している．もともとマクロ経済スライドは，少子高齢社会においても公的年金制度が持続可能となるように導入されたものなのであるし，保険料上限固定方式であるとはいえ公的年金は賦課方式的性格が強いから，金利，賃金，物価の経済的要素は用いずに生年度別のコーホート（同年に出生した集団のこと）ごとに繰り上げ可能年齢到達時の平均余命のみで定め，賃金や物価の変動はスライドにより事後的に反映される仕組みをとるのも1つの考え方かもしれない．

　この仕組みでは繰り上げ率は現行よりも上昇し，繰り下げ率は現行よりも低下するが，所得の低い者の平均余命が短いことによる逆再分配を改善し，高所得者への再分配を抑制する効果がある．この場合でも繰り上げ可能年齢到達時以降の寿命改善分は後世代の負担に転嫁される．また，支給開始年齢を引き上げる集団については引き上げない集団との間での公平性や基礎年金水準の下限に配慮して生年度別のコーホートごとに支給開始年齢時の平均余命にのみ依存した繰り下げ率分だけ年金水準を引き上げることを考えてもよいかもしれない．65歳を超えた雇用確保義務化には時間がかかるものと見込まれることから，支給開始年齢の引き上げには時間がかかる．それまでは繰り下げが推奨される時期が続くから，繰り下げ受給者が本格的に発生する前に繰り上げ減額率や繰り下げ増額率については早期に再検討をする必要がある．

---

3)　International Actuarial Association [2016], pp.38.

4)　Chetty, R. et al. [2016].

5.4　高齢者雇用の現状と課題

　基礎年金の支給開始年齢を引き上げるためには，65歳を超えた高齢者雇用が一部の人だけではなく，健康を損ねた人などを例外として一般的に確保されなければならない．日本の高齢者雇用対策は，平均寿命が延び，社会の高齢化が進展するなかで，高齢期の職業生活の安定を図ることにより，国民が安心して生活できる社会を構築するとともに，これを通じて，経済社会の活力を維持することを目的に進められてきた．1970年代当時は一般的であった55歳定年制の60歳以上への引き上げが1998年に義務化された．2006年には企業に65歳まで働ける環境の整備を義務づけ，13年には65歳まで働く希望を有する人全員の雇用確保が義務づけられた．就労の主要な目的は生活費の確保であり，これらの政策は高年齢者が少なくとも年金支給開始年齢までは意欲と能力に応じて働き続けられる環境の整備を目的としており，年金支給開始年齢の65歳への引き上げへの対応という動機が実質的には強かったと考えられる．

　年齢階級別の就業率は，2005年から15年の10年間で60〜64歳で52.0%から62.2%へ，65〜69歳で33.8%から41.5%へと上昇している．企業における状況では，厚生労働省「高年齢者雇用状況報告」によると，2015年において，「希望者全員が65歳以上まで働ける企業」が72.5%，「70歳まで働ける企業」が20.1%となっている．65歳以上で働ける企業が増加してきているとともに，70歳まで働ける企業も2割以上にまで増加した状況にある．

　わが国の高齢期における就労意欲は高いと言われている．2013年の内閣府「高齢者の地域社会への参加に関する意識調査」によると，「何歳くらいまで仕事をしたいか」との問いに対して「70歳ぐらいまで」が23.6%，「75歳ぐらいまで」が10.1%，「76歳以上」が2.7%，「働けるうちはいつまでも」が29.5%となっており，65歳を超えても働きたいという希望を持つ人が65.9%と7割近い．しかしながら，65歳以上の高齢者の就業率は，欧米諸国と比べても高いとはいえ，2015年では65歳以上人口のうちの21.7%にとどまっており，高齢者雇用の仕組みは不十分である．

　高齢者の7割近くが，65歳を超えても働きたいと願っているのに対して，実際に働いている人は2割にとどまっていることを踏まえ，「ニッポン1億総活躍プラン」が2016年6月に閣議決定された．このプランでは，生涯現役社会を

図表 1-11　高齢者（65歳以上）の就業率の国際比較（2005年，2015年）

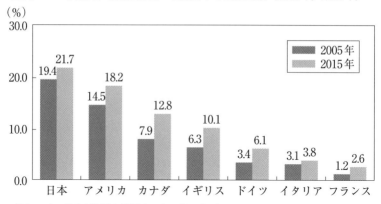

(注)　日本は総務省統計局「労働力調査」（基本集計），他国は OECD. Stat, http://stats.oecd. org/

(出所)　総務省「統計トピックス No.97 統計からみた我が国の高齢者（65歳以上）」（2016年9月18日），7頁.

実現するため，雇用継続の延長や定年引き上げに向けた環境を整えるとともに，働きたいと願う高齢者の希望を叶えるための就職支援を充実する必要があるとされた．将来的に継続雇用年齢や定年年齢の引き上げを進めていくため，2016年度から20年度の5年間が集中取組期間と位置づけられた．この5年間で，65歳以降の継続雇用延長や65歳までの定年延長を行う企業等への支援を拡充するとともに，企業等への働きかけを行うこととされた．

　この方針は従来の政府の考え方から一歩あゆみを進めたものと言えよう．従来は，高年齢者の多様な雇用・就業ニーズに対応して，継続雇用年齢や定年年齢の引き上げのような一律的なものはビジョンとして描かれていなかった．働く人一人ひとりに応じた多様な働き方をビジョンとして描いていたのである．その背景にはまず，高齢者は健康状態や職業経験等の個人差が大きく，同一企業において働き続けることについて，労働者にとっても企業側にとってもメリットがあるとは限らないことがある．また，家庭状況や経済的環境も個人によって異なっており，就労への意欲や求める働き方は人それぞれでさまざまである．そのため，一律の施策では，その多様なニーズに的確に対応できないと考えられていたのである．しかしながら，「ニッポン1億総活躍プラン」に示された高齢者雇用政策の方向性は重要であり，今後，企業の自発的な動きが広がり，65歳以降の継続雇用延長や定年延長を行う企業が増えていくことが期待さ

れる.

　従来の政府の考え方が65歳以降の継続雇用延長や定年延長に対して積極的ではなかったのは，就労者の健康が維持・確保されることが65歳以降の就労の課題だったことも一因である．事業主側の意識としても，労働者側の意識としても，高齢期になると個人差が出やすい健康問題が65歳以上の就労において最大の課題としてあげられていた．

　この点については，2017年3月に日本老年学会と日本老年医学会が発表した「高齢者に関する定義検討ワーキンググループ報告書」において，近年，個人差はあるものの65～74歳の前期高齢者の人々はまだまだ若く活発な社会活動が可能な人が大多数を占めているし，65歳以上の多くは心身ともに健康で種々の社会的役割を果たしていると結論づけている．そのため，65歳以上を高齢者とする定義が現状に合わない状況が生じているとして，高齢者の定義を再検討して75歳以上とすることが提唱されている．近年の高齢者の死亡率・受療率，歩行速度や握力，血清アルブミン濃度などの身体的老化，歯の老化，心理的老化など，心身の老化現象の出現に関する種々のデータの経年的変化を科学的に検討して提唱されているものである．これらのデータ分析の結果，現在の高齢者は10～20年以前と比較して加齢に伴う身体・心理機能の変化の出現が5～10年は遅延しているという「若返り」現象が見られるとされている．このような身体的・心理的能力の向上に応じた雇用環境整備が大きな課題である．

　わが国では少子化が継続するなかで，今後の労働力人口の減少が見込まれている．65歳を超えた団塊の世代の大多数が引退して，人手不足が日本経済の成長の足かせになっている．経済活動において必要とされる労働力の確保を図るとともに，社会の活力を維持するためには，さらなる高齢者の雇用確保を促進することは重要な課題である．

　公的年金制度の持続性が確保され，制度が効果的に機能し続けるためには，超高齢社会で意欲と能力のある高齢者が就労して年金制度を支える側に回るようにすることは有効な方策である．65歳を超えた就労を可能にするためには，定年年齢を一律に延長するだけで対処することは現状では困難であろう．そのためには年功序列の終身雇用制は改革しなければならない．職能ではなく職務にマッチした雇用と賃金体系がつくられていく必要がある．将来的には，年齢を理由とする退職は認めない年齢差別禁止も必要となってこよう．また，65歳

を超えた就労が進まないと支給開始年齢も引き上げにくいから，65歳を超えて雇用を引き上げた企業とそうでない企業とでは法人税負担に格差を設けるなど，法人税収中立のもとで税制も活用する工夫があってもよいのではないかと思われる．アベノミクスによる法人税引き下げにもかかわらず，企業のイノベーションへの取り組みは日本経済全体としては弱い．406兆円にのぼる内部留保が企業部門に蓄積しており，法人税引き下げは経済成長に寄与していないと見られている．高齢者雇用促進のインセンティブとして法人税の活用を検討してもよいのではないかと考えられる．

6　就労期間と年金受給期間の均衡

6.1　欧米諸国の支給開始年齢引き上げの動向

　欧米諸国の支給開始年齢の引き上げについては，アメリカをはじめ，ドイツ，オランダ，デンマーク，スペインなど多くの国で2020年代までに67歳もしくは68歳に引き上げることが決められている．現在，これらの諸国の高齢化率については20％に満たない国が大半である．またイギリスでは，2050年でも日本の現在の高齢化率27％を下回ると見込まれているにもかかわらず，2046年までに68歳に引き上げることが定められている．支給開始年齢の引き上げの政策目的は，就労期間の長期化と引退年齢の延伸である．デンマークやイタリアなどいくつかの国では，平均寿命の延びに連動して支給開始年齢を引き上げる仕組みがすでに導入されている．世界で最も高齢化の厳しいわが国においても，このような先進的な取り組みを導入することが必要であるかもしれない．

　しかし，ドイツのいわゆる「63歳年金」制度に見られるように，45年間の保険料納付期間を有する長期被保険者は，63歳以降であれば法定の支給開始年齢前に早期受給を開始しても減額されない制度を創設する例がある．またイギリスやアメリカでは企業年金が広汎に普及するなど，制度上の年金支給開始年齢と現実の引退年齢が一致しない例が多く見られる．ただしいずれの国も，日本よりは高齢化の程度が低いことには留意しておく必要があろう．

　いずれにしても，一般的には子供よりは高齢者のほうに費用がかかるし，年金受給者人口と就業者人口との比率は現在おおむね1：2であるが，2050年以降は1：1に近くなっていくから，65歳引退が一般的なままであると公的年金

としてほどほどの生活を送ることのできる年金水準を確保することは難しい.

6.2 私的年金のあり方

65歳を超えて就労する際の賃金低下に対しては，企業年金や個人年金などの私的年金の拡充や革新も必要である．企業年金については，退職給付債務を企業会計に計上するように企業会計基準が改められて以降，確定給付企業年金（DB）が抱える債務が企業経営に与える影響の大きさを嫌って，確定給付企業年金の縮小・撤退や確定拠出年金への移行が増えた．しかしながら，確定拠出年金（DC）制度は個人が資産の運用リスクや長寿化によるリスクをすべて負う制度であり，個人が選択した投資商品の資産運用に欠損が生じれば個人の受け取る年金額は少なくなる．また，10年もしくは20年の有期で年金を受け取ることを選択すれば，それ以上に長生きをした場合には生計が窮することになる．確定拠出年金には長寿化という不確実性をプールする保険機能が無いし，資産運用の変動を超長期の時間軸のなかで吸収する機能も不十分である.

これに対して，確定給付企業年金には終身年金を仕組める機能があり，資産運用の変動を超長期の時間軸のなかで吸収する機能も備わっている．過去20年以上にわたり，企業は株主価値の最大化を追求する経営を行ってきたが，企業のステークホルダーは株主だけではない．従業員も重要なステークホルダーである．したがって，企業経営は株主資本利益率（ROE）の追求のみならず従業員の福利厚生をも図ることによって長期的な持続性を確保していく必要がある．最近の欧米の経済学界では格差拡大が経済成長を引き下げており，所得分配や再分配を高める政策のほうが経済成長に資するとの議論が広汎に行われている．今後，株主価値追求の経営方針を転換していく考え方を浸透させていくことが企業年金の再生・復活にとって重要である.

そのような考え方の普及を図るとともに，わが国特有の現象である退職一時金について，私的年金税制に比べて有利な退職一時金税制を見直し，日本型IRA として組み立て直す工夫があってもよい．また，終身年金の比重に応じて税制を公的年金なみにすることをはじめとして，企業年金の仕組みが公的年金の機能に近いか否かで税制や規制に差異を設けることも必要である．長寿化や資産運用変動等の不確実性を世代間で分担する方法を開発するなどの工夫によりDB か DC かの二分法をやめて，従来の枠組みにとらわれない新しい企業

年金や協働運用型集団型確定拠出年金などの普及拡大を図ることも今後の課題であろう.

　一方,企業年金は中小企業には普及しにくいことから,ドイツのリースター年金と類似の仕組みを,低所得世帯の老後所得拡大への政策として導入することも検討に値しよう.自営業者の所得捕捉を確かなものとする税制改革はハードルが高いが,給与所得者の所得捕捉との公平性を高めることができれば,給付付き税額控除を活用することで還付金の一部を企業年金や個人年金の強制積立原資にできるかもしれない.ここまでくれば,企業年金や個人年金などの私的年金を統括的に扱い,すべての被用者や自営業者に強制化する仕組みが考えられてもよいのではないかと思われる.このほか,子供を有する若齢世帯への子供年金,あるいは学費年金の創設を検討していくことも必要である.育児をする若い人や学生にもメリットが感じられる公的年金制度作りも必要である.若い人の公的年金に対する正しい理解を確かなものとするためにも,支給開始年齢の引き上げに伴い浮いた財源の一部を使うことや,消費税を10%からさらに引き上げる際の財源の使途として検討していくことも必要であろう.

6.3　長寿化の進行および就労期間の長期化と年金水準

　公的年金が老後生活の主柱としての役割を果たし,国民に安心感を与える制度として持続していくためには,あまりにも長期にわたる機械的な給付水準の実質的引き下げには注意が肝要である.むしろ,現役世代と年金受給世代の人口バランスに留意するとともに給付水準が安定していることが重要である.

　およそ60年前の1955年(昭和30年)においては,同世代の半数程度がフルタイム就労を開始した15歳から定年である55歳まで生き残ったのは約8割であり,男女平均で19年間程度の老齢年金を受給していた.そうした時代と現代はまったく違った状況にある.同世代の半数程度がフルタイム就労を開始する年齢は,おおむね20歳前後である.公的年金の支給開始年齢が男女ともに65歳になるのは2030年である.この時,20歳から雇用確保義務化年齢である65歳まで生き残るのは,国立社会保障・人口問題研究所の2017年(平成29年)将来人口推計における生命表の推計では,男子90%,女子95%であり,いずれも9割を超えている.65歳からの平均的な年金受給期間は,男子20.7年,女子25.7年であり,平均では23年を超える.さらに日本人の寿命は延びるかもしれない.将来とも

年金の支給開始年齢を65歳のままで据え置いたほうがよいかどうかは，よくよく考える必要があるテーマである．

　年金の受給を開始する年齢を自由に選択させればよいとの議論もあるが，平均寿命が延び，個々人の人生が長期化し，人生百年時代の到来すら予想される時代である．[5] 個々人が一人ひとりの人生における就労期間と引退期間のバランスをどのように考えるかは個人の選択の自由だとはいっても，人間の行動には近視眼的な面がある．就労年齢の上昇に伴い引退年齢が65歳を超えることになっても，法律で定める支給開始年齢が65歳のままであれば繰り下げ受給を選択しない人が相当数発生することもありうる．誤った選択により，長い人生の終わり近くになって貯金等の財産が底をつき，頼りにしていた公的年金がマクロ経済スライド調整で実質的に引き下げられて生活に困窮する高齢者が続出する可能性を否定はできない．特に，65歳を超えた就労での賃金が少ない場合には，繰り下げ受給を選択せず，65歳から年金受給を選択することは十分にありうる．この時，現役時代の賃金が低かった場合には，結果的に低年金受給者となり，就労を終えた後に年金中心の生活になって，マクロ経済スライド調整や既裁定物価スライドにより年金の実質的価値が低下していくなかで医療保険や介護保険の保険料負担や利用者負担が相当に重いものとなっていく可能性は否定できない．オプションを全部実施した場合であっても，基礎年金水準は低成長経済下や単身者では十分でないし，現役時代に低賃金であった者の厚生年金水準は低いから，支給開始年齢を65歳のままに据え置いたままで繰り下げ受給の自由選択制に依存する仕組みが人々の暮らしにとって良いものかどうかは十分に検討されるべきであろう．むしろ雇用確保年齢の引き上げと連動して支給開始年齢を引き上げ，就労期間と年金受給期間の適切な均衡をはかることにより，老齢年金受給者の人数をしぼって年金額を引き上げるほうが加入者，受給者双方にとってウィン・ウィンの方法であると言えるのではなかろうか．支給開始年齢の引き上げは年金財政安定化のためではなく，長寿化がかつてないほど進行するなかで，そこそこの人生を末長く送るために組み合わせるべき手段の1つだと理解するべきである．

　本章では，適切な基礎年金水準の確保や，少子長寿化による支え手の減少へ

---

5)　Gratton and Scott［2016］（池村千秋訳，39–55頁）．

の対応や，就労期間と年金受給期間の適切な均衡をはかるための支給開始年齢の問題について論じてきた．しかしながら，これ以外にも課題は存在する．実質賃金の上昇が近年ほとんどないことから問題は顕在化していないが，実質賃金が増加する時代において物価スライドのみでは，高齢者は現役世代の生活水準上昇に取り残される結果となることは認識しておかねばならない．

　このほか，2004年改革フレームが経済の低迷により十分に機能しなかった場合の検討課題として，厚生年金保険料上限18.3％からの引き上げのほか，AI技術の急速な進展による自動化やロボット化に対応した社会保険料の賦課のあり方があげられる．社会保険料の賦課ベースを賃金総額に拡大することだけにとどまらず，企業の得た付加価値総額への拡大も視野に入れるべきかもしれない．

　いずれにしても，わが国のような厳しい超少子高齢社会を乗り切るためには，公的年金だけに頼りきることも難しい．公的年金のみならず企業年金や個人型確定拠出年金等の私的年金をあわせて，その融合を体系的に検討していくべきである．その際には，平均値のみの議論に終始するのではなく，十分位や四分位，年齢階層などのデータを詳しく解析して議論を進めて結論を得ることが重要である．

　現在の税制優遇措置を前提とした私的年金制度では，中所得未満の者に拡大することには限界がある．給付付き税額控除を導入することにより拡大を図ることも検討していく必要があるが，ギグ・エコノミーと言われる請負など就業形態の多様化や変容が著しいなかで給付付き税額控除を導入するにあたっては，所得捕捉に関して給与所得と事業所得の間の公平性を高めることが重要である．家計費の必要経費への混入という問題があり，所得捕捉の公平性を図ることははなはだ困難な課題であるが，事業所得の所得捕捉をデジタル化時代に対応して高めていくことができないものであろうか．

　欧米諸国には，良質な人材を確保するために企業年金制度を活用することが必要だとの共通認識がある．超少子高齢社会に向かって労働力不足が顕在化しつつあるわが国で良質な人材を確保するために，教育制度や雇用制度・賃金制度の改革はもとより，企業年金制度や私的年金制度の再整備が必要である．世代間不公平論の影響により，長寿化という不確実性や資産運用の変動による負担を複数の世代にまたがって転嫁することを極端に嫌う議論があるが，長寿化

や資産運用・賃金・物価の変動などは，超長期的視点で考えれば本来は1つの世代だけで負担しきれるものではない．賃金・物価・運用利回りの変動だけでなく，医学・薬学の進歩，パンデミックなどの感染症リスクの変動，地球温暖化などの地球環境の変化など，社会や経済は超長期的には大きく変化していくからである．

　また，長期的な視野で見ると，現在は賃金分配が1950年代から70年代における時代ほどには公平に行われていない．近年の労働分配率の低下はよく知られているし，就労期間の長期化をはかるためには技術進歩に対応しうる新しい職業能力を継続的に習得できるようリカレント教育を強化することが必要である．教育制度，雇用制度・賃金制度，所得税や消費税などの税制を改革することにより，公平度の高い賃金分配，雇用期間の延伸，公平度の高い税制による手厚い中間層の形成こそ社会が安定する鍵であり，公的年金制度や企業年金・私的年金制度が健全に機能するための鍵でもある．

第2章

国際比較からわかる
日本の年金制度

佐野　邦明

要　旨

　本章執筆の基礎は2014年から16年にかけて年金綜合研究所で実施した「年金制度の評価基準作成と各国比較研究会」活動である.

　年金制度の国際比較にはいくつかの先行事例が存在する. それらのなかには, 各国の年金制度を点数により評価し, 格付けを行っている事例も存在する.

　言うまでもなく, 各国の年金制度には労働慣行や国民性, および歴史的経緯等が反映されるため, 表面的な分析に基づく単純な順位づけや序列化を行うことは適切でない. また, 高齢者の生活水準を比較・評価するためには, 年金制度以外の医療や介護等も含めた社会保障制度全体についても比較・評価を行う必要がある.

　この点に留意し, 本章では, 日本の公的年金制度・私的年金制度・退職金制度等と人口構造が比較的日本に近い諸外国の制度を対比し, 日本の制度を客観的に評価してその特徴を明らかにすることに注力し, 将来的な改善の方向性を検討した.

　各国との比較から得られた日本の特徴は, 「公的年金制度は財政安定性が確保されており, 将来も老後所得保障に関して一定の役割を果たすことが期待できる」が「公的年金制度を補完すべき企業年金制度や退職金制度といった私的退職給付制度の役割については国民全体で共有化されているとは思えず, 力不足であると言わざるをえない」という点が明らかとなった.

　日本の老後所得保障制度を改善するためには, 公的年金制度・私的退職給付制度・個人の自助努力の役割分担を明確にする必要があり, それぞれの制度と老後生活との関係の全般を俯瞰した政策展開が必要であることも明らかとなっ

た.

　私的退職給付制度に関する具体的な施策として，本章では企業年金制度・退職金制度からの給付金を一元的に集約するための「退職後給付個人勘定」の創設，家計アプローチに基づく「公私制度の役割分担のための新たな充分性指標」の導入，公的年金制度の終身保障機能を活用した「公的年金制度と私的退職給付制度・自助努力の新たな連携」を提案している.

　「退職後給付個人勘定」は，確定給付企業年金制度・確定拠出年金制度・退職金制度等の制度的枠組みを超えて私的退職給付制度を有効活用するための個人勘定である.　これを導入することにより，個人ごとの退職給付の一元管理が可能となり，転職の際に支給される退職金の一時的な費消を防止するとともに，わが国でも一般的になりつつある転職者の老後所得保障施策としても有効である.

　「公私制度の役割分担のための新たな充分性指標」は，イギリス・オーストラリア等で利用されている，家計収支の統計データを活用した「家計アプローチ」に基づく充分性に関する指標である.　日本においても，公的年金制度・私的退職給付制度・個人貯蓄が有機的に連携した老後所得保障における役割分担を検討するためのツールとして有効と考えられる.

　「公的年金制度と私的退職給付制度・自助努力の新たな連携」では，確定給付企業年金制度には終身年金が義務づけられていないこと，退職金制度は言うまでもなく，確定拠出年金制度は個人勘定に積み立てられた残高を基に給付が行われるという意味で，退職金制度と同様に，本質的に一時金制度であることを踏まえ，公的年金の終身保障機能を有効活用するための新たな連携方法を示唆したものである.

　なお，国民全体の老後所得保障の観点からは，企業年金・退職金が適用されない非正規労働者も視野に入れた労働政策としての対応も必要である.　この点は，将来の老後所得保障政策における重要課題として検討される必要がある.

　研究活動の詳細については「平成28年度年金綜合研究所　年金制度の評価基準作成と国際比較報告書」を参照されたい.

1　年金制度の国際比較に際しての視点

1.1　国際比較評価における課題

年金制度に関する国際比較にはさまざまなものがあるが，国際機関が公表している年金制度の国際比較の事例としては，OECD が2005年から2年ごとに

公表している「Pensions at a Glance」がある.

　2005年版の序文には,「各国の人口構造や経済環境が変化するなかで, 年金制度の充分性と持続性の両立のため, 各国の状況を対比して年金制度改正議論の参考とすること」と公表の目的が記載されている. 記述内容は, 各国の年金制度に関する政策を比較するという趣旨から,「年金制度の体系, 受給権付与の基準, 年金額のスライドの基準, 所得代替率」等である.

　最新の2015年版では, 比較対象国を新興国も含む42カ国に拡大しており,「最近実施された各国の年金制度改正」「老後生活保障における年金制度の役割」, および「職歴やインフレ・賃金・死亡率等の所得代替率への影響」に関する分析が充実している.

　ただし,「Pensions at a Glance」に記載されている各国の状況は, それぞれの国の政府が OECD に対して報告した内容を基に記述されているため, 必ずしも実態を的確に反映していない可能性がある.

　民間機関が発表している例としては, 本章の基礎となる研究活動のきっかけとなった, オーストラリアのメルボルン所在のマーサー社が公表している「メルボルン・マーサー・世界年金インデックス(以下, 世界年金インデックス)」がある. これは, マーサー社が, オーストラリア・ビクトリア州政府の財政支援のもとに, メルボルン金融研究センターと共同で開発した公的年金制度・私的年金制度を比較・評価するための指標であり, 2009年以降, 毎年10月に公表されている.

　公表の目的は,「本レポートは, 11の異なる国の引退後給付に関するシステムについて, 調査したものである. これらのシステムのうち, 給付の充分性・長期的な持続性・私的年金制度の健全性の各要素について比較し, どのシステムが最良であるかを評価した最初の試みである.(2009年版序文)」と記載されていることから,「引退後給付制度について一定の基準で比較し, その優劣を判定すること」を主な目的にしていると推察される.

　各国の評価は, 対象国を点数の高低により序列化したうえで,「A」〜「E」までの7段階に格付けしている. 各ランクの評価コメントは,「最上級の制度(A)」「さまざまな優れた機能がある制度(B＋・B)」,「いくつかの優れた機能はあるが改善も必要な制度(C＋・C)」「いくつか必要とされる機能は備えているが重大な弱点が存在する制度(D)」「初期の発展段階にあって不十分な

制度（E）」とされている．この点数による序列化・格付けは直感的にわかり
やすいものであるが，単純に「A国の制度はB国の制度よりも優れている」
という表面的な理解を誘発してしまうリスクが高い．

　マーサー社自身も点数の高低による格付け評価が必ずしも適切とは言えない
可能性がある点に関して，「……どのような比較を行ったとしても，年金制度
は各国独自の社会・経済・文化・政治・歴史的環境による影響を受けるため，
議論を呼ぶものである．ある特定の国の制度を他の国にそのまま適用すること
はできない．……（2015年版 Executive Summary）」と各国の年金制度の背後
にある社会的背景や文化的背景・国民性といった要素に対する考察の重要性を
指摘している．この点と点数・格付けによる国際比較という方法とは整合的で
はないと感じられる．

　年金制度の機能そのものの優劣を比較しようとするのであれば，評価手法の
中に人口構造等の与件の相違による評価結果への影響を排除する仕組みを導入
する必要がある．

　例えば，同一の給付水準で賦課方式により運営される公的年金制度を持つ
A国とB国があったとする．A国は少子高齢化が進行しており，B国は人口
構造が若いとする．A国はB国よりも人口構造が高齢化している分だけ，同
一の給付水準であったとしても，給付を賄うための負担は重くなるはずである．
この事象を「A国の制度は給付水準の割に負担が低いため，B国の制度よりも
優れている」と評価することは妥当であろうか．

　答えは「否」である．負担の水準が異なる原因は人口構造の相違であり，両
国の公的年金制度の機能に差があるわけではない．世界年金インデックスでは
この作業を行わずに比較しているため，評価結果に人口構造の影響が反映され
る傾向が見受けられ，「高齢化が進行した国は低評価」というバイアスが働い
ているように感じられる．

　ただし，現実問題として「人口構造等の相違による影響の排除」は困難であ
る．本章の評価では対象国を日本を含む先進8カ国に絞り込み，人口構造の違
いが極端に大きい国を直接比較することを回避している．その結果，一定の相
違はあるものの，人口構造の相違による影響をある程度抑制した評価となって
いる．

　次に国民性の違いによって「ある特定の国の制度を他の国にそのまま適用す

ることはできない」具体例としてオランダとアメリカを比較する.

オランダの国民性は連帯を重視する. そのため, 日本の企業年金・退職金に相当する職域年金は「社会的合意」に基づいて準公的年金として位置づけられており, ほぼすべての被用者に適用される. したがって, 私的年金制度の適用率や公的年金制度と私的年金制度合計の所得代替率が高く, 2015年版の世界年金インデックスでは「A ランク」と高評価である.

一方, アメリカの国民性は自主独立を旨とし, 私的年金の実施は任意であり, 制度の導入は労使の団体交渉による自治, または, 企業の人事政策に任されている. その結果, 私的年金制度の適用率が低く, 公的年金制度と私的年金制度合計の所得代替率も低いとみなされ「C ランク」とオランダよりも評価は低い.

評価結果が高いとはいえ, 私的年金制度を「準公的年金制度」とみなして強制するオランダの年金システムは, アメリカの国民性からは受け入れ困難であろう. この点を斟酌せずに「オランダが優れておりアメリカは劣っている」と評価するのは適切な比較とは言えないのではないか.

1.2　国際比較評価の意義

各国の年金制度には, 人口構造の相違, 各国独自の社会・経済・文化・政治・歴史的環境の相違等が存在するため, それらの背景も十分に考慮した比較・評価を行う必要があり, 本質的な難しさが内包されている. しかし, 国によって公的年金制度や私的退職給付制度のあり方が社会的背景等によって異なるからといって, 国際的に比較することが無意味というわけではない.

社会保障制度の国際比較の意義について, 「……特に福祉関係では1980年代の前半頃まで, どこか特定の先進国を理想の国として, メーテルリンクの『青い鳥』のモデル国として描いて, それを日本にどのように取り入れるかという問題意識が, 当時の我が国の社会福祉研究者には比較的強かったように見受けられた. そうではなくて, 先進諸国の中で日本が多少遅れているとしても, それをニュートラルな視点から, その長所短所を含めてリアルに分析し, 日本の社会保障の特色をアクティブに把握し, 将来の社会保障のあり方を理論的かつ実証的に探ることに意義があるのである. ……（西村・京極・金子［2014］『社会保障の国際比較研究』第1章)」という指摘がある.

本章の基礎となった研究ではこの点を踏まえて, 年金制度には各国のさまざ

まな社会・経済・歴史的背景が反映されているため，「青い鳥」すなわち「すべての国に共通に適用できる唯一無二の理想的な年金制度」は存在しないという点を当然のこととして，国際比較・評価の目的を「各国制度との客観的な比較・評価を行うことにより，日本の制度の特徴を把握し，今後の制度改善のヒントを得ること」とした．

なお，「引退後の高齢者の暮らし向きが良い制度は高評価」という価値観を評価に反映させようとすれば，公的年金制度や企業年金制度・退職金制度といった私的退職給付制度以外に，引退後の生活に影響する医療・介護サービス・生活扶助・年金給付への課税等も含めた多面的な評価が必要である．本章の評価の範囲は「公的年金制度と企業年金制度（日本の退職金制度も含む）」のみであるため，評価が高得点だからといって，高齢者の暮らし向きが良好であるとまでは言えない点に留意する必要がある．この点は世界年金インデックスも同様である．

1.3　国際比較評価における対象制度と評価方法

本章で比較・評価の対象とする制度は，公的年金制度と企業・職域単位で実施・運営される私的退職給付制度とした．なお，比較対象各国の制度概要は本章末の付録を参照されたい．

私的退職給付制度は「退職を理由として金銭を支払う制度」とする．金銭の支給形態は年金であるか一時金であるかを問わない．日本の制度では，確定給付企業年金制度・企業型確定拠出年金制度・厚生年金基金制度・退職金制度を対象とした．

日本の退職金制度は，OECD の統計データには反映されていないが，日本では退職金制度の普及率が企業年金制度よりも高く，引退後の所得保障の役割が大きいと考えられる．そのため，本節の国際比較評価の対象制度に含めることとした．

なお，日本の個人型確定拠出年金制度や NISA 等の個人貯蓄，および，アメリカの個人退職勘定（IRA）やドイツのリースター年金等の海外の個人単位で加入・積み立てる制度は対象外とした．

私的退職給付制度の範囲に個人単位の制度を含めないこととした理由は，個人が行う積立制度には引退後給付としての活用を主目的としているものであっ

ても，引退後給付以外を使途とする引き出しが可能な場合もあるためである．
また，各国共通の統計データの収集に限界があることもその理由である．

　評価方法については，「充分性」「持続性」「私的退職給付制度運営の健全性」
の３つの要素のそれぞれについて設問を設け，各国の制度の状況に基づいて一
定の基準で採点・評価している．

　この手法は世界年金インデックスと同様であるが，そのような評価体系・手
法とした理由は，「充分性」「持続性」「私的退職給付制度運営の健全性」の３
つの要素は引退後の収入に関する基本的な要素であると考えられること，およ
び，本章の国際比較評価と世界年金インデックスとの比較を行うことにより，
国際比較における課題を洗い出すことができると考えたためである．ただし，
評価結果を点数で表示しているとはいっても，各国の制度を点数によって優劣
の判定・序列化することが目的ではなく，評価点数は各国の特徴を把握するた
めの目安として使用している．

　個別の設問における定量評価では，国際機関等が一般に公表しているデータ
に基づいている．しかし，それらのデータが完全に共通の基準で作成され，各
国の実態を忠実に反映しているとは限らない点に留意が必要である．また，国
際機関等の統計データを基礎としない定性評価では，各国の調査を担当した研
究員が行っているが，一般に公表されている資料に基づいた評価のため一定の
限界があることに留意が必要である．

　個別の設問の内容は，「各国制度との比較を通じて日本の制度の特徴を把握
し，今後の制度改善のヒントを得る」という目的に適うように世界年金イン
デックスの設問に加除修正を加えている．

　具体的には，給付水準の裏づけとなる負担に関連する設問を追加したこと，
日本のマクロ経済スライド・スウェーデンの自動均衡機能等の公的年金制度に
おける持続可能性を高める仕組みの有無等を追加したこと，評価内容が重複す
ると思われる設問や詳細すぎると思われる設問を整理・統合したことである．
なお，加除修正の詳細に関しては「平成28年度年金綜合研究所　年金制度の評
価基準作成と国際比較報告書」を参照されたい．

　各要素について評価した後，「充分性：持続性：私的退職給付制度運営の健
全性」の比率を「40：40：20」の比率で加重平均して総合評価を行っている．
充分性と持続性の比率を同水準とした理由は「充分性と持続性のトレードオ

図表2-1　評価指標の構成

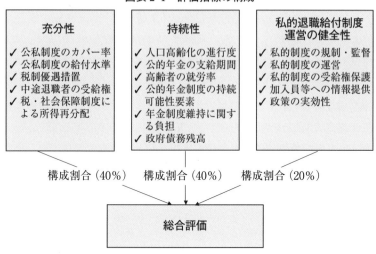

充分性
✔ 公私制度のカバー率 ✔ 公私制度の給付水準 ✔ 税制優遇措置 ✔ 中途退職者の受給権 ✔ 税・社会保障制度に 　よる所得再分配

持続性
✔ 人口高齢化の進行度 ✔ 公的年金の支給期間 ✔ 高齢者の就労率 ✔ 公的年金制度の持続 　可能性要素 ✔ 年金制度維持に関す 　る負担 ✔ 政府債務残高

私的退職給付制度 運営の健全性
✔ 私的制度の規制・監督 ✔ 私的制度の運営 ✔ 私的制度の受給権保護 ✔ 加入員等への情報提供 ✔ 政策の実効性

構成割合（40％）　構成割合（40％）　構成割合（20％）

総合評価

フ」の関係を重視したためである．なお，世界年金インデックスでは3要素の比率は「40：35：25」としている．また，本章の評価で「私的退職給付制度運営の健全性」としている要素は，世界年金インデックスでは「健全性」という用語を用いている．

　日本と比較する評価対象国については，公的年金制度・私的年金制度の適用対象の多様性を考慮するとともに，一般的な公開情報である程度制度内容の把握が可能と考えられる，オーストラリア・ドイツ・フランス・オランダ・スウェーデン・イギリス・アメリカの7カ国とした．評価対象国の私的年金制度適用のパターンは，被用者に私的制度が強制または実質強制適用となっているオーストラリア・フランス・オランダ・スウェーデン，任意適用であるドイツ・イギリス・アメリカに大きく分類できる．

　ただし，イギリスでは2012年以降「私的年金制度への自動加入」が事業主に義務づけられ，企業規模によって適用を順次拡大中である．このため，実質強制適用の状態に近づきつつある．なお，自動加入した後に加入者自身の判断で離脱することは可能である．

2 年金制度の国際比較評価の結果

2.1 充分性要素に関する評価

引退後収入の充分性について評価することを目的とし，被用者に対する適用率・給付水準・受給権付与・年金受給を促す税制措置・高齢者に対する社会保障制度の再分配機能等が評価項目である．

モデル上の給付水準が高かったとしても，適用範囲が限定的であれば被用者全体に対する給付水準が高いと評価するのは適切ではない．

日本の公的年金制度（基礎年金）は20歳以上の全国民に適用されているが，諸外国のなかには公的年金制度でも一定の職域等に適用が限定される場合がある．このため，公的年金制度の適用範囲についても評価する必要がある．

比較対象7カ国の私的退職給付制度の適用率は OECD の統計資料に基づいて評価しているが，掲載されているデータが国によって「生産年齢人口に対する比率」・「被用者に対する比率」・「公的年金制度適用者に対する比率」と適用率算定の基準が異なっている点に留意が必要である．また，OECD の統計では，「私的退職給付制度」は積立金を保有する制度のみが対象とされ，日本の退職金制度等は対象外である点にも留意が必要である．

退職金制度を含む日本の私的退職給付制度の適用率は，2014年人口統計による生産年齢人口7,785万人を分母とし，2014年就業形態の多様化に関する総合調査等から私的退職給付制度の適用者数（公務員を含む）を3,067万人と推計した．生産年齢人口に対する適用率の推計値は39.4%である．なお，公務員を含む第2号被保険者（3,966万人）に対する私的退職給付制度に対する適用率は77.3%と推計している．

被用者の給付水準については，各国共通の統一的な統計データを使用した評価とするため，OECD の統計で用いている個人単位のモデルを基準とした．

給付水準を評価する際には，適用率を勘案して評価すべきであり，日本に関してはこの点を勘案して評価している．しかし，他の7カ国については適切なデータが得られないため，OECD の統計資料に基づいて評価している．

適用率との関係で言えば，フランス・オランダ・スウェーデンの3カ国は私的退職給付制度が強制適用または実質強制適用のため，OECD の統計資料で

も公的年金制度と私的退職給付制度合計で給付水準が評価されているため所得代替率が高い.

　一方,私的退職給付制度の適用が任意である,ドイツ(適用率約47%)・イギリス(適用率約43%)・アメリカ(適用率約47%)では適用率が低いため,給付水準は公的年金制度のみで評価され,低いとみなされる.

　日本は,私的退職給付制度の所得代替率を,2013年就労条件総合調査による定年退職金の平均値1,550万円から,65歳から20年間均等額を支給するものとして金利2.5%で年金に換算すると,所得代替率は23.0%(年金月額は約8.2万円)となる.これを公務員も含む第2号被保険者に対する適用率を勘案して,OECDの統計資料に記載の公的年金制度の所得代替率40.4%と合計すると,公的年金制度と私的退職給付制度合計の所得代替率の推計値は61.3%となり,ドイツ・イギリス・アメリカを上回る水準となる.

　本来であれば,ドイツ・イギリス・アメリカの給付水準についても,日本同様に,任意適用の私的退職給付制度の適用率を勘案して所得代替率を推測すべきである点に留意する必要がある.

　受給権付与・税制については,法令等の定めに関する調査結果により,私的退職給付制度からの給付が引退後の定期的な収入確保に資するように設計されているか否かを評価した.具体的には,「私的退職給付制度からの受給可能な最低年齢の有無」・「私的退職給付制度における年金支給に関する税制等のインセンティブの有無」・「従業員掛金・運用収益への税制優遇の有無」・「中途退職者に対する受給権付与の要否」が評価項目である.

　その他に,公的年金制度の社会保障制度としての機能の1つである税・社会保険料による所得再分配効果を,65歳以上の高齢者を対象に,OECDの統計資料に掲載されている「Market Income Before Tax」と「Market Income After Tax」それぞれのGINI係数の比率により算出した改善率を評価項目としている.

　充分性に関する各国の評価結果は図表2-2のとおりであり,フランス・オランダ・スウェーデンが高得点である.一方,ドイツ・日本・イギリス・アメリカは点数が相対的に低い.点数が高い3カ国は,私的退職給付制度が強制または実質強制適用であり,給付水準が高い点が共通している.

図表 2-2　充分性要素の評価結果

国　　　名	充　分　性 (Adequacy)
オーストラリア	70.0
フランス	84.8
ド　イ　ツ	64.0
日　　本	56.6
オランダ	91.4
スウェーデン	74.7
イギリス	63.6
アメリカ	60.0
平　　均	70.6

2.2　持続性要素に関する評価

　公的年金制度・私的退職給付制度ともに，給付水準の充分性は重要な要素であるが，制度維持に要する負担が可能でなければ制度はその機能を果たすことはできない．すなわち，制度が長期的に維持可能か否かも重要な要素であり，持続性要素ではこの点を評価する．給付水準を維持するためには一定の負担が必要という関係から，充分性と持続性はトレードオフの関係にある．

　実際に評価を行ううえで，公的年金制度に関しては制度維持に要する負担等に関するデータが得られたが私的退職給付制度では必要なデータが得られなかった．このため，結果として持続性要素は「公的年金制度の持続可能性」に関する評価となっている．

　年金制度のあり方に影響を与える人口統計データに関する項目では，現時点における人口構造，および，将来の人口構造の変化が年金制度の持続可能性へ与える影響を，国連人口統計・ILO の労働力率に関する統計データにより評価している．

　具体的には，国連人口統計に基づき，生産年齢人口と65歳以上の高齢者人口比率を指標とする「人口高齢化の進行度」，出生の年次別推移の基礎である「合計特殊出生率」，公的年金制度の標準的な支給開始年齢と平均寿命の差である「公的年金制度の標準的な支給期間（現時点・2035年時点)」が評価項目である．

　また，65歳以上の高齢者の就労が進めば，就労による収入を得ることができるため，公的年金制度からの給付に依存するウエイトは低下し，公的年金制度

図表 2-3　「合計特殊出生率」と

国　　名	2015年時点における 65歳以上人口 ÷生産年齢人口 （男女合計平均寿命）	合計		
		2015年～ 2020年	2020年～ 2025年	2025年～ 2030年
オーストラリア （平均寿命）	22.7% （82.09）	1.86	1.83	1.81
フランス （平均寿命）	30.6% （81.84）	1.99	1.98	1.98
ド イ ツ （平均寿命）	32.2% （80.65）	1.44	1.47	1.51
日 　本 （平均寿命）	43.3% （83.30）	1.46	1.52	1.57
オランダ （平均寿命）	27.9% （81.31）	1.77	1.78	1.80
スウェーデン （平均寿命）	31.8% （81.93）	1.93	1.93	1.93
イギリス （平均寿命）	27.6% （80.45）	1.91	1.90	1.90
アメリカ （平均寿命）	22.3% （78.87）	1.90	1.90	1.91
8 カ国平均 （平均寿命）	29.8% （81.31）	1.78	1.79	1.80

（出所）　United Nation［2015］*World Population Prospects*, 2015 Revision, より筆者が
作成.

の負担は軽減されると考えられる．この点を評価するため，ILO の統計資料
に基づき65歳以上の高齢者の労働力率を評価項目としている．

　経済的データに関連する項目では，各国の財政状況と公的年金制度維持のた
めの負担の関係を評価している．具体的には，財務省ホームページに記載され
ている各国の国民負担率から公的年金制度維持のための負担余力を推測した．
また，公的年金制度を中長期的に維持可能か否かの指標として，政府の財政力
を「政府純債務残高の対 GDP 比率」を IMF の統計資料をもとに評価した．
あわせて，欧州債務危機の教訓から，政府債務がどの程度国内でファイナンス
されているかを評価するために，「国債の海外保有比率」も IMF のワーキング
ペーパー記載のデータに基づいて評価している．

　人口構造の高齢化への対応は各国共通の課題であり，現在は特段の制度的対
策を講じていない国においても，高齢化の進行とともに何らかの対応が必要と
なるであろう．

　日本を含む 8 カ国の現時点から2050年の人口構造の変動状況を図表 2-3 に掲
載しているが，日本を含む 5 カ国は人口構造等の変化に対応し年金制度の給付

「65歳以上人口÷生産年齢人口」の推移

特殊出生率				2050年時点における 65歳以上人口 ÷生産年齢人口 （男女合計平均寿命）
2030年～ 2035年	2035年～ 2040年	2040年～ 2045年	2045年～ 2050年	
1.79	1.78	1.78	1.78	37.3% (87.20)
1.97	1.97	1.97	1.96	46.3% (87.01)
1.54	1.57	1.59	1.62	58.6% (86.10)
1.61	1.64	1.67	1.69	70.9% (88.07)
1.81	1.82	1.82	1.83	47.9% (86.17)
1.93	1.94	1.94	1.94	40.5% (86.87)
1.89	1.89	1.89	1.89	42.2% (85.62)
1.91	1.92	1.92	1.92	36.9% (83.98)
1.81	1.82	1.82	1.83	47.6% (86.38)

と負担のバランス変化の影響を抑制し，制度の安定的運営を確保するための仕組みが導入されている．

　具体的には，日本の「マクロ経済スライド」，スウェーデンの「自動均衡機能」，ドイツの「年金ポイント単価への扶養率の反映」，オランダ・イギリスの「平均余命と年金支給開始年齢の連動」である．本章の評価では，それぞれの仕組みの効果を勘案して評価結果に反映させている．

　なお，日本のマクロ経済スライドは，将来シミュレーションに基づく給付と負担の均衡を図るものであり，他国の措置よりも一歩進んだ財政安定化効果がある．ただし，マクロ経済スライドにより公的年金制度の持続可能性は高まるが，給付水準の低下を伴う見通しのため充分性とのトレードオフが発生し，公的年金以外の所得確保策の重要性が高まることを意識する必要がある．

　持続性に関する評価結果は図表2-4のとおりであり，日本・スウェーデン・イギリス・アメリカが高得点となった．

　アメリカの高評価は，現在および将来の人口構造が若いこと，公的年金の支給開始年齢と平均寿命の差が小さいこと，高齢者の就業率が高いこと等の要因

図表2-4　持続性要素の評価結果

国　　名	持　続　性 (Sustainability)
オーストラリア	51.8
フ ラ ン ス	33.3
ド　イ　ツ	52.6
日　　本	61.3
オ ラ ン ダ	56.8
スウェーデン	61.9
イ ギ リ ス	62.4
ア メ リ カ	67.4
平　　均	55.9

による．スウェーデン・イギリスの2カ国は，人口構造の高齢化が日本ほど著しくないことに加えて，公的年金制度に持続可能性要素が導入されていることから相対的に点数が高い．

　日本は人口構成の高齢化が進んでおり出生率も低く，公的年金の支給開始年齢と平均余命の差が大きいといったマイナス要因があるが，高齢者の労働力率が高いこと，公的年金制度に持続可能性要素が導入されていること，国民負担率が低いこと，政府債務残高は大きいが国債の海外保有比率が低いことがプラスの要因となり，相対的に点数が高い状態である．

　なお，高齢者の労働力率が，フランスの2.5%・ドイツの5.3%・オランダの6.9%と比較して，日本は20.5%と高い．2010年に実施された「高齢者の雇用・就業の実態に関する調査」によれば日本の高齢者の求職理由は，「経済上の理由」が56.1%であり，年金給付水準の充分性が不足していることの裏返しとも考えられる．

2.3　私的退職給付制度運営の健全性要素に関する評価

　引退後の生活は，公的年金・私的退職給付制度・個人の自助努力の三本柱で賄うのが基本であり，私的退職給付制度は公的年金と並ぶ主要な柱として海外では位置づけられる．この点は日本も同様であり，私的退職給付制度が健全に運営され，引退後の収入確保という機能を十分に発揮できる環境にあるか否かは重要な要素である．

　私的退職給付制度運営の健全性要素の評価は，日本の退職金制度も含め，各国の私的退職給付制度に対する法的規制・受給権保護・情報提供等の仕組みに

関するものである.

　なお,私的退職給付制度運営に関する規制は,法令のみでなく,各国の社会的慣行等も含めて評価する必要がある.しかし,一般に得られる公開情報による評価には限界があり,各国の実態を必ずしも十分に反映した評価になっていない可能性がある.

　私的退職給付制度の設立・運営に対する当局の認可・監督,および,制度運営に関する監査体制に関する規制は,「私的退職給付制度の設立・運営に関する規制当局の認可・監督の適切性」「規制当局への制度運営状況に関する報告の要否」「一定の資格を持つ専門家による制度運営状況の監査の要否」といった事項について評価している.

　また,英米法でいう「受託者(Trustee/Fiduciary)」等に相当する,私的退職給付制度の制度運営にあたる「制度運営責任者」の権限・責任・能力に関する規制についても,「資産運用方針策定の要否」「能力要件・行動規範の有無」「利益相反防止措置の有無」といった点に着目して評価している.

　受給権保護の仕組みの整備状況に関しては,事業主資産と年金資産の関係を評価する「年金資産の事業主からの法的分離の要否」,事業主の破綻等の際における受給権保護の仕組みを評価する「支払保証制度の有無」や「ソルベンシーマージン確保の要否」が評価項目である.

　制度加入者や受給者の私的退職給付制度への信頼性を確保するための施策を評価するための指標として,制度の運営状況に関する加入者・受給者等への情報提供の頻度・内容を評価している.具体的には,制度加入時から受給時までを視野に入れ,「新入社員等に対する制度加入時の情報提供の要否」「毎年の積立状況等に関する情報提供の要否」「発生済受給権の通知の要否」である.

　その他,引退後所得保障において重要な役割を果たす私的退職給付制度に関して,政府が国民のニーズに基づいた有効な政策を実行できるか否かについて,世界銀行の世界統治指標に基づいて定量評価している.

　私的退職給付制度運営の健全性に関する評価結果は図表2-5のとおりであり,オーストラリア・オランダ・スウェーデン・イギリス・アメリカが高得点となった.

　オーストラリア・オランダ・スウェーデンの3カ国は,私的退職給付制度が強制適用または実質強制適用であるためか,制度運営責任者には制度運営に関

図表 2-5　私的退職給付制度運営の
健全性要素の評価結果

国　　名	私的退職給付制度 運営の健全性 （Integrity）
オーストラリア	90.6
フランス	70.7
ド　イ　ツ	82.9
日　　本	70.7
オ ラ ン ダ	91.0
スウェーデン	93.7
イ ギ リ ス	93.6
ア メ リ カ	88.6
平　　均	85.2

する高度な能力が求められる等，私的退職給付制度に対する規制が厳格である．

　また，イギリスでは信託の仕組みを活用した年金制度運営や私的年金制度に対する年金監督庁による厳しい規制が実施されており，アメリカでは ERISA 法による私的年金制度に対する厳格な法的規制が存在し，両国とも支払保証制度による受給権保護の仕組みが整備されている．

　なお，アメリカは適格な企業年金制度（税制優遇があり，ERISA 法の規制が適用される）のみを評価対象としている．規制の緩い非適格制度も含めて本項目を評価した場合には異なる結果になると想定されるが，非適格制度について十分な情報が得られないため評価対象外としている．

　日本の企業年金制度は，退職金制度を切り替えたものがほとんどであり，受給権保護の観点から，法令等により給付設計に関して必要な範囲で一定の規制が行われている．したがって，企業年金制度に限れば，制度運営に関する規制は他国と大きな差がつくことはない．

　一方，退職金制度は，労使合意に基づいた制度であり，「賃金の支払確保等に関する法律」による受給権保護の仕組みも存在するが限定的である．また，制度運営面においても年次報告の当局への届出や利益相反防止に関する措置等が要請されておらず，法的規制が企業年金制度よりも緩やかである．この点が私的退職給付制度運営の健全性評価においてマイナスとなる．

2.4　年金制度の総合評価結果

　総合評価の点数を見ると，オランダ・スウェーデンが8カ国のなかでは比較

図表2-6　総合評価結果

国　　名	インデックス合計	三要素の内訳		
		充　分　性 （Adequacy）	持　続　性 （Sustainability）	私的退職給付制度 運営の健全性 （Integrity）
オーストラリア	66.8	70.0	51.8	90.6
フランス	61.4	84.8	33.3	70.7
ド　イ　ツ	63.2	64.0	52.6	82.9
日　　本	61.3	56.6	61.3	70.7
オランダ	77.5	91.4	56.8	91.0
スウェーデン	73.4	74.7	61.9	93.7
イギリス	69.1	63.6	62.4	93.6
アメリカ	68.7	60.0	67.4	88.6
8カ国平均	67.7	70.6	55.9	85.2
日本を除く7カ国平均	68.6	72.6	55.2	87.3

的高得点であり，オーストラリア・イギリス・アメリカがほぼ平均的な水準，フランス・ドイツ・日本が相対的に低い得点という結果である．

　得点の高いオランダは，充分性と私的退職給付制度の健全性の点数が高く，持続性に関しても平均的な水準にある．オランダは，私的退職給付制度が実質的に強制適用の状態にあり給付水準が高く，また，法的規制も厳格であることがこの点数に反映されている．

　一方，フランスはインデックス合計の点数が低く，充分性が高得点である反面，持続性の点数が低い．これは，私的退職給付制度が強制適用であり給付水準も高い一方で，公的年金制度に持続可能性を高める仕組みが導入されておらず，年金支給開始年齢も比較的若い等，人口構造の高齢化への備えが不十分と考えられることが原因である．

　日本は持続性要素に関しては相対的に点数が高いが，充分性要素と私的退職給付制度運営の健全性要素については点数が低い．

　持続性が他国比で高得点である理由は，人口構造高齢化の進行が著しいこと，政府債務残高がGDP比で大きいといったマイナスはあるものの，マクロ経済スライドによる公的年金制度の財政的安定性を確保していること，国民負担率が低く税・社会保険料の追加負担能力があると考えられること，65歳以上の高齢者の労働力率が高く公的年金制度の維持のための負担を一部軽減していると考えられること，政府債務の多くが自国内でファイナンスされており国債の海外保有比率は8カ国中最も低い，といったプラス面がマイナス面をカバーして

いるためである.

　充分性は，私的退職給付制度の適用率が低い等の理由から点数が低い. なお,
公的年金制度と私的退職給付制度合計の給付水準は，支給された退職金全額を
年金で受給するとみなして所得代替率を計算しているため，この部分の点数は
給付水準が結果として公的年金制度のみで評価されているドイツ・イギリス・
アメリカよりも高い. しかし，退職金全額が引退後の定期的収入に充当される
とは限らない. この点は，私的退職給付制度からの支給形態が終身年金のみで
あるフランス・オランダ・スウェーデンと単純に給付水準を比較することがで
きないことを意味する.

　私的退職給付制度運営の健全性は，退職金制度・企業年金制度両方を対象と
していることが点数が低くなる要因である.

　日本の場合，企業年金制度においては，受給権保護のための支払保証制度が
存在しないなど点数が低くなる要因はあるが，法令等が整備されており，他国
と大きく差がつくことはない. しかし，退職金制度は基本的に労使自治に任さ
れる部分が大きく，制度運営等に関する規制は企業年金制度よりも緩やかであ
る. この結果，企業年金制度と退職金制度の両方を評価対象とすると，私的退
職給付制度全体に対する点数は低くなる.

　以上のことから，日本は公的年金制度への持続可能性要素の導入，高齢者の
労働力率の高さ，国民負担率の低さ等から公的年金制度の持続性は強みとして
認識すべきである.

　一方，日本の少子高齢化の進行状況は著しく，世代間扶養による公的年金制
度を維持するためには，女性の労働市場への参入促進や高齢者の引退時期を遅
らせるなどの施策は重要である. しかし，それが実現したとしても，マクロ経
済スライドによって給付を抑制せざるをえないことに変わりはない.

　私的退職給付制度では，企業年金制度が任意適用であり被用者に対する適用
率が低い. 一方，普及率の高い退職金制度は給付設計・制度運営が柔軟である
ため引退後給付としての実効性が必ずしも十分ではない. 日本の老後所得保障
は，将来の公的年金制度の給付水準低下を見すえた場合，私的退職給付制度に
弱みがあり，その充実が最優先の課題であることを認識すべきである.

3　日本の老後所得保障における課題への対応

3.1　マクロ経済スライドの意味

　日本では，引退後所得保障の議論が行われる際には公的年金制度を中心に行われ，企業年金制度も含めた引退後給付に関する議論が広く一般に行われている状態ではないが，公的年金のみで豊かな老後生活を送るのは困難である．

　引退後収入に関して，公的年金制度の給付水準に議論が集中する背景にはさまざまな要因が考えられるが，伝統的な家族扶養を重視する考え方に加えて，1970年代頃に急速に引き上げられた公的年金の給付水準に対する漠然とした期待感があるようにも感じられる．

　しかし，公的年金からの給付のみで豊かな老後生活を送ることは難しい．2004年（平成16年）に導入されたマクロ経済スライドは，保険料を一定の範囲に抑制しつつ公的年金財政の安定性を確保するための措置である．厚生年金では保険料上限が標準報酬の18.3％が上限であり，少子高齢化の進行に伴い夫婦世帯モデルの支給開始時点における所得代替率50％を下限として調整される．マクロ経済スライドの導入は，「公的年金制度である程度の収入は保障するが，豊かで充実した引退後生活を送るためには国民各自が努力して公的年金を補う追加の収入源を確保する必要がある」ということを明らかにしたものと認識する必要がある．

　すなわち，公的年金制度のスリム化が避けられない環境下では，引退後の安定した定期的収入の確保に向けて，公的年金制度・私的退職給付制度・個人の自助努力の役割分担を前提として，データに基づいた客観的な議論が必要である．

　本章ではこの点に関して「退職給付を通算するための個人勘定（以下，退職後給付個人勘定）の創設」「公私制度の役割分担のための新たな充分性指標」の導入，および，「公的年金制度と私的退職給付制度・自助努力の新たな連携」を提案する．

3.2　退職後給付個人勘定の創設

　2014年に実施された「就業形態の多様化に関する総合実態調査」によれば，

法令等により受給権保護等の規制が課されている企業年金制度の労働者数ベースの適用率は正社員の29.9％にとどまるが，退職金制度の適用率は80.6％であり広く普及している．退職を理由として給付が実行されるという基本的な機能は同じ制度であるにもかかわらず，なぜ企業年金制度の普及率が低いのであろうか．

歴史を振り返ると，日本の企業年金制度は，1905年に鐘紡で創設された共済組合が最初であり，一般には普及しなかったと言われている．

一方，退職金制度は長期勤続者に対する制度として1935年には100人以上の工場の53％が退職金制度を有していた．1936年に「退職積立金・退職手当法」が制定され，50人以上の従業員を有する企業に強制適用された．同法は第二次世界大戦中の1944年に，徴用工も含めた制度とするため労働者年金保険法を改称した厚生年金保険法に統合吸収され，第二次世界大戦後，労働条件改善の一環として退職金制度が復活した．1952年には退職給与引当金制度の創設により税制上の損金算入が可能になったため，中小企業にも広く普及することとなった．

法的な根拠に基づく企業年金制度は，1962年に適格退職年金制度が，66年には厚生年金の一部を代行する厚生年金基金制度が導入された．

適格退職年金制度は，事前積立による退職金支払いの平準化を目的とする制度という側面があり，1995年には加入数が1,000万人を超え，制度普及のピークを迎えたが，2001年の確定給付企業年金制度・確定拠出年金制度の実施に伴い12年3月末に制度が廃止されることとなった．

厚生労働省の統計によれば，適格年金制度の廃止に伴い，確定給付企業年金へは2割，確定拠出年金には1割，中小企業退職金共済制度へ3割がそれぞれ移行し，4割が制度廃止となった．

厚生年金基金制度は，終身年金支給を義務づけられる等，公的年金に準ずる性格を持つ制度であり，1997年には加入者数が1,200万人を超えた．しかし，バブル崩壊後の年金資産運用環境の悪化と2001年からの退職給付会計の導入といった要因により，01年に確定給付企業年金法が施行され，代行部分の返上（確定給付企業年金制度への移行）が認められた．その後，厚生年金基金制度は大企業を中心に代行返上が続き，2014年には加入者数は400万人程度まで減少し，中小企業が業界単位等で設立した総合型厚生年金基金制度がそのほとん

どを占めることとなった．さらに，年金資産運用に関する詐欺事件等を契機として厚生年金基金制度は実質的に廃止される方向となった．

　私的退職給付制度運営の健全性要素の評価結果で指摘したとおり，退職金制度の給付設計・制度運営に関する規制は企業年金制度に対するものよりも緩やかである．企業年金制度と退職金制度の適用率に差が生じる原因は，法令等による規制が厳しいか緩いかによると推測できる．これは，適格退職年金制度の廃止に伴い確定給付企業年金制度・確定拠出年金制度に移行せず，法人税制でメリットのほとんどない退職金制度に移行したと推測できる企業（制度廃止を選択した企業）が全体の約4割程度存在することからも裏づけられる．

　日本の企業年金制度に対する規制は，オーストラリア・オランダ・スウェーデン・イギリスといった私的退職制度運営の健全性評価でも高い点数を示している諸国と比較して特別に厳しいものではない．しかし，日本では企業年金制度よりも，給付設計・給付水準に関する労使合意の柔軟さ等について規制の柔軟な退職金制度が存在するため，図表2-7のとおり大企業よりも経営基盤の弱い中小企業にとっては企業年金制度導入のインセンティブが働いていない可能性がある．

　企業年金制度の適用率が低くても，退職金制度が適用されるのであれば老後の所得保障には大きな問題は生じないという考え方も一定の説得力を持つと考えられる．しかし，退職金制度からの給付は一時金であり，引退後の安定した定期収入確保という点からは懸念がある．

　実際，2008年1月に公務公共サービス労働組合が実施した退職金の使途に関するアンケート調査によれば，退職金の使途は「住宅関係（退職金使途の割合29.2％）」「耐久消費財（同4.9％）」「子供の教育費・結婚費用（同6.0％）」「旅行費用（同3.4％）」の4項目の合計で退職金全体の43.5％が一時的な使途となっている．一方，引退後の生活資金と考えられる「日常生活への充当」は12.1％であり，疾病等への備えと考えられる「いざという時の備え（同37.2％）」を合計しても49.3％と全体の半分程度である．このアンケートは，調査時点が古く対象者が限られているため，現時点における高齢者の一般的傾向を代表するものではない可能性もあるが，退職金全額が引退後の定期的の収入に充てられているわけではないことは事実であろう．

　しかし，退職金の引退後収入に充てられる割合が限定的であったとしても，

図表 2-7　退職給付制度の有無

正社員数	退職給付制度のある企業	左記のうち	
		企業年金	退職金
合計	75.5%	34.2%	88.4%
1,000人以上	93.6%	77.0%	71.1%
300〜999人	89.4%	68.5%	72.8%
100〜299人	82.0%	44.0%	86.0%
30〜99人	72.0%	25.9%	91.4%

（出所）　厚生労働省「2013年就労条件総合調査」第20表から作成.

広く普及している退職金は引退後給付における有力な財源であることに変わりはない．いかにして退職金を引退後の安定した定期的収入のための資金として有効活用するかを検討する必要がある．

　すべての私的退職給付制度を安定した引退後の定期的収入確保のための手段として位置づけるための理想的な施策は，確定給付企業年金制度・確定拠出年金制度・退職金制度等，退職に伴って支払われる給付を引退後給付の確保・受給権保護を目的とする統一的な法令の整備を行うことであろう．

　しかし，日本では適格退職年金制度の廃止に伴い，企業年金制度の実施率が低下した経験がある．このことは，制度の実施が任意で複数の選択肢が存在する場合には，より規制が緩やかで実施の容易な制度が選択されるであろうことを示唆している．老後所得の安定的確保を目的として退職金制度の規制強化を行った場合には，適格退職年金制度の廃止と同様に，企業は厳しい規制を嫌って引退後給付としての役割が期待される退職金制度を廃止し，それに見合う額を給与として支給する前払退職金制度へ移行するなどの行動をとることが予想される．その場合には，退職後の所得確保に関しては個人の裁量に委ねられることとなり，結果として引退後の財源を十分に確保できていない者が多く発生するといった事態に陥る懸念がある．

　この点を勘案すると，現在の企業年金制度・退職金制度に関する規制・税制上の取り扱いを基本的に維持しつつ，各制度間の連携を可能にするシステムを構築することにより，安定的な引退後の定期的収入確保を図ることが現実的な方策であろう．

　具体的には，引退後の定期的な収入確保を目的とした「退職後給付個人勘定制度」を創設して，退職所得の全額または一部を退職者個人の判断により集約する方法である．引退後の安定的な収入確保の手段としての性格を明らかにす

るために，一時金による引き出しの制限や最低引き出し可能年齢の設定等，一定の制約条件を課す代わりに，当該勘定への積立時および積立期間中の運用収益には課税せず，引き出し時点で所得として課税する等のインセンティブを与える仕組みが考えられる．

日本では転職の際には，転職前の会社が実施している制度単位でそれぞれ給付金が清算されるのが一般的である．確定給付企業年金制度や確定拠出年金制度では部分的に受給権・年金資産の移換（ポータブル）が可能とされているが，現実にはごく一部の例外を除いて機能していない．

「退職後給付個人勘定制度」の創設により，転職時に支給される退職金の一時的な費消を抑制し，引退後の収入確保のための資金として，個人単位で制度横断的に管理するというポータブル機能を提供することが可能となる．日本においても転職が一般的になりつつある現状を考えると，転職による引退後収入面の不利益防止にも資する．「退職後給付個人勘定制度」の創設は，産業構造の高度化によってますます活発になると見込まれる人材流動化対策としても有効であろう．

3.3　公私制度の役割分担のための新たな充分性指標

日本では，引退後所得保障の議論が行われる際には公的年金制度を中心に行われ，企業年金制度も含めて引退後の給付水準を議論することが一般的ではなかった．その結果，公的年金以外の企業年金や退職金，および，個人の自助努力の引退後所得保障における役割の重要性があまり認識されてこなかったように思われる．

現実には，公的年金からの給付で引退後の生活費すべてを賄うのは困難で，日本においても公的年金・私的退職給付制度・自助努力それぞれの受け持つ役割と範囲を明らかにする必要がある．

図表2-8は2015年の「総務省家計調査」（速報値）の数値である．夫65歳以上，妻60歳以上の夫婦の高齢無職世帯の消費支出は24万3,864円，非消費支出（直接税・社会保険料）は3万1,842円で合計27万5,706円である．収入は社会保障給付19万4,874円と配偶者の収入等を加えると21万3,379円となり，差し引き6万2,326円の不足が生じている．

日本の定年退職金の支給額は平均1,550万円で，全額を20年間で受給するも

図表 2-8　2015年総務省家計調査（高齢無職夫婦世帯）

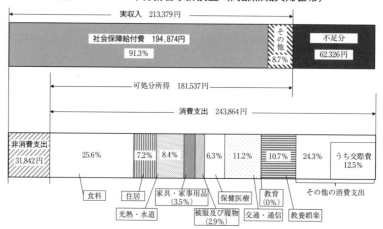

のとして年金に換算すると月額約8万円となり，家計収支調査による不足額は
退職金を全額年金として受け取れば65歳から84歳までの間は補える計算となる.

　もっとも，退職金の使途が全額引退後給付に回らないことを考慮すれば，不
足金を退職金のみで賄うことは現実的でない. 退職金の半分を引退後の定期的
収入に回すと仮定すると，不足額は2万円強残ることとなり，公的年金・退職
金以外の資金準備（＝自助努力・個人貯蓄）が必要なことがわかる.

　本章では，自助努力・個人貯蓄については記述の対象外としているが，退職
給付会計の導入以来，日本企業は企業年金制度・退職金制度の財務面へ及ぼす
影響に敏感となってきており，企業によっては退職金制度の廃止・前払退職金
制度の導入という動きも懸念される. このような状況を考えると，個人の自助
努力（貯蓄）の重要性がよりいっそう高まることは明らかであり，個人が自ら
行う引退後に備えた貯蓄に対する税制等による支援・奨励策の拡充が望まれる.

　給付の充分性を表す指標の1つである所得代替率を評価対象国についてまと
めたものが図表 2-9 である. 各国の公的年金制度と私的年金制度（強制適用お
よび任意適用別）の所得代替率を集計した.

　これを見ると，オーストラリアの公的年金の所得代替率は，報酬水準が平均
の半分である「0.5」の被用者では48.4%，平均的な被用者では13.5%，平均
の1.5倍の収入の者では1.9%と収入水準の上昇に反比例して低下している.

オーストラリアでは，公的年金の水準は「倹約を必要とするが，オーストラリアにおいて社会生活を送るために最低限必要な水準（低コスト水準）」に相当する額として設定している．具体的には，公的年金の守備範囲は，高齢者の75％以上が費消する財・サービスに相当する生活水準をカバーするように設定されている．

それ以上の生活水準である「標準的なオーストラリア人の生活を送るために必要な水準の生計費（標準的水準）」（高齢者の50％が費消する財・サービスに相当）は，強制適用の拠出建て私的退職給付制度であるスーパー・アニュエーションを含めて確保すべきものとされている．さらに，「十分な積立金を保有し，多額の積立金の取り崩しを必要とせずに，健康でレジャーを十分に楽しむことが可能な生活水準（余裕ある水準）」（高齢者の所得トップ20％）を達成するためには個人の自助努力を上乗せすることが想定されている．

従来，わが国では引退後収入の充分性の指標として「所得代替率アプローチ」が用いられてきた．しかし，それはモデル計算に基づく現役世代の収入と引退世代の収入の比率の単純な平均値であり，現役時代の収入水準や職歴等により異なる個々の家計の収支の実態とは乖離があるはずである．

マクロ経済スライドの導入により，公的年金制度の持続性を確保することの裏返しとして，公的年金制度の給付水準はある程度抑制され，公的年金のみではゆとりのある老後生活を送るのは困難であることは先に述べたとおりである．

しかし，公的年金・私的退職給付制度・自助努力それぞれがカバーすべき範囲は必ずしも明らかではない．それぞれの役割分担を議論する際には，具体的な生活水準を想定した家計収支に基づく引退後所得の充分性に関する目安が必要である．公的年金・私的退職給付制度・自助努力の役割分担に関する議論においては，所得代替率に基づく給付水準の把握のみでは十分でなく，具体的な生活水準を想定した家計アプローチに基づく検討が必要である．

日本では生活扶助の決定に際しては，居住地域を勘案した具体的な家計収支に着目しているが，引退後給付においても，生活水準に対応した支出費目・単価・支出頻度等の家計データに基づく目安が必要である．

ただし，現時点においては，家計アプローチを実行するために十分なデータが公表されていない．

また，家計アプローチを採用する場合に，どの程度の生活水準をそれぞれの

図表 2-9　制度別所得

制 度 区 分	報酬水準	オーストラリア	フランス	ド　イ　ツ
公的年金制度	0.5	48.40%	56.80%	37.50%
	1	13.50%	55.40%	37.50%
	1.5	1.90%	48.20%	37.50%
強制適用 私的年金制度 （DB・DC）	0.5	30.90%	－	－
	1	30.90%	－	－
	1.5	30.90%	－	－
公的年金制度 ＋強制適用私的 年金制度	0.5	79.30%	56.80%	37.50%
	1	44.50%	55.40%	37.50%
	1.5	32.90%	48.20%	37.50%
任意適用 私的年金制度 （DC）	0.5	－	－	12.50%
	1	－	－	12.50%
	1.5	－	－	12.50%
公的年金制度 ＋私的年金制度 （強制＋任意）	0.5	79.30%	56.80%	50.00%
	1	44.50%	55.40%	50.00%
	1.5	32.90%	48.20%	50.00%

（注）　「0.5」は報酬水準が平均的な被用者の1/2の者，「1.0」は報酬水準が平均的な被用者，「1.5」は平均的な被用者の1.5倍の者.
　　　フランスは付加年金等も含めて「公的年金制度」に所得代替率が表示されているものと思われる.
（出所）　OECD［2015］"Pensions at a Glance,"p.141，Table 6.4，から評価対象国を抜粋.

図表 2-10　オーストラリアの家計アプローチ

（単位：豪ドル）

	第1 五分位	第2 五分位 （低コスト 水準）	第3 五分位 （標準的 水準）	第4 五分位	第5 五分位 （余裕ある 水準）	第5分位 ÷第3 五分位
住　居　費	31.85	32.60	42.48	48.18	64.14	1.51
光　熱　費	11.43	12.75	13.14	13.33	15.65	1.19
食　　　費	46.92	71.20	78.92	87.67	112.53	1.43
被　服　費	2.59	6.61	9.70	16.90	32.42	3.34
日用品購入	17.40	30.10	35.72	53.21	114.96	3.22
医　療　費	10.19	14.83	20.23	29.87	53.68	2.65
交　通　費	12.72	19.83	31.55	48.34	162.65	5.15
レ ジ ャ ー	10.88	22.26	34.47	52.39	122.40	3.55
雑　　　費	7.13	12.70	22.67	28.95	64.25	2.83
1週間合計	151.11	222.88	288.89	378.83	742.68	2.57

（出所）　Saunders, Patulny, and Lee［2004］"Updating and Extending Indicative Budget Standards for Older Australians Final Report," Social Policy Research Center, University of New South Wales, January 2004.

制度がカバーすべきか，高齢者を対象とした所得階層別の家計調査データの収集，想定する生活水準に対応した物品・サービスの特定・分析・更新等を客観的に行う仕組みの構築など，検討すべき項目は多岐にわたる．生活水準に対応した物品・サービスの特定・価格や品質の設定等には国民の生活水準に関する

代替率

日　　本	オランダ	スウェーデン	イギリス	ア メ リ カ
48.80%	54.20%	42.70%	59.40%	44.40%
35.10%	27.10%	42.70%	29.70%	35.20%
30.50%	18.10%	29.50%	19.80%	29.10%
－	39.80%	21.70%	－	－
－	63.40%	21.70%	－	－
－	71.20%	43.60%	－	－
48.80%	94.00%	64.40%	59.40%	44.40%
35.10%	90.50%	64.40%	29.70%	35.20%
30.50%	89.30%	73.10%	19.80%	29.10%
－	－	－	31.10%	32.60%
－	－	－	31.10%	32.60%
－	－	－	31.10%	32.60%
48.80%	94.00%	64.40%	90.50%	88.80%
35.10%	90.50%	64.40%	60.80%	70.30%
30.50%	89.30%	73.10%	50.90%	58.30%

実感とのバランスをどのように考えるかという判断を伴なう要素もあり，容易に結論を得られるとは思えないが，重要な課題として検討を進めるべきである．

3.4　公的年金制度と私的退職給付制度・自助努力の新たな連携

　従来，公的年金制度と私的退職給付制度・個人の自助努力の役割分担については，公的年金を通常の支給開始年齢から受給し，私的退職給付制度・個人の自助努力により年金額を上乗せすることが意識されてきた．

　しかし，退職金制度・確定拠出年金制度の給付は一時金・年金原資であり，確定給付企業年金制度の給付も終身年金として支給されるケースは少ない．この点は，退職後給付個人勘定制度を創設しても解決できない．

　退職後給付個人勘定制度が実現したとしても，個人が終身にわたって公的年金制度に上乗せする収入を確保するためには，個人勘定残高を原資として「終身年金保険」を購入する必要がある．しかし，昨今の低金利を受けて募集を中止する保険会社が増加しており，個人で終身にわたる所得保障を確保する手段は限定的である．

　確定給付企業年金制度には終身年金が義務づけられておらず，その多くは有

期年金である．退職金制度からの給付はもちろん，確定拠出年金からの給付は個人勘定に積み立てられた残高が充てられるという意味で，退職金制度と同様，基本的には一時金であり，終身保障を獲得する手段が制度として用意されているケースは限定的である．

　個人の終身年金確保手段が限定的な現状を考慮すると，日本における公的年金制度と企業年金制度・退職金制度・自助努力の役割分担・連携を検討する際には，公的年金の給付額に上乗せして収入の増加を実現する以外に，年金支給時期・支給期間による連携も検討されるべきであろう．

　具体的には，公的年金の本質的な機能である終身にわたる所得保障を最大限に活用するため，公的年金の支給開始時期を繰り下げて年金額を増額し，公的年金の支給開始までの期間を，確定給付企業年金制度や退職金制度等による有期年金によって補う「支給期間による役割分担」である．

　この方法により，企業年金・個人貯蓄で終身年金を確保するという困難さは軽減でき，公的年金制度による一定水準以上の終身年金が期待できる．

　現在，公的年金の支給開始時期は，60歳から70歳の範囲で受給者本人が選択することが可能であるが，この範囲を70歳超まで拡大し，より柔軟な期間による役割分担を可能とすべきである．

　本章で明らかとなった日本の退職給付制度の課題を解決するためのヒントは上記のとおりであり，政策的な対応が望まれるところである．しかし，実現に向けては従来型の「個々の制度ごとに議論が積み重ねられ，政策が決定・実行される」という手法では限界がある．それぞれの制度の根拠法・所管官庁といった枠組みを超えた，引退後生活全般を俯瞰した議論・政策展開が望まれる．

第 2 章付録

付表2-1～付表2-19

付表 2-1　評価対象各国の

		日本	オーストラリア	フランス	ドイツ
労働者平均年収	現地[1]通貨	4,881,994	79,689	37,427	45,952
	米ドル[1]	46,495	51,746	45,092	58,167
	日本円[1]	4,881,994	5,433,341	4,734,741	6,107,544
GDP比公的年金支出		10.20%	3.50%	13.80%	10.60%
平均余命	出生時	83.5年	82.4年	81.7年	80.7年
	65歳時	21.9年	20.8年	21.0年	19.4年
65歳以上人口割合		26.40%	15.00%	18.70%	21.40%

(注)　各国制度の調査担当者は以下のとおり（敬称略）.
　　　　オーストラリア：佐野邦明，フランス：清水信広，ドイツ：佐野邦明，オランダ：塩田強，スウェ
　　　ーデン：小野正昭，イギリス：田川勝友，アメリカ：木口愛友.
　1)　為替は購買力平価（OECD Pensions at a Glance 2015 Table 8.5）により換算.
　　　　1 米ドル＝105.00円＝1.54豪ドル＝0.83ユーロ（フランス・オランダ）＝0.79ユーロ（ドイツ）
　　　　＝8.95クローナ（スウェーデン）＝0.71ポンド（イギリス）.
(出所)　OECD [2015] "Pensions at a Glance," Country Profile，より作成.

付表 2-2　日本の年金制度等の体系

(注)　人数は「平成29年度年金制度のポイント（厚生労働省）」による2016年 3 月末の数値.
　1)　日本の企業年金制度は退職金制度の一部または全部を原資として実施している例が多い.
　2)　2017年 1 月 1 日から第 3 号被保険者・一定の条件を満たす第 2 号被保険者は個人型確
　　　定拠出年金（iDeCo）への加入が可能となった.

基礎データ

オランダ	スウェーデン	イギリス	アメリカ	OECD平均
48,856	407,974	35,633	50,075	–
58,863	45,584	50,187	50,075	40,007
6,180,578	4,786,287	5,269,669	5,257,875	4,200,735
5.50%	7.40%	5.60%	6.70%	7.90%
80.9年	81.7年	80.4年	78.9年	80.0年
19.3年	19.9年	19.4年	19.3年	19.3年
18.10%	20.00%	18.10%	14.70%	16.20%

付表 2-3　日本の年金制度等の概要

公的年金制度	適用対象者等	基礎年金（国民年金）：20歳以上60歳未満の国民 厚生年金：短時間労働者等を除く70歳未満の被用者
	財政運営	賦課方式による財政運営 財源は社会保険料による （厚生年金保険料は労使折半で2018年10月から18.3％．基礎年金の1/2は一般財源による国庫負担）
	標準的支給開始年齢	65歳（60〜70歳の範囲で繰上・繰下受給が可能）
	給付算定式等	基礎年金：保険料拠出期間40年で月額6.5万円（2016年度の額） 厚生年金：ボーナスを含む平均標準報酬額×5.481/1,000×加入月数 賃金・物価水準に応じたスライドあり
	その他	現役世代の人数・平均余命の伸長を勘案した給付水準の調整措置（マクロ経済スライド）により財政運営の安定性を確保
企業・職域年金制度等	適用対象者等	労使合意に基づいて企業単位または複数の企業が共同で任意に実施
	制度運営	企業年金制度は外部積立によるが，企業が自ら制度運営する形態と年金基金を利用する形態がある 制度運営実務は信託銀行・生命保険会社・運営管理機関等に委託 退職金制度は引当金による方式が大部分を占める
	標準的支給開始年齢	確定拠出年金制度は60歳以上で支給 それ以外の制度は支給開始時期に特段の制限なし
	給付算定式等	拠出建制度（確定拠出年金）と給付建制度（厚生年金基金・確定給付企業年金・退職金）が存在 企業年金・退職金合計の給付水準の平均値（一時金ベース）は1,550万円
	税制上の取り扱い	企業年金制度は「ETT」（ただし，年金資産残高に課税する特別法人税は課税停止中）

付表 2-4　オーストラリアの年金制度の体系

```
┌─────────────────────────────────────────────┐
│                                             │
│            私的年金制度                       │
│         (Superannuation)                    │
│                                             │
└─────────────────────────────────────────────┘
┌───┬─────┬───────────────────────────────────┐
│   │     │                                   │
│   │     │         公的年金制度               │
│   │     │        (Age Pension)              │
│   │     │                                   │
├───┼─────┼───────────────────────────────────┤
│無業者│自営業者*│            被用者                 │
└───┴─────┴───────────────────────────────────┘
```

(注)　＊自営業者は Superannuation へ任意加入が可能.

付表 2-5　オーストラリアの年金制度等の概要

<table>
<tr><td rowspan="5">公的年金制度</td><td>適用対象者等</td><td>Age Pension はオーストラリアの居住者全員が対象</td></tr>
<tr><td>財政運営</td><td>賦課方式による財政運営
財源は税方式（一般財源）による</td></tr>
<tr><td>標準的支給開始年齢</td><td>1952年 6 月30日以前に誕生した者は65歳（55歳[1]からの繰上受給可能）
1957年 1 月 1 日以降に誕生した者は67歳へと段階的に引き上げ</td></tr>
<tr><td>給付算定式等</td><td>単身者873.90豪ドル・夫婦1,317.40豪ドル（付加給付含む，2016年 4 月現在)[2]
所得代替率は単身者で27％程度（相対的貧困レベルをカバー）
国民の生活水準に合わせて改定</td></tr>
<tr><td>その他</td><td>公的年金の額は，収入額・保有資産額に応じてミーンズ・テストが適用される
例：単身で1,909.80豪ドル（夫婦で2,922.80豪ドル）超の収入があると年金額は「 0 」(2016年 4 月現在)[2]</td></tr>
<tr><td rowspan="5">企業・職域年金制度等</td><td>適用対象者等</td><td>18歳以上・月収450豪ドル（2016年 4 月現在)・労働時間週30時間以上の被用者に強制適用する拠出建度</td></tr>
<tr><td>制度運営</td><td>事業主は報酬の9.5％以上の掛金を従業員の指定するファンドに拠出する拠出
(2019年までの間に掛金率は12％に段階的引き上げ)</td></tr>
<tr><td>標準的支給開始年齢</td><td>55歳未満での引き出しは不可（就労不能等の特別な事情がある場合は55歳未満でも引き出し可能）</td></tr>
<tr><td>給付算定式等</td><td>単身者ベース・グロス所得代替率は30％と評価されている
(OECD Pensions at a Glance 2015, Table 6.4.「平均的収入」の場合)</td></tr>
<tr><td>税制上の取り扱い</td><td>「TTE」だが掛金への税率は所得に応じた軽減税率・運用益には一律の軽減税率が適用される</td></tr>
</table>

(注)　1)　2025年までに繰上受給可能な年齢を60歳へと引き上げ.
　　　2)　金額は 2 週間当たりの額.

付表 2-6　フランスの年金制度の体系

追加補足制度(積立型DC)	追加補足制度(積立型DC)	追加補足制度(PERCO/PERP等)	追加補足制度(Préfon-Retraite)	追加補足制度(Préfon-Retraite)		
				補足制度(Régime Additionnel de la Fonction Publique)		
		補足制度(AGIC)				
	補足制度	RCO-RSI	RCO-MSA	補足制度(ARRCO)	補足制度(IRCANTEC)	公務員制度(Régime des Agents de l'Etat)	(CNRACL) 公務員制度	特別制度(Régimes Spéciaux)
専門職年金制度(CNBF)	専門職年金制度(CNAV PL)	自営業者年金制度(Régimes Social des Indépendants)	農業者保険制度(Mutualité sociale agricole)	一般制度(Régime général de la Sécurité sociale)		

| その他専門職 | 11職種・歯科医・会計士等 | 商工業者 | 農民 | 農業部門の一般部門の職員 | 農業部門の幹部職員 | 農業会社の幹部職員 | 事業会社の一般職員 | 一事業会社の幹部職員 | 公的部門の臨時職員 | 軍人 | 上級公務員 | 公的病院被用者 | 地方公務員 | 鉱山労働者 | 船員 | 国家公務員 | 公共企業体の従業員 | その他 |

(出所)　Naczyk, M. and B. Palier [2010] "Complementing or Replacing Old Age Insurance?" Working Paper on the Reconciliation of Work and Welfare in Europe 08/2010, を参考に作成.

付表 2-7　フランスの年金制度等の概要

公的年金制度	適用対象者等	農業部門を除く民間被用者・農業部門被用者・公的部門被用者(職域単位に分立)・自営業者等(職域単位に分立)と制度が細分化されており非常に複雑な形態・内容 次項以下は民間被用者を対象とした一般制度に関する記述
	財政運営	保険料を財源とする賦課方式による運営 一般制度の保険料率(2016年) 被用者：報酬の6.9%および総報酬の0.35%，事業主：報酬の8.55%および総報酬の1.85% (報酬月額上限3,218ユーロ)
	標準的支給開始年齢	60歳(1955年以降の出生者は62歳) ただし，満額年金の支給開始年齢は65歳(1955年以降の出生者は67歳)
	給付算定式等	年金額＝平均年収×給付率×拠出期間(四半期)÷160* 平均年収：過去の最も高い25年の平均 給付率：160*よりも短い1四半期ごとに1.25%減少(最高50%，最低25%) 年金額は消費者物価に応じて改定
	その他	制度が分立しているため，財政安定化のための財政調整措置が導入されている
企業・職域年金制度等	適用対象者等	労働協約に基づく業界単位の補足制度，企業ごとに実施される追加補足制度があるが，公的年金同様に職域単位で分立している 次項以下は民間被用者を対象とした記述
	制度運営	補足制度：賦課方式による給付建制度 追加補足制度：積立を伴う拠出建制度
	標準的支給開始年齢	通常は60歳(補足制度では55歳からの繰り上げ受給が可能)
	給付算定式等	補足制度の給付算定式は以下のとおり 年金額＝(Σ(報酬額×掛金率)/ポイント除数)×年金単価×減額率 ポイント除数・年金単価：制度ごとに定められる係数 減額率：年金支給開始時期・掛金拠出期間によって決定
	税制上の取り扱い	「EET」

(注)　*2009年以降毎年1四半期ずつ増加し2020年に167四半期へ引き上げ.

付表 2-8　ドイツの年金制度の体系

被用者対象のReister年金・自営業者対象のRürup年金								

	企業・職域年金制度			公的部門付加年金制度（ZÖD）			
	専門職保障制度（KSV）	農業従事制度（AdL）		付加年金制度（KBS）	付加年金制度（AKA）	付加年金制度（VBL）	公務員年金制度（BV）
			一般年金保険制度（GRV）				
無業者(学生・主婦等,16歳以上の者は一般制度に任意加入可)	自営業者(一般制度に任意加入可)	特定の職域に属する専門職(医師・弁護士・芸術家等)	農民	民間被用者・一部専門職	鉱山労働者・船員・鉄道職員	地方自治体の職員聖職者	連邦・州・年金機構の職員	上級公務員・判事・軍人

(注)　1．GRV は保険料と連邦政府予算からの補助，BV は連邦予算，ZÖD は所属する組織の保険料，AdL は個人からの保険料と連邦政府予算からの補助でそれぞれ運営される．

　　　2．その他の上乗せ年金制度として，一般会計を財源とする「連邦・州議会議員」・「連邦・州政府幹部」・「農林業労働者」・「ザールラント鉄鋼労働者」を対象とする年金制度が存在．

(出所)　厚生労働省ホームページ「ドイツの年金制度概要」，ドイツ連邦労働社会保険省（BMAS）"The Federal Government's Old Age Security Report (2012)"，"Current Pension System: First Assessment of Reform Outcomes and Output," by Igor Guardiancich European Social Observatory May 20102, を参考に作成．

付表2-9　ドイツの年金制度等の概要

公的年金制度	適用対象者等	農業部門を除く民間被用者・農業部門被用者・公的部門被用者（職域単位に分立）・自営業者等（職域単位に分立）と制度が細分化されており非常に複雑な形態・内容 なお，無業者・自営業者（特定の職種以外の者）は一般制度に任意加入が可能 次項以下は一般の民間被用者を対象とした一般年金保険制度に関する記述
	財政運営	保険料を財源とする賦課方式による運営 一般制度の保険料は労使折半で18.7%（2016年：財政状況で毎年変動）
	標準的支給開始年齢	1946年以前の出生者は65歳（保険料納付期間45年以上の場合は63歳） 1964年以降の出生者は67歳で段階的に引き上げ（保険料納付期間45年以上の場合は65歳）
	給付算定式等	老齢年金額の算定方式はポイント制で次式による． 年金額＝個人報酬ポイント累計×年金係数×年金単価 個人報酬ポイント累計：「単年度の報酬÷当該年度の被保険者全員の平均報酬」の被保険者期間の累計 年金係数：老齢年金1.0，遺族年金0.6，など 年金単価：西独地域 28.07ユーロ　東独地域 24.92ユーロ（2014年時点の額） 年金単価は賃金水準に応じて改定
	その他	年金単価の決定に際しては，高齢者扶養率が勘案される
企業・職域年金制度等	適用対象者等	公務員等の特定の職域に属する被用者には付加年金制度が存在 民間被用者を対象とした職域年金制度の実施は労使の任意 次項以下は，民間被用者に対する職域年金制度について記述
	制度運営	外部積立を行う「従業員年金基金」・「直接保険」・「ペンションファンド」，企業の内部留保による「引当金」，形式的に外部積立を行う「共済基金」の運営形態から，適宜企業が選択 どの方式を選択しても，給付を行う責任は事業主が負う
	標準的支給開始年齢	多くの場合65歳支給開始だが，62歳からの早期支給が認められている
	給付算定式等	純粋な拠出建制度は実施不可（最低限，掛金拠出累計額は保障する必要がある）
	税制上の取り扱い	「EET」だが，「従業員年金基金」・「直接保険」・「ペンションファンド」の場合は「社会保険料上限額×4%（1人当たり72.6ユーロ×12）＋1,800ユーロ，2015年」が年間の拠出限度

付表 2-10　オランダの年金制度の体系

職業別年金 （専門職等）	職域年金 （企業別および産業別）	公務員 年金 （ABP）

AOW（一般老齢年金）

自営業者	民間被用者	公務員

付表 2-11　オランダの年金制度等の概要

<table>
<tr><td rowspan="5">公的年金制度</td><td>適用対象者等</td><td>国内居住者および国内就労者</td></tr>
<tr><td>財政運営</td><td>保険料による賦課方式
保険料は加入者のみ17.9％を負担（年間給与上限33,363ユーロ[1]）</td></tr>
<tr><td>標準的支給開始年齢</td><td>65歳から67歳へと段階的に引き上げ中（2018年66歳，2021年67歳）</td></tr>
<tr><td>給付算定式等</td><td>給付額は定額で15歳～65歳の50年間で毎年2％ずつ受給権を積上げ
単身者：給付月額1,144.72ユーロ[1] + 休暇手当（5月支給）72.48ユーロ[1]
夫婦：給付月額1,577.62ユーロ[1] + 休暇手当（5月支給）103.54ユーロ[1]</td></tr>
<tr><td>その他</td><td>平均余命の伸長に応じて年金支給開始年齢を引き上げる予定</td></tr>
<tr><td rowspan="5">企業・職域年金制度等</td><td>適用対象者等</td><td>企業別・産業別・公務員・職業別（自営業者）の任意適用の年金制度が存在
強制適用ではないが，労働者の90％以上をカバー[2]</td></tr>
<tr><td>制度運営</td><td>企業が自ら実施する形態と年金基金を設立して運営する形態がある
なお，給付建制度には，支払余力規制に基づく厳格な財政運営規定（FTK）が適用される</td></tr>
<tr><td>標準的支給開始年齢</td><td>65歳</td></tr>
<tr><td>給付算定式等</td><td>給付建制度（Collective DC を含む）のウエイトが高い（制度数ベース約80％[3]，加入者数ベース約90％[3]）
給付建制度は終身年金で物価スライドが適用される
公的年金との合計で退職時所得の70％程度を確保することが目標</td></tr>
<tr><td>税制上の取り扱い</td><td>「EET」</td></tr>
</table>

（注）　1）　オランダ社会保障省ホームページによる2016年の数値.
　　　　2）　OECD［2015］"Pensions at a Glance," Country Profile Netherland による.
　　　　3）　オランダ中央銀行統計資料による.

付表 2-12　スウェーデンの年金制度の体系（1998年改正後）

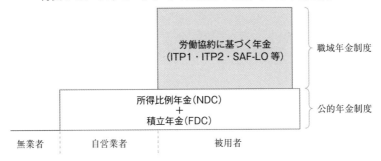

付表 2-13　スウェーデンの年金制度等の概要

公的年金制度	適用対象者等	一定の水準以上（物価基礎額[1]の42.3%）の収入のある者
	財政運営	所得比例年金（NDC）は賦課方式，積立年金（FDC）は積立方式[2] 保険料18.5%（事業主10.21%，本人 7 %，18.5%は本人拠出控除後の所得に対する比率）のうち，16%は所得比例年金，2.5%は積立年金に拠出（遺族・障害年金は別途拠出）
	標準的支給開始年齢	61歳以上で本人が選択（最低保障年金は65歳，所得代替率等は65歳を基準に計算）
	給付算定式等	所得比例年金（NDC）は仮想個人勘定（16.5%の保険料と給与上昇率を利息とした元利合計）を「年金除数」で除して年金額を算定 積立年金（FDC）は拠出建制度で，年金保険または残高を基準とした一定額として年金額を算定 （遺族・障害年金は別制度から給付）
	その他	所得比例年金には財政の安定性を確保するための調整措置（自動均衡機能）が存在
企業・職域年金制度等	適用対象者等	スウェーデン企業連盟と労働組合中央組織の協約対象者 ホワイトカラー対象のITPとブルーカラー対象のSAF-LOの両制度が存在
	制度運営	ホワイトカラー：1979年以降出生者は拠出建制度（ITP1）・それ以外は給付建制度（ITP2） ブルーカラー：2000年 1 月に給付建制度から拠出建へ転換
	標準的支給開始年齢	65歳（繰上・繰下受給が可能）
	給付算定式等	ITP1およびSAF-LOは拠出建制度 ITP1・SAF-LOの保険料は所得基礎額[3]の7.5倍までの部分に4.5%，7.5倍を上回る部分に30% ITP2は所得基礎額[3]の7.5倍までの部分に10%，7.5倍〜20倍までの部分に65%，20倍〜35倍の部分に32.5%の給付となる[4]
	税制上の取り扱い	「ETT」（積立金の運用収益に対して課税）

（注）　1 ）　年間44,500スウェーデン・クローナ.
　　　　2 ）　公的年金制度のイメージについては付表 2-14 を参照.
　　　　3 ）　年間58,100スウェーデン・クローナ.
　　　　4 ）　ITP2の給付水準については付表 2-15 を参照.

付表 2-14　スウェーデンの公的年金制度の給付体系（1998年改正後）

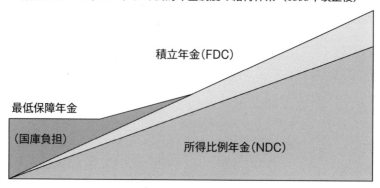

付表 2-15　スウェーデンの ITP2 の給付水準

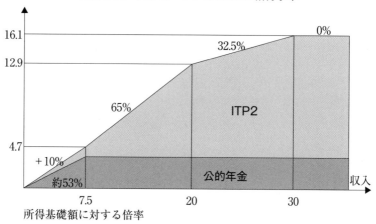

付表 2-16　イギリスの年金制度の体系

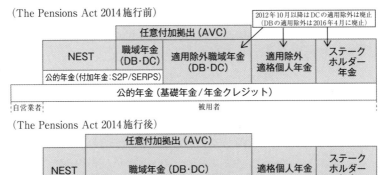

（The Pensions Act 2014 施行前）

	任意付加拠出（AVC）		2012年10月以降はDCの適用除外は廃止 （DBの適用除外は2016年4月に廃止）	
NEST	職域年金 （DB・DC）	適用除外職域年金 （DB・DC）	適用除外 適格個人年金	ステーク ホルダー 年金
公的年金（付加年金：S2P/SERPS）				
公的年金（基礎年金／年金クレジット）				

自営業者｜　　　　　　　　　　　被用者

（The Pensions Act 2014 施行後）

	任意付加拠出（AVC）		
NEST	職域年金（DB・DC）	適格個人年金	ステーク ホルダー 年金
公的年金（基礎年金）			

自営業者｜　　　　　　　　　　　被用者

（注）　1．The Pensions Act 2014は2015年4月6日施行.
　　　　2．付加年金の廃止（＝公的年金の基礎年金への一本化）と職域年金の適用除外の廃止は2016年4月実施.
　　　　3．移行期間中は，改正前の基礎年金と付加年金の合計額と改正後の基礎年金のいずれか高い額を公的年金として給付.
　　　　4．移行期間中は，発生済の適用除外職域年金と2階部分の付加年金の調整が行われる.

付表2-17　イギリスの年金制度等の概要

<table>
<tr><td rowspan="5">公的年金制度</td><td>適用対象者等</td><td>16歳～標準的年金支給開始年齢の国民
（ただし，最低所得[1]以下の国民は強制ではなく任意加入）</td></tr>
<tr><td>財政運営</td><td>社会保険料方式による賦課方式
国民保険制度（老齢・遺族・障害・出産・失業等を含む）全体の保険料：被用者12％，事業主13.8％</td></tr>
<tr><td>標準的支給開始年齢</td><td>男子65歳，女子62.5歳（2018年に女子は65歳へ段階的引き上げ）
ただし，2018年以降は男女とも2044年までに68歳へ段階的引き上げ</td></tr>
<tr><td>給付算定式等</td><td>旧基礎年金：単身者週119.30ポンド[2]，夫婦週190.80ポンド[2]
（保険料拠出期間30年未満の場合は減額）
旧付加年金：報酬水準によって給付率を決定
新基礎年金：個人単位で週155.65ポンド[3]（保険料拠出期間35年未満の場合は減額．10年未満は不支給）</td></tr>
<tr><td>その他</td><td>平均寿命の伸長に合わせて支給開始年齢を引き上げる財政安定化措置を導入</td></tr>
<tr><td rowspan="5">企業・職域年金制度等</td><td>適用対象者等</td><td>労使合意に基づき，企業・職域単位で任意に実施
ただし，2012年10月に要件を満たす企業・職域年金制度への自動加入義務を事業主に課した
（受皿として National Employment Saving Trust：NEST を導入）</td></tr>
<tr><td>制度運営</td><td>拠出建制度・給付建制度（事前積立）が存在し，Trustee により制度が運営される
なお，制度の支払不能に備えた支払保証制度（Pension Protection Fund：PPF）が存在</td></tr>
<tr><td>標準的支給開始年齢</td><td>50～75歳の間で労使合意により設定（公的年金の支給開始年齢を意識し，60歳または65歳が多い）</td></tr>
<tr><td>給付算定式等</td><td>給付建年金制度では「年金額＝平均報酬×加入年数×1/60」が多い
「The Taxation of Pensions Act 2014」および「The Pension Schemes Act 2015」により，「一時金選択肢の拡大」・「給付建制度から拠出建制度への年金原資の移換」・「新たなハイブリッド制度の導入」が行われた</td></tr>
<tr><td>税制上の取り扱い</td><td>「EET」だが年間拠出限度（Annual Allowance：40,000ポンド[4]）および生涯拠出限度（Lifetime Allowance：125万ポンド[5]）が存在
拠出限度額は，拠出建制度は年間掛金額（Annual Allowance）・一時金給付額（Lifetime Allowance），給付建制度では年間年金原資増加額（Annual Allowance）・年金年額の20倍（Lifetime Allowance）で判定</td></tr>
</table>

（注）　1）　2016年度は週112ポンド．
　　　　2）　2016年度の額．
　　　　3）　2016年度価格．
　　　　4）　2014年度の額．2015年度には21,000ポンドに縮小．
　　　　5）　2014年度の額．2015年度には100万ポンドに縮小．

付表 2-18　アメリカの年金制度の体系

```
┌─────────────────────────────────────────────┐
│                    IRA等                      │
└─────────────────────────────────────────────┘
┌──────────────────────────┐
│        企業年金制度         │
└──────────────────────────┘
                                    ┌──┬──┬──┐
                                    │鉄│旧│州│
┌──────────────────────────┐       │道│連│地│
│                          │       │退│邦│方│
│      連邦社会保障制度       │       │職│職│職│
│       （OASDI）          │       │制│員│員│
│                          │       │度│退│退│
│                          │       │  │職│職│
│                          │       │  │制│制│
│                          │       │  │度│度│
└──────────────────────────┘       └──┴──┴──┘
```

無業者　　　　特別制度以外の被用者・自営業者　　　　特別制度

付表 2-19　アメリカの年金制度等の概要

公的年金制度	適用対象者等	公務員等の特別制度対象者以外の被用者・自営業者には OASDI を適用 ただし，自営業者は年400ドル以上の所得がある者
	財政運営	社会保険税による賦課方式 社会保障税：被用者は12.5％（労使折半）
	標準的支給開始年齢	1938年より前の出生者：65歳 1943年〜54年出生者：66歳 1960年以降出生者：67歳（62歳からの繰上受給が可能） 1938〜42年，1955年〜59年出生者は 2 カ月ずつ段階的に支給開始年齢を引き上げ
	給付算定式等	再評価後の最も高い35年間の平均報酬に応じて0.9〜0.15の給付率を適用 （報酬を算出する期間が35年未満の場合は当該部分の報酬は「0」として計算） 年金額＝856ドル以下の報酬×0.9＋856ドル〜5,175ドルの報酬×0.32＋5,175ドル超の報酬×0.15（2016年の額） なお，保険料納付期間が10年未満の場合は不支給 自分の年金がない配偶者が存在する場合の年金額は1.5倍
	その他	OASDI は所得再配分機能が強い
企業・職域年金制度等	適用対象者等	労使合意により企業単独でまたは複数の企業が連携して任意に実施
	制度運営	保険契約・信託契約等に基づいて運営される拠出建制度・給付建制度が存在
	標準的支給開始年齢	原則として65歳から支給
	給付算定式等	内国歳入法・ERISA 法の規制を満たす適格制度と非適格制度が存在 給付設計は拠出建制度・給付建制度・ハイブリッド制度と多種多様 近年では個人勘定の枠組みを利用した IRA が引退後貯蓄手段として普及 適格な給付建制度を対象とした制度終了保険（PBGC）が存在
	税制上の取り扱い	適格制度では「EET」

第3章 高齢期の所得保障と企業年金制度

清水　信広

要　旨

　本章は，年金綜合研究所が2014年10月より16年3月にかけて実施した研究プロジェクトの成果を基礎としたものである．この研究では，厚生年金基金制度が将来に向け原則廃止となった状況下，わが国の今後の社会を見すえ，公的年金と私的年金（非公的年金）が適切に連携する，企業年金制度の目指すべき姿を明らかにするとともに，その実現に向けた諸施策を，可能なかぎり具体的に提言することを目指した．

　退職金制度を含むわが国の私的退職給付制度は，欧米諸国よりも低く評価されがちであるが，これは，本書の第2章「国際比較からわかる日本の年金制度」に示されるように，企業年金を含めた私的退職給付制度の発達が遅れており，公的年金の補完機能や受給権保護の点で力不足であることが影響している．

　一方，わが国では，超高齢社会の到来を控えて，高齢期における「まずまず」の生活を維持するためには，就労期間の延長とともに，企業年金の普及・充実が欠かせない状況となっている．それにもかかわらず，わが国の場合，企業年金について積極的な姿勢を示している企業はきわめて少数である．企業年金の普及充実は，国民の老後生活不安を払拭して個人消費を拡大するとともに，市場に長期資金を供給して企業の持続的発展を図るためにも重要な課題なのであるが，わが国の企業には必ずしもよく理解されていない可能性もある．

　本研究で示された提言は，以下の9つを中心に，多岐にわたっている．

　⑴　充分性の指標となる高齢期の生計費を，支出額の積み上げにより具体的に計算し，中立・客観的な指標として継続的に公表していくべきである．

　⑵　高齢期の所得の充分性確保は，就労促進を基本とするとともに，企業年

金も長寿保険の機能を担うべきである.

(3) 「軟らかい強制」により，高齢期の生活原資を積み立てる仕組みを就労人口の大半に適用すべきである.

(4) 企業年金は金融仲介の仕組みの一種であるということを踏まえた，金融面からの各般の対応が必要である.

(5) 企業年金・個人年金政策では，企業年金等の価格競争力の活用・強化を中核的な柱の1つとすべきである.

(6) 企業年金の積立ルールは，加入者・受給者の受給権保護の観点と，企業の前払いコストを高めない観点とのバランスに配慮すべきである.

(7) リスク共有制度は，今般導入された「リスク分担型企業年金制度」に限定されず，より幅広い文脈のなかで，長期的視点からその意義や可能性を追求すべきである.

(8) 年金ガバナンスについては，直接・間接の費用が伴うことも考慮しながら，ベスト・プラクティスの普及を図っていくべきである.

(9) 年金税制については，高齢期の所得保障機能を基本とし長寿保険などの公益性を有する制度に限って，支出課税の体系を適用すべきである.

　さらに議論の必要な点も残されているが，諸外国に比較した対応の後れを取り戻し，国民各層が高齢期における所得の充分性を確保していくことができるようにするためには，上の提言も参考に，企業年金をめぐる議論をいっそう深め，早急に包括的な制度改正につなげていくことが必要である.

1　問題の所在と研究目的

　わが国公的年金の給付水準は，マクロ経済スライドの仕組みにより，今後，次第に低下していく．そのため，公的年金のみで高齢期における「まずまず」の生活を確保しようという従来の考えを維持することは難しい状況になっている．なかでも基礎年金の給付水準は，給付から天引きされる医療・介護の保険料負担なども考慮すると，すでに，高齢期の生活の基礎的な部分をまかなうのに充分とは言えない水準である.

　したがって，高齢期における「まずまず」の生活を維持するには，就労の延長とともに，企業（職域）年金の普及・充実が欠かせないことになる．ところがわが国では，企業年金があまり普及していないなかで，適格退職年金はすでに廃止され，厚生年金基金制度も原則廃止となってしまった．代わりに創設さ

れた確定給付企業年金も，その給付は有期年金が大半である．これは，わが国では，個々人が集団の平均より長生きするリスクをカバーする長寿保険の機能を企業年金がほとんど担っていないことを意味する．

　本来，企業年金（職域年金を含む．以下同じ）は，高齢期の所得保障における基本的な構成要素の１つである．欧州およびカナダでは，このことが一般に認知され，年金制度の全体的な基本設計のなかに組み込まれている．年金改革においても，例えばドイツのリースター年金や2016年末に議会に提案された「職域年金強化法案」に見られるように，公的年金の給付減を私的年金によって補うといったかたちで，企業年金と個人年金は公的年金と一体的に議論されている．企業年金と個人年金が公的年金とどのように連携するか，どのように普及充実を図るかということは，本来，年金改革における欠かせない論点の１つなのである．

　保険料率の上限設定により公的年金の財源が限られるなか，わが国の今後の年金改革は，公的年金を中核としながらも，企業年金および退職金，個人年金その他の私的年金並びにその他の資産形成・活用の有機的な連携により，高齢期の所得の充分性を確保していくことを基本的な方向性としなければならない．本章では，このような観点から，今後のわが国年金制度の基本設計と，そのなかで企業年金の目指すべき姿を明らかにするとともに，その実現に向けた諸施策を可能なかぎり具体的に提言したい．

2　老後所得の充分性に関する指標

2.1　所得代替率の利用と限界

⑴　国際機関による利用

　OECD では，各国の公私年金合計の給付水準を比較するための指標として所得代替率を利用している（OECD ［2015］等を参照）．ILO102号条約では，基礎的な社会保障給付に求める水準を，30年加入65歳支給開始で従前所得または一般男子労働者の平均賃金の40％と定めている．また同128号条約では45％と，それぞれ所得代替率により定めている．所得代替率は，充分性および給付水準比較の指標として国際的に用いられてきた．

(2)　わが国の財政検証における状況

　所得代替率は，わが国でも公的年金の充分性を表す指標として用いられてきた．例えば，2004年（平成16年）の公的年金制度改正で導入されたマクロ経済スライドでは，将来にわたって平均所得者モデルで受給開始時の所得代替率50%以上を確保することとされた．2014年の財政検証においても，次回財政検証までに所得代替率50%を下回るか否かが制度見直しの基準とされ，ケースAからHまでの複数のシナリオによる所得代替率の推計値が示されている．

　しかし，ケースAからHまでのそれぞれのケースにおいて，想定する生活水準に対応する支出と，そのうち公的年金でカバーできる範囲は明確になっておらず，所得代替率の変動が引退後の生活にどのように影響するのかがよくわからない．企業年金・退職金や自助努力で補うべき部分がどれだけ増えているのかということも不明確なままとなっている．

(3)　基礎年金の給付水準

　1986年（昭和61年）の基礎年金の導入時には，基礎年金の額は，「20歳から59歳までの40年間保険料を納付した場合に老後生活の基礎的部分を保障するもの」として，高齢者の生計費を総合的に勘案して定められた．厚生年金の水準は，加入期間が40年になっても給付水準がそれまでとほぼ同額の17万6,200円，平均標準報酬に対して69%にとどまるように設定された．

　しかし，2004年（平成16年）のマクロ経済スライド導入により，公的年金制度に「保険料の負担可能な範囲内に給付水準を抑制する」考え方が導入された．このため，被用者に対しては平均所得者モデルで所得代替率50%の下限が設定されたとはいえ，基礎年金の「老後の基礎的生活費をまかなう」という性格は変容し，高齢期における基礎的生活費との関連性は薄れてしまった．

2.2　家計アプローチの考え方

　所得代替率は，退職前の所得水準に対する年金額等の比率によって退職後収入の水準を把握しようとする．しかし所得代替率では，例えば平均的所得者など一定の前提を置いたモデルとして示されるため，個々人の高齢期の生活水準を勘案した生計費との関連性は薄い．個々人にとって，高齢期の所得が必要支出に対して充分であるか否かは，退職前の生活水準や目標とする高齢期の生活

水準によっても異なる．つまり，所得の充分性は，退職前も考慮した一定の生活水準を想定し，それを維持できるか否かを検討することによって初めて明らかとなる．

　さまざまな生活水準を想定したうえで高齢期の所得の充分性を把握する手法としては，イギリス・オーストラリア等で利用されている家計アプローチがある．家計アプローチでは，予算のようなかたちで必要生計費（家計支出）を積み上げていく手法をとる．具体的には，「最低限度の生活」「標準的な生活」「ゆとりのある生活」など一定の生活水準を想定し，それに必要な「食糧・燃料・被服・レジャー等」の数量や頻度・単価を積み上げて必要支出額を算出する．この場合，生活水準の想定，生活水準に応じた支出品目の選択や単価設定などには判断要素が入らざるをえず，したがってある程度は主観的な評価となることはやむをえない．

2.3　オーストラリアの事例

　オーストラリアでは，1995～98年に，政府社会保障部の主導のもと，ニュー・サウス・ウェールズ大学の社会政策研究センター（SPRC）が「低コスト（LC）」と「標準的な生活水準（MBA）」の家計支出指標を作成した．この指標開発の目的は，政府による生活支援のベンチマーク開発と，公私年金の給付水準検討の参考情報提供にあった．当時の指標では，70歳の夫婦（夫婦同年齢）・70歳の単身者（女性）が想定されていたが，2015年には，この「70歳モデル」に加え，85歳以上の年齢層を想定した指標も公表されている．

　MBA は標準的なオーストラリア人の生活を送るため必要な水準の生計費とされ，50％以上の家庭で保有・消費されるものが計上されている．一方，LC は，倹約を必要とするが，オーストラリアにおいて社会生活を送るのが可能な水準の生計費とされ，75％以上の家庭で保有・消費されるものが計上されている．LC は，平均所得者の50％程度の生計費となっており，税方式の最低生活保障を目的とする公的年金（age pension）の水準とほぼ同等となっている．LC は高齢者の所得の第2五分位，MBA は第3五分位，CAS は第5五分位に相当しており，MBA は LC の約1.3倍の水準となっている．

　LC の生計費イメージは，①食費は安価な食材でまかなえる範囲に限定（外食・飲酒・喫煙は不可），②ペットの飼育は不可，③理髪等は年金受給者向け

図表3-1　オーストラリアにおける1週間当たりの生計費（2003年9月）

（単位：豪ドル）

	第1五分位	第2五分位(LC)	第3五分位(MBA)	第4五分位	第5五分位(CAS)	第5五分位÷第3五分位
住　居　費	31.85	32.60	42.48	48.18	64.14	1.51
光　熱　費	11.43	12.75	13.14	13.33	15.65	1.19
食　　　費	46.92	71.20	78.92	87.67	112.53	1.43
被　服　費	2.59	6.61	9.70	16.90	32.42	3.34
日用品購入	17.40	30.10	35.72	53.21	114.96	3.22
医　療　費	10.19	14.83	20.23	29.87	53.68	2.65
交　通　費	12.72	19.83	31.55	48.34	162.65	5.15
レ ジ ャ ー	10.88	22.26	34.47	52.39	122.40	3.55
雑　　　費	7.13	12.70	22.67	28.95	64.25	2.83
1週間合計	151.11	222.88	288.89	378.83	742.68	2.57

（出所）　Saunders et al.［2004］p.22.

の割引がある日のみ利用，④衣料は安売り店で必要な時のみ購入，⑤中古車は利用可能だが最安値のガソリンを使用，⑥3年に1回，オフシーズンに最安値の宿泊施設を利用した1週間の国内旅行，⑦病気等による臨時出費に対する蓄えはなし，などとなっている．

　上記のとおりLCは高齢者の所得の第2五分位に相当しており，自家用車・住宅の保有やレジャー費用も含まれるため，わが国の生活保護基準よりも高い．わが国の生活保護は，所得の第1十分位を基準に定められた「最低生活費」が基礎となっている．また，扶養義務者による扶養を優先しており，実態として動産・不動産の保有が制限されるなど，オーストラリアのLCとは異なっている点もある．しかし，最低生活費の算定方法自体は，わが国において家計アプローチにより高齢期の家計支出を積み上げていく際の参考にできるものと思われる．

　オーストラリアでは，公的年金の上乗せ制度として，強制適用の個人型拠出建て年金（スーパー・アニュエーション）が1992年に導入され，これに対応した生活水準の目標として，快適で余裕ある生活水準（CAS）という家計支出指標が導入された．スーパー・アニュエーション導入後の高齢期の生活水準目標を国民に明示することで，高齢期に備えた貯蓄の必要性を国民に示そうとしたものと思われる．CASは65歳以上の高齢者の所得の第5五分位（MBAの2.6倍）を参考に作成されており，十分な積立金を保有した引退生活者を想定し，多額の積立金取り崩しを必要とせずに，健康で余暇を楽しむことが可能な

水準として設定されている．

2003年9月時点におけるLC，MBAおよびCASの1週間当たりの生計費は図表3-1のとおりとなっている．

2.4 議論の基礎となる指標整備の必要性

わが国の場合，家計支出の積み上げに利用できる統計として，家計調査の利用が考えられる．ただし，家計調査の目的は「わが国の景気動向の把握，生活保護基準の検討，消費者物価指数の品目選定及びウェイト作成などの基礎資料」とすることであり，「目標とする生活水準の設定」や「目標生活水準に必要な支出品目の選択」は目的とされていない．また，高齢期の望ましい生活水準の維持に必要な支出としては，冠婚葬祭費用や疾病等による臨時費用も考慮する必要があり，公表されている家計調査データのみでは限界がある．

いずれにしても，高齢期の所得の充分性確保のためには，公的年金に就労延長，企業年金，退職金，個人年金その他の自助努力をどのように組み合わせていくべきかという問題を具体的に分析することが必要であり，その際には，その土台として，高齢期の生計費に関する指標が不可欠である．政策の土台となるとともに国民各層が参照する指標であるから，その客観性，中立性，信頼性および持続性を確保することが重要である．そのためには，公的関与のもとに，中立的な専門的研究機関が全国規模の基礎データの収集から指標の開発・公表までを継続的に行っていくことが望ましい．

3 公的年金と就労との連携，および企業年金の役割

3.1 検討の枠組みと考慮を要する事項

高齢期の就労，企業年金および退職金並びにその他の自助努力をどのように，そしてどの程度組み合わせていけば，今後見込まれる公的年金の給付水準低下をカバーしつつ，目標とする高齢期の所得の充分性を達成・維持できるであろうか．例えば2007年当時，欧州委員会では，2050年に向けた公的年金および職域年金をあわせた所得代替率の低下を，2年程度の就労期間の延長と（職域年金その他私的年金への）5%ポイント程度の追加の掛金拠出によりカバーすることがイメージされていたようである（図表3-2）．

図表 3-2 欧州委員会による理論上の所得代替率の展望

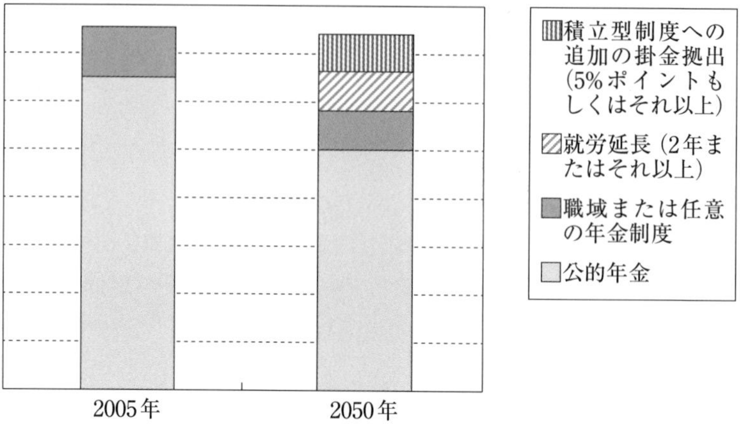

(出所) European Commission [2007] p.121.

　組み合わせ要素の1つである高齢期の就労に関しては，高齢者の就労機会（労働需要），高齢者自身の雇用可能性，賃金水準，そして失業等のリスクなどが問題となる．高齢期の就労を推進していくためには，定年制をどうするかなど，労働市場との連携も重要な課題となる．企業年金については，普及の問題だけでなく，給付水準の問題がある．とりわけわが国の場合には，有期年金または一時金が大半となっているため，そのままでは集団の平均よりも長生きするリスクに対応できないという問題もある．退職金については，会社の業績次第で減額されるリスクがある．組み合わせに際しては，以上にあげたような課題にどう対応するのかなど，充分性に関する持続可能性と安全性（セキュリティ）の問題をあわせて考える必要がある（図表 3-3）．

3.2　高齢期の就労との連携

(1)　労働人口減少下の社会的要請

　わが国の場合には，標準的な受給開始年齢の引き上げによる給付水準の確保よりも，個々人の選択を基礎として，長く働いて公的年金の受給開始を遅らせることにより，繰り下げ増額率により公的年金の給付が増額となる方向が指向されているように思われる．しかし，現実問題として高齢者は就労の機会が乏しい．そのためもあって，高齢者の個々人が，自らの選択により，あるいは非

図表3-3　給付の充分性に影響を与える種々の要因

高齢者の収入に占める年金の役割

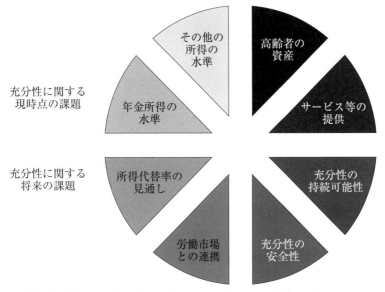

（出所）　Social Protection Committee and the European Commission［2015］p.52.

　自発的な理由により，標準的な受給開始年齢よりも早く就労を辞めてしまう場合がある．しかし，とりわけ非自発的な理由により，標準的支給開始年齢と実際の平均的な受給開始年齢に乖離が生じることは，高齢期の所得の充分性の観点からは好ましくない（図表3-4）．また，わが国では，生活保護に落ち込んでいく高齢者が多いことが指摘されるような状況もある．高齢期の所得の充分性を確保するためにも，非自発的な理由による労働市場からの退出ができるだけ生じないように，制度間で連携し，総合的な対策を講じていく必要がある．

　例えば欧州連合および各加盟国では，積極的加齢（アクティブ・エイジング），長期就労（ワーク・ロンガー）などのスローガンを掲げ，取り組みを進めている．これらは，財政の観点からの取り組みというわけではなく，労働力人口の減少という環境下における社会的な要請でもあろう．わが国でも，65歳ぐらいまでは国民各層にきちんと働いていただき，それ以降も可能なかぎり労働市場に残っていただくことを基本的な方向性とする必要がある．就労延長を促進するためには，まずは働くことの見返りがあるようにしなければならない．

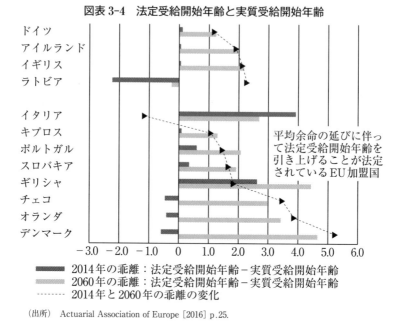

図表3-4　法定受給開始年齢と実質受給開始年齢

（出所）　Actuarial Association of Europe［2016］p.25.

加えて，定年制などに代表されるこれまでの雇用慣行を変えていくことや，高齢者の被雇用能力を高めていくための対策も必要であろう．

(2)　加入者の就労延長に対して中立的な給付設計

　企業年金の給付を高齢期の前半にだけ充てることは，就労の促進に対する阻害要因になる可能性もある．わが国の場合，60歳以降の賃金を引き下げ，その一部を企業年金の給付で補うといったことが行われている場合がある．しかし，企業が，60歳台前半の賃金を低く抑えるツールとして企業年金の給付（つなぎ年金）を利用しているような状況は，今後のわが国社会の基本的な方向性にはそぐわない．年金が企業の任意により行われているものであるとはいえ，企業年金があるから賃金は安くてよいといった議論に陥らないよう，同一労働・同一賃金を基本的な考え方として，こうした状況は改めていく必要がある．企業年金の給付は，何歳まで働くかという問題に対して，少なくとも公的年金の標準的な受給開始年齢までの間はニュートラルとなるように，給付設計のルールを改めるべきである．

(3)　在職老齢年金と就労延長へのインセンティブ

　これからの社会に向け，標準的な受給開始年齢を超えて就労を延長すること
へのインセンティブは重要である．就労延長により高齢期の所得の充分性に対
してプラスの影響があるようなかたちで，就労延長のインセンティブが組み込
まれていることが望ましい．わが国の場合には，就労延長により年金額の算定
基礎となる加入期間が延びることに加えて，受給開始を65歳以降に遅らせるこ
とで，繰り下げ増額を通じ公的年金の給付が増額する仕組みがあり，これらの
2つは就労延長のインセンティブとして働くと考えられる．

　ところが，65歳以上の高齢者に対する在職老齢年金制度（いわゆる高在老）
では，60歳台後半に就労すると，稼働所得に応じて公的年金額が減額されてし
まう．しかも，高在老により減額された給付部分は繰り下げ増額の計算対象に
されないため，減額の影響がその後終身にわたり続く．このように，高在老の
仕組みは就労延長の明らかな阻害要因となっている．一方，就労を延長せず企
業年金を受給した場合は，就労延長の場合とは異なり，公的年金は減額されな
い．したがって，公的年金の報酬比例部分全体が繰り下げ増額率による増額の
対象になる．つまり，現状は，就労延長によるよりも，企業年金の給付を受給
することで所得を得たほうが繰り下げ増額に有利な仕組みになっている．今後，
就労延長が社会的な要請になると予想されるなかでは，こうした仕組みを放置
することは適当でない．

　公的年金の年金額を少し分厚くするために個々人が受給を遅らせるというこ
とは，マクロ経済スライドにより給付水準が低下していく環境下，おおいに推
奨すべきであり，この際，高在老は廃止すべきである．企業年金を受給して公
的年金受給を遅らせた場合に比べ，就労延長して公的年金受給を遅らせた場合
のほうが，繰り下げ増額による給付増が少なくなるという矛盾も解消する．欧
米諸国の状況に照らせば，高在老の廃止に伴う支出の増分程度は，保険料負担
の引き上げで対応することも考えてよい．さらに，現行では，公的年金の受給
開始は70歳までしか遅らせることができない．選択の幅をさらに拡大し，例え
ば70歳台前半までは給付の繰り下げ増額ができるようにすべきである．

3.3　長生きリスクへの対応──公的年金と企業年金の連携

　公的年金と企業年金の連携に関しては，垂直的役割分担論というものがある．

これは，企業年金の給付は60歳台後半に集中して受給し，それにより公的年金の受給開始を遅らせることで，公的年金の額が増額となるだけでなく，企業年金の側では，集団としての長寿リスクを公的年金に移転でき，事業運営も楽になるといった考え方である．

　しかし，集団としての長寿リスクを公的年金に移転することが企業年金の基本的な設計思想の1つであったとすると，結果として，企業年金加入者・受給者の（企業年金給付に係る）集団としての長寿リスクを，企業年金に加入していない者も含めた厚生年金加入者（被保険者・受給権者・待期者）全体で負担することになる．その結果、厚生年金加入者の集団内で，企業年金非加入者の集団から企業年金加入者の集団への富の移転が生じる．これは，厚生年金加入者集団内の公平性確保の観点から，適当とは言えない．付言すれば，欧米諸国において，垂直的役割分担論のような設計思想を採用している例は見られない．

　わが国のように，公的年金の受給開始後は物価スライドのみの場合，受給開始後は，現役世代対比で見た給付水準は次第に低下していく可能性が高い．したがって，公益性の観点から，企業年金でも超高齢期について一定の給付を確保する，長寿保険の要素をきちんと担ってもらうようにすべきであろう．アメリカでは，85歳といった高齢で支給開始となる据え置き終身年金[1]が販売されている．このことからわかるように，集団全体としての長寿リスクを除外することで，個々人が集団の平均より長生きするリスク（いわゆる特異リスク）をカバーする長寿保険の要素を企業年金に（もしくはリスクを外出しし生命保険会社に）担ってもらうことは十分に可能と考えられる．

3.4　年金制度による物価上昇への対応

　公的年金の給付には物価スライドがある．しかし，企業年金で物価スライドをしようとすると，コストが相当に高くなってしまう．欧米では，そのコスト負担を嫌って拠出建て年金への移行が進んでいる面もある．85歳以降も物価スライドを続けていくとした時には，例えば65歳時点における20年後の物価スライドのコストは非常に高い．もちろん物価スライドはあったほうがよいが，コスト対効果を考えれば，85歳以降は名目額で固定したほうが，85歳になって最

---

1)　Advanced Life Delayed Annuities の頭文字を取って，ALDA（アルダ）と呼ばれている．

初に受け取る年金の水準を高くできるのでベターとも考えられる.[2)]

3.5 雇用と就労の変化への企業年金側の対応

雇用と就労のあり方の変化に対する企業年金側の対応に関しては，今後，一時金給付を含めたポータビリティの確保がよりいっそう重要になると考えられる．60歳台後半以降までの就労延長を実現していくためには，入社後ずっと同じ会社にいるという考え方では厳しく，変化の激しい時代にあって人的資源は再配置されていかなければ，社会経済の動きに対応できないからである．その意味では，わが国でも，1つの企業における1つのジョブを守っていこうというジョブ・セキュリティよりも，雇われる能力を確保していこうというエンプロイメント・セキュリティに重点を置く変え方（フレキシキュリティ）を重視していくことが必要になるかもしれない．

EU では，2014年4月にポータビリティ指令と呼ばれる指令がようやく成立した．本指令では，国をまたがって労働移動しても，受給権（受給権付与済み年金）は元の制度に残すことができる旨を規定している．そして，残された受給権は，他の加入者・受給者の受給権と公平な取り扱いがされねばならない．本指令では，資産を移動先の制度に移せるようにするといったことはまったく規定されておらず，それぞれの職域年金できちんと受給権が与えられ，かつ，制度に残された受給権については，他の受給権と公平な扱いがされなければならないことのみが規定されている．

わが国でポータビリティ確保のための政策として最低限求められるのは，EU の例に見られるように，受給権付与の要件を厳しくしてはならないということである．今後の企業および就労のあり方の変化を見すえた時，例えば年金受給の要件として20年近い加入期間を定めることはとうてい適当とは考えられない．そのうえで，一時金給付については，高齢期まで低廉なコストで効率的に運用され，かつ，他の目的で費消されないようにする仕組みが求められる．こうした面でのポータビリティの確保は，後期高齢期の所得の充分性に関して，退職金や NISA などとの連携の観点からも重要になってくると考えられる．退職金などを含めたポータビリティに関しては，次の4.3節も参照されたい．

---

2) NEST [2015], p.23を参照.

4　企業年金のいっそうの普及を図るために

4.1　企業年金に関する基本的な認識

　OECDの「職域年金規制の中核原則」(2016年) は，その第5原則で，差別のない利用権ということを述べている．具体的には，年齢，性別，婚姻区分や国籍のような非経済的基準に基づく制度加入からの排除を無効とすることを目指すべきであるとしている．また，義務的な年金制度，引退所得の提供の主たる手段として機能する制度および国から著しい助成を受けている制度の場合には，給与，勤務期間および雇用の条件に基づく排除（例：非常勤と常勤の従業員，ないし期間の定めのない雇用と有期雇用との区別）を含む，制度加入からの不合理な排除を無効にすることを目指すべきとしている（以上，同原則5.1項）.

　企業年金の普及の問題に関しては，この中核原則の考え方を基本的な認識の1つとして取り組んでいく必要がある．企業年金の普及に関して詳しくは本書の第4章を参照いただくこととし，ここでは「軟らかい強制」の仕組みの必要性とポータビリティに絞って議論を進めたい.

4.2　企業年金に関する「軟らかい強制」

(1)　企業年金の現状の課題

　わが国では，何らかの退職給付制度を実施している企業の割合は低下を続けており，特に社外に積み立てる企業年金の適用率の落ち込みが大きい．このような現状を放置すれば，企業年金は正社員中心・大企業中心の制度と位置づけられてしまう懸念があるだけでなく，税制措置の見直しなど，企業年金制度の存立基盤にかかわる問題に発展する恐れもある.

(2)　考えられる政策手段と留意事項

　OECDのワーキングペーパー[3]によれば，私的年金の役割強化のための政策には，①私的年金の利用促進，②金銭的誘因の提供，③自動加入，④加入の強

---

3)　Antolin et al. [2012].

図表 3-5　年金制度の型別に見た私的年金の適用率：15〜64歳
人口に対する比率（2013年）

	強制/準強制	任意		
		職域年金	個人年金	計
カ　ナ　ダ	n.a.	25.7	24.7	−
チ　　　リ	78.9	−	−	−
デンマーク	ATP：83.3 QMO：62.3	n.a.	22.4	22.4
フィンランド	84.1	9.2	20.9	29.1
フ ラ ン ス	n.a.	20.2	5.3	−
ド　イ　ツ	n.a.	56.4	35.2	71.3
イ タ リ ア	n.a.	7.4	8.9	15.7
日　　　本	−	−	−	−
韓　　　国	13.9	n.a.	23.4	23.4
オ ラ ン ダ	88.0	n.a.	28.3	28.3
ノルウェー	68.6	−	22.3	−
ス ペ イ ン	n.a.	3.3	15.7	18.6
スウェーデン	PPS：〜100 QMO：〜90	n.a.	36.0	36.0
ス　イ　ス	72.6	n.a.	−	−
イ ギ リ ス	n.a.	30.0	11.1	43.3
ア メ リ カ	n.a.	41.6	22.0	47.1

（注）　ATP ：労働市場付加年金
　　　　QMO：準強制職域年金
　　　　PPS ：プレミアム年金制度
（出所）　OECD［2015］p.187，に基づき筆者が一部加工.

制，の４つがあるという.

　このうち，①私的年金の利用促進には，金融教育事業，提供・利用・選択の促進と簡素化，途中引出しのオプションを設けるなどの方法があるとされる.簡素化に関しては，アメリカの簡素化被用者年金（SEP），カナダの統合型登録年金プラン（PRPP），イギリスの国家雇用貯蓄信託（NEST）といった例がある.

　②金銭的誘因の提供は，歴史的には政府が提供する税制優遇（課税控除およびクレジット）の形態を取っていた.適用率を引き上げるためには，税制優遇だけでなく，例えば定額補助等により中低所得者に照準をあわせる必要があるとされる.

　③自動加入とは，私的年金に自動契約する一方で契約免除の選択肢を提供する政策手法であり，強制加入の代替として近年普及している.この政策手法は，惰性や優柔不断といった個人の行動特性に依拠している.ただし，高水準の適

用率を保証するわけではなく，その成否は契約免除を選択しないような設計や誘因の設定次第である．高水準で均一な適用率を達成するためには，対象とする集団，金銭的誘因，デフォルト掛金率，契約免除と再契約の受付期間，拠出中断の可能性等を十分に検討して設計すべきとされる．

　④加入の強制は，究極的には，高水準かつ一様に分布した適用を達成するための政策として最も効果的である．強制と任意の私的年金の適用率の差は，OECD諸国の間では約30％もある．行動経済学上は強制適用が支持されるが，潜在的な限界や不都合があることに留意すべきとされる．

(3) 年金制度に関する「軟らかい強制」の必要性

　企業年金の普及のためには，カナダにおける検討と2017年の法制化に示されるように，行動経済学上は，例えば公的年金に積立方式による給付部分を追加するといったかたちで強制加入とすることが最も支持される（図表3-6）．

　しかし，わが国の場合にはそこまでは一気に行けないという判断になれば，イギリスの NEST におけるように，企業年金の適用対象とならない就労者には廉価な個人型確定拠出制度への加入とそこへの事業主拠出（マッチング拠出）を義務づけるといったかたちの自動加入制度を設けることが次善の選択肢となろう．

　企業年金は任意制度では普及に限界がある（図表3-5）．今後，公的年金の給付水準の低下が見込まれるなかでは，例えば就労人口の8割以上といった高い普及水準を実現していく必要がある．そのためには，アメリカ（州レベル）やイギリスで自動加入の仕組みを導入したことにより普及が進んだことを参考にすれば，わが国でも，まずは何らかの方法で軟らかい強制の仕組みを導入することが必要である．

　軟らかい強制の仕組みの導入は，企業年金・私的年金についてある程度規制を強め，自由度を低くする方向の改正である．しかし，企業年金・私的年金の自由度を高めれば高めるほど，一般の貯蓄との違いが曖昧になり，第10節で述べるように，税制上の差別化が困難になる．制度普及も一定の限界を超えられず，加えてコストも高くなってしまう．企業年金の今後のあり方をめぐっては，公的年金の給付水準低下を与件として，適用の拡大，コストの低減といった課題との適切なバランスをとる必要があり，企業年金の設計・設立は基本的に自

図表3-6　カナダ年金プランの拡大の主要設計パラメータ

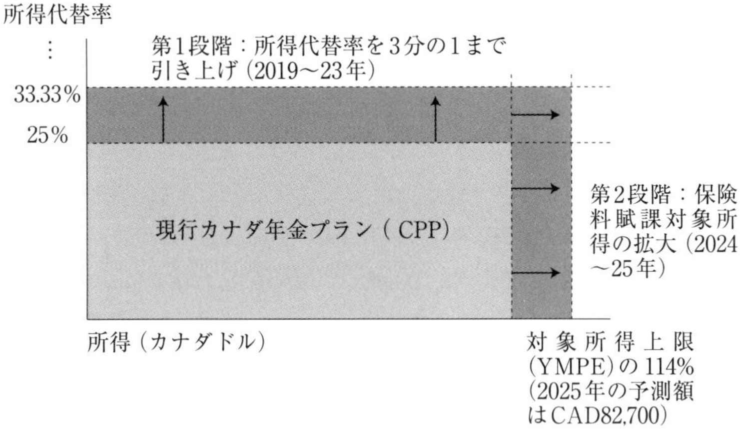

所得代替率

第1段階：所得代替率を3分の1まで
引き上げ（2019〜23年）

33.33%
25%

現行カナダ年金プラン（CPP）

第2段階：保険
料賦課対象所
得の拡大（2024
〜25年）

所得（カナダドル）

対象所得上限
（YMPE）の114%
（2025年の予測額
はCAD82,700）

（出所）　カナダ連邦政府財務省ホームページ.

由であるべきといった，従来型の議論の前提条件に囚われることは適当とは言えない.

　なお，自動加入の導入は，企業年金を実施していない企業に一定の制度を提供する義務を課すことになるため，実施に際しては大きな課題となる.　自動加入の段階的導入については，第4章を参照されたい.

4.3　企業年金のポータビリティ

　中小企業にとって一番実施しやすいのは積立義務のない退職金制度であるから，退職一時金を老後の所得保障の原資としてつなげていく仕組みの必要性は高い.　例えば，企業年金連合会に一種の中央基金を作ってそこへの移管対象者の範囲を拡大し，会社を辞めたら中央基金の自分の積立口座に退職一時金を蓄積していくといったことが考えられる.　これは，蓄えてきた高齢期の生活資金を一時金で受給することで課税関係が発生してしまう弊害への対策にもなり，ライフコースに中立的という政策にも適う.　この場合，中央基金の口座管理を全面的に個々人に委ねることは，コストの観点からは必ずしも適当とは言えないことに留意する必要がある（本章第6節参照）.

5　金融の角度から見た企業年金

5.1　金融仲介機関としての企業年金

　老後の生活保障のため貯蓄をする仕組みとして積立方式の年金が成り立つには，それを可能にするような金融の流れが必要である．積立方式の企業年金（拠出建てを含む．以下同じ）は，掛金の支払いと引き換えに，現役世代に将来の受給権を与える金融仲介機関である．生産活動に貢献して所得を得る主体がその所得の一部を掛金として企業年金に拠出し，企業年金がそれを受け入れることには，企業年金という金融仲介機関による資金調達という側面がある．金融仲介はけっして容易な営みではない．では，企業年金は，金融仲介機関として，どのような課題と責務に直面するのだろうか．

(1)　長期金利の予測不可能性と金融仲介機関としての健全性維持

　超長期にわたる長期金利の動きに関する知見は限られたものであり，予定利率の大幅な修正その他の重大な対応を余儀なくされるリスクは避けがたい．この点は，給付建て企業年金という金融仲介に内在する大きな弱点である．企業年金には連鎖的な「取付け」のリスクはないが，中央銀行や政府・納税者の負担による直接のサポートの仕組み（安全網）もない．したがって，給付建て企業年金が金融仲介機関としての健全性を確保するためには，長期金利の変動に伴うリスクを分散する仕組みをあらかじめ組み入れていく必要がある．

(2)　金融資産の賦存量制約

　資金の運用とは金融資産の「需要」であり，その反対側には資金の調達とその結果としての金融資産の「供給」がある．そして，そのような金融資産の「需要」と「供給」の裏側には，金融資産の信認確保の土台である経済活動（実物的な経済活動）がなければならない．つまり，積立金の運用は，マクロ的に見てその社会の資金循環構造と整合的でなければならず，金融資産の賦存量制約に服さざるをえないということである．マクロ・レベルで年金制度論を展開する時は，これらの事実を忘れてはならない．

　仮に，人口の30％を占める高齢者の消費をすべて積立方式の年金からの給付

でまかなうとしよう．安定成長にある先進国では，GDPの半分程度が（帰属家賃を除く）個人消費と考えてよいであろう．すると，高齢者の消費はGDPのおよそ15％に相当する．この高齢者の消費を積立金の実質運用収益と元本の取り崩しによりまかなうとすれば，積立金の実質リターンを３％とした時，定常状態では，退職時に原資を積み立てるターミナル・ファンディングの場合でも，GDPの２倍程度の積立金が必要と見積もられる．現実の積立金規模は，現役時代に徐々に積み立てていくから，ターミナル・ファンディングの場合よりもずっと大きくなる．

しかし，高齢期に備えた貯蓄が「人為的」に増やされたからといって，年金資産に適した金融資産がより多く供給される必然性はない．この場合，優良な長期資産の利回りは低下し，リターン確保のため運用側はより多くのリスクを取る．その結果，経済全体として過度のリスク・テイクが進行する．これは，資産バブルの膨張とその崩壊後の停滞をもたらすメカニズムにほかならない．高いリターンの必要な年金資金を経済規模に対し一定の範囲内に抑制しなければ，経済のバランスを維持することは難しくなる．逆に言えば，老後の生活保障のために積立方式の年金を充実させるというアプローチにはおのずと限度があるということである．

(3) 年金運用における「代理人問題」と企業年金における情報の非対称性

金融仲介機関が行う生産活動とは，金融ニーズの発掘やリスク管理における「情報生産」である．しかし，わが国の企業年金運営者の多くは，その能力を完全には有しない．したがって，運用の成否は，運用委託先の能力と努力に相当程度依存することになる．ところが，運用機関は，委託者の利益のため最善の努力を尽くすとは限らない（代理人問題）．拠出建てであっても，運営管理機関が自らの属する金融機関グループの利害に左右される場合があるなど，代理人問題から免役になるということはない．

代理人問題を小さくするには，企業年金運営者と運用機関の「情報の非対称性」を小さくする必要がある．そのためには，企業年金運営者は，金融取引の実務に関する知識を，コストをかけて蓄積しなければならない．また，企業年金運営者が運用委託先を監視するには相当のコストがかかる．これらのコストを節減しつつ効果的な監視を行うことが，企業年金運営者の重要な責務の１つ

となる.

(4)　運用のコスト削減にかかわる企業年金の責務

運用コストの削減は，長期の金融仲介を行う企業年金においては，特に重要である．この責務は，近年の超低金利環境下で，一段と重要になっている．企業年金の長期的な経営戦略において，運用コストの節減という責務は正当に認識される必要がある．

将来の年金の実質価値は，10％の利回りから1.5％のコストが控除される場合でも，1％の利回りから1.5％のコストが控除される場合でも，名目の運用利回りとインフレ率がおおむねパラレルに動くかぎり，大きな差はない．しかし，コスト控除後の利回りがマイナスになったとしたら，人々は年金に対する信認を低下させるであろう．この点で，超低金利環境下のコストの問題はより大きな意味を持つことになる．

5.2　金融仲介機関としての企業年金のポテンシャル

(1)　銀行に対する規制強化と金融技術の進化がもたらすポテンシャル

リーマン・ショック後，金融規制当局は，金融規制をめぐる基本的な考え方を，資本比率規制強化など規制強化の方向へと一変させた．この規制環境の変化は，資金供給側におけるリスク・テイカーの不足をもたらす．一方，資金需要側では，インフラの維持・更新等で長期資金ニーズが高まりつつある．こうした環境下，銀行とは規制体系が異なり，また，負債が数十年単位の将来の給付である企業年金には，「忍耐強い」投資家としてのビジネス・チャンスが一定程度は存在する．

金融技術の変化も，企業年金にビジネス・チャンスをもたらす．近年の金融技術の変化の1つの方向は，証券化技術の発達である．機関投資家の側では，各種の融資債権を原資産とする証券化商品を購入することで，運用のユニバースを拡大することが可能となっている．個々の借り手の信用リスクの分散が可能になるなど，リスク管理の余地も拡大する．銀行融資や債券発行など伝統的な金融仲介手段では満たしきれない金融ニーズを「忍耐強い」機関投資家が充足するための技術開発や制度整備が進むならば，企業年金等の長期投資家としてのポテンシャルは高まると言える．ただし，企業年金等の機関投資家には，

金融システム全体の健全性を確保する責任の一端を負っているという自覚が必要であろう．

⑵　長期的観点から低コスト運用を実現することによるポテンシャル

加入者・受給者の長期的な利益のため運用を行うには，運用機関を「継続的に監視し評価」することが非常に重要である．確定拠出年金では，制度運営者（企業および運営管理機関）は，情報弱者である加入者のため，少なくとも以下の3つの可能性を追求することが望まれる．

運用メニュー選定における家父長主義的な配慮

第1の可能性は，加入者が近視眼的な選択をしないよう，運用メニューの選択を通じて，長期投資として合理的な判断に誘導することである．確定拠出年金の運営者は，加入者の利益になるような運用の枠組みを家父長主義的な配慮のもとで構築すべきである．

金融商品の共同購入組織としての交渉力の発揮

第2の可能性は，運用機関に対して大口の買い手としての交渉力を発揮して，運用コストの低減を図ることである．確定拠出年金への掛金拠出を経て運用することで運用コストが大きく下がるとすれば，確定拠出年金は加入者の利益に大きく資するものとなる．

加入者に「適合」した運用商品メニューの提供

第3の可能性は，加入者に提供される金融商品の「適合性」を確保することである．確定拠出年金の運営者は，運用メニューの選択プロセスにおいて，多くの加入者に適合しない商品を排除することによって，加入者の利益に貢献することができる．

5.3　企業年金および個人年金をめぐる行政のあり方

本項では，年金の運用が実際に行われる金融・資本市場という「場」と，年金当局あるいは金融規制当局との間の関係に着目する．年金当局は金融・資本市場のユーザーの立場であるが，現実の金融・資本市場は少なからず不完全であり，その弊害は企業年金にも及んでいる．しかし，年金当局としては，金融市場あるいは運用業界に政策的関与をすることは難しい．

他方，金融規制当局の責任範囲は投資顧問会社などの運用機関までであって，

その顧客である企業年金は所管外である．また，企業年金はプロの機関投資家であり，情報弱者として行政的な配慮の対象になる存在とは考えられていない．確定拠出年金の加入者は情報弱者ではあるが，その保護は一義的には企業・運営管理機関および年金当局の責務である．

　この時，年金・金融規制の両当局が「それは向こうの所管事項」という意識に陥り，規制上の「エア・ポケット」が生じる可能性がある．両当局には，企業年金が「社会保障のための器」という側面と「投資家」という側面を兼ね備えていることを十分に認識したうえで，次のような領域で，互いに協力しつつ工夫を凝らすことが求められる．

(1)　適合性概念に基づく企業年金という投資家の保護

　確定拠出年金の加入者は，そのほとんどが運用に関する知識をあまり持たない情報弱者であり，踏み込んだ投資家保護を受けるべき存在であるが，運用商品を売り込む業者に対する規制はない．そこで，金融規制当局の側から，金融商品を売り込む運用機関等の業者に対し「適合性」への目配りを促すことが考えられる．

　わが国の企業年金の実情を見ると，一部の給付建て企業年金も情報弱者に該当する可能性がある．運用機関等の業者は，企業年金のうちの情報弱者であるものについては，「適合性」への配慮をビジネスに的確に取り込む責務を負うこととすべきである．

(2)　受託者責任の徹底

　企業年金運営者が運用機関による受託者責任の遂行ぶりに不満を持った場合は，他の運用機関に乗り換えることができる．しかし，運用業界全体において受託者責任の遂行が不十分であった場合には，対処のしようがない．一方，金融規制当局は，近年，金融機関等に対して受託者責任の具現化を強く求めており，受託者責任の金融規制上の意味合いが明確に変化しはじめている．年金当局は，このような金融規制環境の変化を効果的に利用すべきであろう．年金当局と金融規制当局には，企業年金と運用機関がそろって受託者責任を果たし，「受託者責任のチェーン」が高いレベルで切れ目なく機能するように，互いに協力しつつ工夫を凝らすことが求められる．

⑶　企業年金が株式投資家として果たすべき機能発揮への支援

　企業年金は，加入者・受給者の長期的な利益のために株式運用を行う機関投資家（株式投資家）であり，加入者・受給者に対し「スチュワードシップ責任」を負う．企業年金運営者には，加入者・受給者に対する受託者責任の遂行の一環として，投資先企業の経営者を効果的に監視し，もしくは運用機関のスチュワードシップ活動を確認することによって，投資先企業の長期的成長を促し，その果実を獲得していくことが求められている．

　2014年に制定された「日本版スチュワードシップ・コード」は，機関投資家がその受託者責任遂行の一環として能動的に行動する際の包括的な原則（プリンシプル）を表すものであり，老後の生活保障という目的達成のため，企業年金が株式投資家としていかに行動するべきかという課題への指針を示すものともなっている．年金当局は，同コードおよびこれをめぐる金融・資本市場の動きを積極的に利用すべきである．

5.4　金融仲介機関としての将来の可能性と検討課題

⑴　スケール・メリットを生かした運用を行うための組織の設立

　給付建て企業年金は，多くの場合に，外部の運用機関から個別に運用サービスを購入している．しかし，個別に購入するよりは，「共同購入」によって買い手としての交渉力を強め，コストを下げる余地がありえる．運用機関の選定や監視・評価を共同で行うことも考えられる．

　運用機能のみを各企業年金から部分的に吸収し，一種のファンド・オブ・ファンズとして機能する構造が検討されてもよい．各企業年金は，積立金の一部の運用をこの組織に委託する．これにより，運用手数料の節減と運用機関の監視や評価の負担軽減メリットを期待できる．信用金庫や農協（JA）のような協同組織金融機関の「系統上部団体」を一部参考にできるかもしれない．

⑵　金融仲介機関としての企業年金の健全性

　2016年（平成28年）9月，日本銀行は，10年物国債金利がおおむね現状程度（ゼロ％程度）で推移するよう，「長短金利操作付き量的・質的金融緩和」を打ち出した．このため，今後，かなりの期間にわたって，10年国債の利回りがゼロ％程度の超低水準にとどまる可能性がある．仮に，物価が2％に向かって上

昇していくなかで10年物国債金利がゼロ％程度に維持されたとすると，企業年金など長期金利の収益に依存する金融仲介機関は，「金融抑圧」と言ってもよい環境に置かれることになる．このような環境変化に積立方式の年金制度はどう対応していくべきか．この問題は長期的な視点からの議論が必要であり，今後の重要な検討課題として残されている．

6　企業年金の運営コストと受託者責任

6.1　課題運営コストと企業年金改革

どのような年金制度であれ，一般に「給付＝掛金＋運用収益－制度運営コスト」という算式が成り立つから，年金制度の運営コストは重要な要素となる．オランダの年金監督当局であるオランダ中央銀行（DNB）では，報酬比例の制度で運用コストが1％高くなると給付は25％以上低くなるといった研究が行われるなど，[4] 海外では，公的年金・私的年金を問わず年金制度のコストに注目が集まっている．わが国では，これまでのところ年金制度のコストの問題にはそれほど関心が集まっていないように見受けられるが，「コスト控除後の運用収益」が給付額に直接影響する確定拠出年金が普及するにつれ，今後は，年金制度のコストの問題に注目が集まる可能性が高い．

　企業年金は「引退後生活に備えた貯蓄制度」の1つであり，加入者の立場からは一種の金融商品と見ることができる．この観点からは，企業年金の価格競争力は重要なポイントとなる．今後の企業年金および確定拠出年金に関する政策は，コストを中核的な視点の1つとし，その価格競争力をいっそう強化・活用していく方向で取り組んでいく必要がある．

6.2　企業年金の規模と運営コスト

オランダでは，管理コストや資産運用コストの面から，職域年金の適正規模を導こうとする研究がなされている．加入者規模では，100万人が適正規模の最小値となっており，また，資産規模に関しては，資産規模が大きくなると複雑な運用を開始するためコストがかえって高くなる傾向も考慮し，10億ユーロ

---

4)　Bikker and de Dreu [2007]．を参照．

図表 3-7　オランダ一般年金基金（APF）の構造

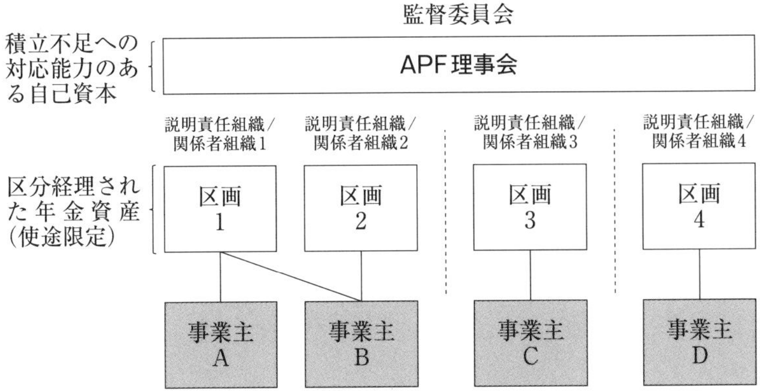

監督委員会

積立不足への
対応能力のあ
る自己資本

APF理事会

説明責任組織／　　説明責任組織／　　説明責任組織／　　説明責任組織／
関係者組織1　　　関係者組織2　　　関係者組織3　　　関係者組織4

区分経理され
た 年 金 資 産
（使途限定）

区画
1

区画
2

区画
3

区画
4

事業主
A

事業主
B

事業主
C

事業主
D

が適正規模とされている.[5]　オランダでは，規模の利益によるコスト削減に注
目して，規模拡大のため年金基金の合併を促進しており，2007年からの7年間
で350余の合併事例がある.[6]　オランダの給付建て制度は，給付算定式が画一
的なため制度合併が容易で，規模の利益によるコスト低減メリットを得やすい
ということが合併促進の動機となっていると考えられる.

　わが国の企業年金では，受給要件・給付算定式等が個別企業によって相当程
度異なるため，オランダと同じようなかたちで合併を進めていくことは困難と
思われる.　ただし，2016年にオランダで導入された一般年金基金（APF）の
ような仕組みは検討に値すると考えられる（図表 3-7）.

　それ以外の方策としては，各企業の退職金制度の一部を業界単位の総合型基
金に持ち込むことが考えられる.　厚生年金基金の廃止が相次いでいるが，これ
を総合型の確定給付企業年金に衣替えして規模の利益を享受することは可能で
ある.　ただし，総合型の確定給付企業年金に参加している中小企業は一部にと
どまるため，中小企業に低コストの企業年金の普及を図るには，もう一段の工
夫が必要と考えられる.

6.3　終身年金の運営コスト

　オランダ中央銀行（DNB）の研究によれば，終身年金の運営コストは，資

5)　Bikker［2013］，を参照.
6)　DNB［2014］，を参照.

産規模にもよるが，職域年金では掛金の3.5％程度なのに対し，生命保険会社の場合は，収益マージンを除いても，平均で保険料の13.1％かかっているとされる.[7] 職域年金のほうがはるかに低コストで終身年金を提供できる結果となっている.

　個人を対象とする生命保険会社の終身年金保険について，アメリカで1995年に発売された契約のマージンは6〜11％程度であったという研究結果がある.[8] 直近の研究では，これが2％程度まで低下しているという指摘もあるが,[9] 終身年金商品については，市場原理が働かない可能性が高いとされる.欧州の議論でも，終身年金の提供（長生きリスクへの対応）は，市場原理をベースに構成してもうまくいかないという議論が主流である.

6.4　確定拠出年金の運営コストの低減

　個人単位の年金制度の制度運営・資産運用に関しては，「いかにして低コストで無難な運用手段を提供するか」ということが加入者・受給者の利益にとってきわめて重要である.資産運用や制度管理のコストを開示し，拠出段階・給付段階ともに低廉で良質な個人年金商品の品ぞろえを充実させていくことが求められる.

　イギリスでは，拠出建ての個人年金である「ステークホルダー年金」が2001年4月に創設されたが，その際に制度管理手数料の上限を設定したため，個人年金の手数料が大きく低下した.2012年10月に創設された自動加入の個人年金制度（NEST）では，コスト抑制のために，加入者管理は中央管理機関で行い，資産運用は複数の機関に競争させる枠組みが採用された.加えて，デフォルト・ファンドの報酬上限が0.75％に設定されている.わが国でも，確定拠出年金への自動加入を導入する場合には，コストの開示は当然のこととして，コストを低くする枠組みやデフォルト・ファンドの報酬上限なども検討すべきと考えられる.

---

7)　Bikker and de Dreu［2007］，を参照.

8)　Mitchell, Poterba, Warshawsky, and Brown［1999］，を参照.

9)　Babbel and Merrill［2006］，等を参照.

(1)　確定拠出年金における商品提供機関の受託者責任

　わが国では，企業年金の運営に関しては，従来から制度運営者や受託機関等に対して「受託者責任」が課されており，加入者・受給者の利益保護が強調されている．しかし，資産運用機関等の「受託者責任」は，確定給付企業年金や厚生年金基金といった給付建て制度の文脈のなかで語られてきた．確定拠出年金については，「加入者等の自己責任」の制度として位置づけられている関係もあり，商品提供機関等の「受託者責任」はほとんど強調されてこなかった．

　しかし，近年になって金融庁は，一般消費者を対象とする金融商品について，資産運用を委託している個々人の利益を第一に運用するよう，投資信託の運営者やアセット・マネジャーに対し，顧客本位の業務運営（フィデューシャリー・デューティー）の確立と定着を図ることとした．[10] 例えば2016年（平成28年）7月6日に開催されたワーキンググループの会合では，国民に対する金融教育の必要性・重要性を指摘するとともに，「商品開発や販売等に携わる金融機関では，真に顧客本位の業務運営を徹底し，顧客に必要な情報を提供するとともに顧客ニーズや利益に適う商品・サービスを提供することが必要ではないか」などと指摘している．このように，商品提供機関等においては，一般消費者を対象とする金融商品について，確定拠出年金の運用商品を含め，顧客本位の業務運営の徹底のため具体的な対応が求められる状況となっている．

(2)　確定拠出年金のコスト低減

　個人引退貯蓄市場（IRA）が発達しているアメリカでは，個人向け投資商品に対する不明朗な手数料問題の発覚を契機として，2016年4月，米国労働省は「従業員給付の保全に関する規則：引退貯蓄における利益相反に抵触する助言」を公表し，フィデューシャリー・デューティーの強化による消費者保護を図ることとした．イギリスでも，不当な手数料収受の防止と手数料透明性の観点から，拠出建て制度についても資産運用機関に対しフィデューシャリー・デューティーを課すべきとの検討が行われている．

　ただし，金融商品に関しては，開示の充実によってコスト低下が進む保証はない．例えば，わが国の個人向け投資信託の手数料は開示され比較可能だが，

---

10)　金融庁 [2015]，を参照.

手数料は高い水準にとどまっている．このように，運用商品や年金商品に関するかぎり，市場原理によって適正価格が達成されるとは限らない．

　わが国においては，既述のとおり，運用機関等に対してフィデューシャリー・デューティーの適用範囲を明確化し，加入者・受給者保護を強化することが第一歩となろうが，それでも手数料の水準が問題になるようであれば，イギリスのように手数料上限の設定が必要になる可能性もある．また，別の手法として，ヨーロッパで実施されている「assets pooling」のように，「個人がそれぞれ運用商品を選択するのではなく，拠出者全体の資金を集めた大ロットで低廉な運用を行う仕組み」も考えられる．

(3)　確定拠出年金における年金当局と金融規制当局の連携

　確定拠出年金における年金当局の所管は，規約の内容や制度運営に関する管理・監督および運営管理機関の監督が主であり，運用商品に関する直接的な規制は，指導監督の範疇外となっている．例えば「3種類以上の特性の異なる商品」をそろえるという規制は運営管理機関に対するものであり，具体的な個別の商品そのものに対する管理・監督は金融庁の所管である．

　ところが，運営管理機関が特定の金融機関の系列下となっており，制度実施企業と当該金融機関の間に親密な取引関係が存在する場合には，その系列下の運用機関が販売する運用商品を優先的に選択するなど，運営管理機関による商品選択にバイアスがかかる可能性がある．確定拠出年金制度としては，運用商品提供機関を受託者の範囲に含めることで利益相反を防止するなど，加入者・受給者の利益を守る機能を充実させる必要がある．その際，確定拠出年金の加入者・受給者の利益保護の実効を高めるには，年金当局は金融規制当局といま以上に連携して取り組んでいくことが必要となろう．

7　企業年金の制度設計と積立規制

7.1　年金政策における受容可能性の観点

　企業年金規制は，その国の年金政策が基盤になっており，そこでは受容可能性という観点が，受給権保護の観点と同様に，あるいはそれ以上に重要となる．年金政策の一環という観点と受容可能性の観点は，営利目的で設立される銀行，

保険その他に対する金融規制にはない観点であり，企業年金規制に保険規制の枠組みを援用する場合であっても，企業年金規制を保険規制のアナロジーで考えるアプローチは出発地点から間違っていると言える．

企業年金の受容可能性の観点において基本となるのは，景気低迷時に増加するようなキャッシュ・フローの経済価値（市場整合的な現在価値評価）は，その最善予測の（無リスク金利による）割引現在価値より高くなるという認識である．企業年金の掛金は，景気低迷時に増加するようなキャッシュ・フローの典型例の1つである．同じ給付設計であっても，より厳格な積立規制のもとでは，母体企業にとって，企業年金の費用負担感はより重くなる．積立規制を厳格化したがために制度終了や確定拠出年金への移行などの動きが出たとすると，受給権保護の観点からは，まさに逆効果となってしまう．したがって，企業年金の受給権保護策には，企業の支払う掛金の経済価値をあまり大きくしないようにする配慮が必要となる．このためには，企業年金の積立規制は，外部積立の水準のみに頼らず，母体企業の信用力の加味，母体企業に対する担保資産の設定，支払い保証制度の導入など，企業の前払いコストを高めない方策を組み合わせた柔軟なものにすることが必要であり，現実にも，それが国際的な潮流となっている。[11]

7.2 企業年金に対する積立規制

企業年金に対する積立規制のあり方をめぐっては，上記のほかにも，ポイントとなる点がいくつかある．第1に，積立規制と制度の給付約束との関係である．条件付きの給付に対する積立規制は，無条件給付に対する積立規制とは異なったものになるのは当然であり，積立規制は，給付約束の内容を正当に反映するものでなければならない．

第2に，積立不足のリスクを誰が負担しているかという点である．わが国の給付建て企業年金では，リスクの負担者は，あくまでその制度を設立した企業である．一方，わが国の企業年金では例がないが，年金基金自身がリスクを負担している場合は，そうでない場合に比べて，積立規制はより厳しいものにならざるをえない．例えば，2016年改定後の欧州連合の職域年金指令[12] でも，

---

11) OECD［2016］，7.3項，CEIOPS［2008］，等を参照．

12) European Union［2017］，を参照．

職域年金自身がリスク負担者となっている場合とそうでない場合には，まった
く別の積立基準が適用されている.

　第3に，積立剰余は誰のものかという点である. わが国の場合には，積立剰
余がある時には，その分だけ通常掛金を引き下げてもよい，ということになっ
ている. 仮に，母体企業が積立不足のリスクを負う一方で，その見返りを受け
取れないとすれば，企業は，企業年金の積立水準を可能なかぎり低く保とうと
するであろう. このように，積立不足と積立剰余について，非対称的な取り扱
いをすることは基本的には好ましくないと考えられる.

　第4に，その積立規制は何を目的とするものかという点である. 積立規制に
は，制度終了時の受給権保護を目的としているもの（非継続基準）と，制度の
継続を前提として，適正な積立を確保していこうとするもの（継続基準）があ
る. この時，非継続基準は最低基準であって，積立基準は継続基準により初め
て完備なものになる（OECDの私的年金規制の中核原則第7等参照）. なぜな
ら，そもそも積立金のみで受給権保護を図っているわけではないからである.
企業年金の受給権は母体企業の信用に支えられており，積立不足は，年金基金
の母体企業への投資または母体企業の年金基金からの借り入れと理解される.
このような性格を持つ企業年金の積立金について，常時フル・ファンディング
を要求するのは過大と言わざるをえない. OECDの私的年金規制の中核原則
では，一時的かつ限定的な積立不足の許容について言及し，年金債務の長期的
性格を考慮に入れた，柔軟な規制を開発することが課題と指摘されている（同
原則第7）.

　第5に，積立金運用との関係である. 積立基準をリスク・ベースで考える場
合には，それは積立金運用のリスクと切り離して議論することはできない. た
だし，例えば20年に1度発生するリスクに対応できるようなバッファーの積立
を義務化することに関しては，慎重に考える必要がある. なぜなら，それは企
業年金の前払いコストを高めるものだからである. 従来，企業年金では，多額
のバッファーを積み立てるよりも，そうした場合には給付を一部引き下げるこ
とも許容することで，企業年金の前払いコストを高めない工夫をしてきた. 保
険商品との違いの1つもそこにある.

　第6に，保険と年金の違いである. 保険と年金が違う根拠としては，①信用
を提供するスポンサー企業の有無，②給付約束と給付予想の違い，③関係する

社会・労働関係法令の存在，④制度の多様性・複雑性などのポイントがあげられる．

第7に，国際的な金融規制の動向がある．リーマン・ショック以降，国際的には反循環的な金融規制という考え方が取り入れられており，企業年金の積立規制についても，景気悪化時に掛金負担が増加するような規制はできるだけ避けることが好ましい．

第8に，積立不足に伴う世代間のリスク移転の問題がある．積立不足が容認された時点で企業から加入者・受給者の集団にリスクが一部移転し，さらに受給者世代から現役世代へとリスクの移転が生じている．こうした暗黙裏のリスク分担・移転の仕組みは，企業にとって掛金負担の経済価値を低くする効果がある．

7.3　企業年金における下方乖離準備金

一方で，景気の良い時にたくさん拠出する方向で掛金のボラティリティを高めるのは，企業年金の価格を高くしないという観点からは，まったく問題がない．カナダのケベック州で導入された下方乖離準備金は，実績が財政計算の前提から乖離したことによって生じる積立不足を一定の前提のもとに推計して債務認識する仕組みである．ケベック州では，下方乖離準備金の積立が強制されることとなったが，これは，下方乖離準備金の積立が任意とされたなかで，現実問題として積立がほとんど進まなかったからである．[13]

わが国においては，下方乖離準備金が導入された当初の段階であり，当面，下方乖離準備金の積立は任意とすることが適当であろう．わが国の場合，諸外国に比べ，財政計算上の予定利率が非常に低く，そのようななかで，多くの企業年金では積立剰余が形成されている．この積立剰余は，将来に向けた財政安定化の基礎としていく方向で検討すべきである．

7.4　企業年金で用いる割引率をめぐる議論

積立基準について検討する時，割引率をどのように取り扱うべきかという問題は避けて通れない．企業年金で用いられる割引率には，掛金設定など財政計

---

13)　Expert Committee on the Future of the Québec Retirement System [2013]，等を参照．

算に用いられるもののほかに，会計基準（退職給付会計）で用いられるもの，権利義務の移転に際して用いられるもの，制度終了時に用いられるものなどがあり，それぞれ目的が異なっている．

　積立規制（継続基準）上の割引率は，給付義務をどのようにファイナンスするかという観点から債務を測定するためのものである．したがって，会計基準上の割引率や非継続基準の割引率とは異なり，資産運用の予測収益率を考慮に入れるのが自然である．OECD の私的年金規制の中核原則も，無リスク金利を用いるべきとはしていない（同原則7.12項）．なお，割引率の設定は，リスク共有制度においては致命的に重要な要素となる．特に，無リスク金利は世代間の公平の観点から適当でない（第8節）．

　割引率については，「市場整合性」を指摘されることがある．その際，無リスク金利を用いることだけが市場整合的と誤解する向きもあるが，上記のように現実の積立金運用に関する市場情報から設定した割引率も「市場整合的」と理解されており，この点，欧米の文献を参照する時は注意を必要とする．

8　リスク共有制度

8.1　年金制度におけるリスク共有制度

　リスク共有制度については第4章で詳しく考察するので，ここでは基本的な考え方を中心に述べる．まず，リスクの負担という観点からは，給付建て企業年金と拠出建て年金が両極端の制度となることを考慮すれば，リスク共有制度については，今般導入された「リスク分担型企業年金制度」に限定されず，幅広い内容を有する仕組みとして考える必要がある．

　リスク共有制度の定義としては，例えば，「掛金拠出に関する事業主の負担の範囲をあらかじめ定めておき，これに対応して人口要素および経済要素に係る前提と実績の乖離に伴うリスクの全部または一部を加入者および受給者が集団内でプールしまたはプールすることなく加入者・受給者個々人が負担することとし，給付の額が増減することを許容する（増減メカニズムをあらかじめ組み込んだ）集団型・事前積立の制度」[14] とすることが考えられる．この場合，

14）　この定義は，Canadian Institute of Actuaries [2015]，による定義を一部修正したものである．

リスク共有のない個人勘定拠出建て制度と従来型の給付建て制度を除いた，キャッシュバランス制度も含む非常に幅広い範囲の制度がリスク共有制度のカテゴリーに含まれることになる．特に，事業主はリスクをまったく負担しないが，加入者・受給者の集団内でリスクの全部または一部をプールする制度も，リスク共有制度に含めて考えることになる．

わが国の確定給付企業年金法では，第1条に「給付について約し」と，約束という言葉が登場する．ところが，「給付に関する約束」の具体的内容は，法令上は何も整理されていない．リスク共有制度を包括的に取り扱うことが望ましいとすれば，いずれ，確定給付企業年金法第1条の規定については，さらにこれを明確化することが必要になろう．

もちろん，リスク共有制度の導入に際して，その制度の範囲が広ければ広いほどよいとは一概に言えない．例えば，事業主のリスク共有がない場合には，集団内のリスク・プールの効用は，長生きリスク（個々人の固有リスク）のプールを除けば限定的との結果が得られている（第4章を参照）．限定的な範囲であっても，事業主がリスクを共有する仕組みを導入する意義は非常に大きいと推測される．年金当局においては，リスク共有制度について基本に立ち返った検討を行い，確定拠出年金法と確定給付企業年金法の統一を含め，今後のイノベーションを受け入れる余地のある，包括的な制度改正を検討されるよう望みたい．

8.2 リスク共有制度の背景

リスク共有という設計思想が出てきた背景には，まず，積立不足の状況が生じた時には母体企業の負担する掛金の引き上げにより補填する（財政バランスを確保する）という仕組みだけでは，給付建て制度の運営が次第に厳しい状況になってきたという事情がある．低金利でボラティリティの高い市場環境のもと，資産運用によって給付を確保しようとする試みは，結局のところ，十分な成果をあげられなかった．また，金融市場のボラティリティ拡大のなかで，給付建てという仕組みが，実は非常に高くつくものであることが明らかになったという背景も考えられる．こうした点から導出されるリスク共有とは，会社と従業員集団の間のリスク共有を意味するものとなる．つまり，会社と従業員集団の間のリスク分担によって，（企業にとっての）企業年金の受容可能性を高

めようとしている状況があるということである.

　一方，個人型拠出建て制度の生得的な問題からリスク共有という仕組みが検討される場合もある．個人型拠出建て制度の生得的な問題としては，①退職時点の市場変動の影響を直接的に被ること，②加入者の金融リテラシーの不足，③制度運営コストの高さ，④長生きリスクがカバーされない場合がほとんどであること，などがあげられる．こうした問題への対応という観点から導出されるリスク共有は，加入者個々人が全面的に負っているリスクを，加入者・受給者の集団内でプールすることにより対応するものということになろう．これは，事業主と加入者・受給者との間のリスク共有がなく，加入者・受給者集団が全面的にリスクを負う仕組みであっても，一定の存在意義は認められるということを意味している.

8.3　加入者の選択の自由の制限

　集団内のリスク共有（世代内・世代間のリスク共有）の仕組みを導入するためには，加入者の選択の自由を一定程度制限する必要がある．ここで，事業主とシェアしたリスクを従業員集団内でプールする場合には，事業主がリスクの一部を負担するのであるから，加入者の選択の自由に一部制限を課したとしても（一定範囲では）許容されよう．すべてのリスクを加入者・受給者の集団が負担する場合であっても，選択の自由の制限によるデメリットを管理コストの低減，運用の効率性等のメリットが上回ると理解される場合には，選択の自由の制限は許容されてよいと考えられる．第5節で述べたとおり，拠出建てであっても，適合性の観点から家父長主義的な配慮が必要になる場合がある．もちろん，対応して受託者責任の徹底が求められるのは言うまでもない.

8.4　世代間・世代内のリスク共有と方法

⑴　世代間のリスク共有の理論的な意義

　年金制度における世代間のリスク共有の理論的な意義については，予算制約の克服による（特に若年世代の）最適な資産配分の実現ということが言われる場合が多い．この主張は，若年世代は十分な資産を保有していないために，必要なだけのリスクを取れないという議論が背景になっている．しかし，若年世代はリスクの高い資産配分を必ずしも望んでいないとも言われており，その場

合には，予算制約の克服という意義は必ずしも十分な説得力を持たないことになる．

　世代間のリスク共有の理論的な意義としては，それ以外にも，過去への投資機会の拡大による効用の増大という点がある．現在世代と将来世代が事前に契約し，将来世代が現時点の資産運用のリスクおよび報酬の一部を引き受けることで，現在世代と将来世代の全体としての効用が大きくなる．同様に，世代間のリスク共有による市場ショックの緩和という意義も考えられる．市場ショックは，1つの世代のなかだけでは平滑化することが難しいからである．

(2) 世代内のリスク共有の意義

　一方，世代内のリスク共有の意義としては，上記8.2項の後段で述べたとおり，制度運営コストの引き下げ，効率的な資産運用，長生きリスクのカバーなどがあげられる．

(3) 加入者集団内のリスク共有の方法

　リスク共有制度において，事業主とシェアしたリスクを加入者・受給者集団内でプールする場合には，プールしたリスクは，最終的には加入者・受給者個々人に帰属するものとなるが，その帰属（分配）の方法はさまざまなものが考えられる．最も単純な方法は，加入者・受給者各人の個人勘定を設けておき，個人勘定の残高比例に基づいて，顕在化した積立超過・不足を加入者・受給者各人にただちに割り当てる方法であろう．この場合には，加入者・受給者集団内のリスク・プールは生じない．

　次に考えられるのは，第7節で述べた下方乖離準備金を利用する方法である．すなわち，加入者・受給者集団で負うこととなったリスクを，この下方乖離準備金に割り当てるわけである．この場合には，事業主の追加拠出が見込めないとすれば，下方乖離準備金の水準低下が生じた際には，その後に発生する剰余金によって水準を回復させるほかない．これは，下方乖離準備金を受け取って，積立不足による給付の減少を補う世代と，発生した剰余金を下方乖離準備金の積み立てに充て，剰余金による給付の増額を諦めなければならない世代が生じることを意味する．

　そのほか，給付の全部または一部を条件付きにする方法が考えられる．この

場合に，発生した積立不足のすべてを条件付き部分の給付調整により，加入者・受給者個々人にただちに帰属させるとすれば，集団内のリスク・プールは生じない．しかし，例えば次の財政再計算の時までは条件付き給付部分の調整を行わない，あるいは条件付き部分の給付調整は現役世代についてのみ行うといった仕組みとした場合には，世代間のリスク共有が生じることになる．

(4)　リスク共有において留意すべき事項

制度の永続性が必ずしも保証されない企業年金における世代間のリスク共有は，設計段階では双方向性（相互主義に基づくもの）を基本とすべきである．あらかじめ，ある世代から他の世代への一方向の移転が生じることが明らかな，あるいはその可能性が高いようなリスク共有は，世代間の公正の観点からは望ましいとは言えない．

もう1つ留意すべきは，設計段階では双方向性が確保されていたとしても，時間が経てば，将来の新規加入世代にとっては双方向性（相互主義）が確保されなくなる場合があるということである．世代間のリスク共有については，将来世代の支持を確保できるような範囲内にとどめる必要があると言える．

8.5　リスク共有制度の設計事例

(1)　拠出建てに近い仕組み

拠出建てに近い仕組みとしては，現行の農業者年金（新制度）があげられる．農業者年金では，積立段階は拠出建ての制度となっており，加入者個々人の勘定が設けられる．運用は集団で行うが，毎年の運用損益は，年度末に個々人の勘定に割り当てられる．

加入者が一定の年齢（例えば65歳）になると，その加入者の勘定残高は終身年金を支給する給付ファンドに移管される．給付ファンドの資産は，キャッシュ・アウトフローが給付の予測キャッシュ・フローに完全にマッチングするような国債ポートフォリオで構成されており，つまりは自前で（定期付き）終身年金を組成している．農業者年金では，給付ファンドへの資金移管に伴って，受給者個々人の資産の区分け（個人勘定）はなくなってしまう．ただし，そうしなければ個々人に固有の長生きリスクのプールができないということではない．毎年発生した死亡受給者の個人勘定残高合計を受給者個々人の個人勘定に

図表3-8 オランダの年金制度の発展のプロセス

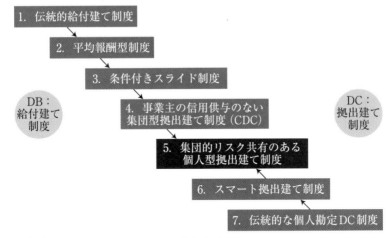

（出所） Investment and Pensions Europe［2015］．を参照.

割り当てることによっても，長生きリスクを集団内でプールすることができる．
実際，オランダが指向しているのは，このようなかたちのリスク共有であると
考えられる（図表3-8）.

(2) 給付建てに近い仕組み

　給付建てに近い仕組みとしては，給付を基本部分と補足部分という2つの部
分から構成し，事業主の拠出する掛金は一定範囲で変動するものとする仕組み
が考えられる．積立水準が全体の例えば100～120％の範囲内にある時には，基
本部分・補足部分はともに満額の給付が支給されるが，積立水準が100％を切
った時には，掛金を110％まで引き上げるか，または補足部分の給付を引き下
げる．積立水準が90％を切ったような時は，掛金の110％までの引き上げに加
えて，基礎部分の給付も引き下げる．逆に，積立水準が120％を上回った時は，
掛金を90％まで引き下げるか，または補足部分の給付を引き上げる．本書の第
4章で分析している制度は，このような給付建てに近い仕組みの一種である.

　この仕組みが通常の給付建て制度と異なるのは，事業主の拠出する掛金の変
動範囲があらかじめ定められていることである．補足部分の積立金は，基本部
分から見ると一種の下方乖離準備金のように機能している．この仕組みの特徴

は，限定的な範囲ではあるが，事業主が継続的にリスク共有に加わることにある．

⑶ 拠出建てと給付建ての中間的な仕組み

拠出建てと給付建ての中間的な仕組みの一例としては，今般導入された「リスク分担型企業年金制度」があげられよう．この仕組みでは，事業主は，最初にバッファー・ファンドの原資を提供する以外，リスク共有には加わらない．積立比率が例えば90〜120％のレンジにある時は，給付の引き下げまたは引き上げは行われない．また，給付には基本部分・補足部分といった区分が設けられることがある．

8.6 リスク共有制度における財政

リスク共有制度では，加入者・受給者がリスクの全部または一部を負うことになるため，レベルの高いガバナンスと透明性の確保が求められる．財政運営では，加入者にあらかじめ示した給付目標が実現する可能性が所定の下限値よりも大きいことが合理的に期待されるよう，定期的にチェックし，必要なコントロールを加えていくことが基本的な考え方となる．リスク共有制度の財政運営および積立規制は，この考え方を基本に構成していく必要がある．

8.7 リスク共有制度のガバナンスと情報開示

リスク共有型制度の設立・運営に際し，年金アクチュアリーの果たすべき役割は大きい．イギリスの場合には，トラスティに対し，年金アクチュアリーの作成した当初の目標達成確率の証明および運営段階の「評価証明書」の取得が義務づけられているほか，トラスティまたは運営管理者に対する年金アクチュアリーの「助言」機能も期待されている．わが国でも，新たにリスクを分担することとなる加入者および受給者の利益を守る観点から，年金数理人の役割と責任を明確に規定する必要がある．

9　企業年金ガバナンスの今後のあり方

9.1　年金ガバナンスにおける独立した統治機構

　わが国の年金ガバナンスは，基本的に，企業年金の関係者・代表者で構成された自治の仕組みになっている．基金型の場合には，代議員会と理事会が基本的な構成要素である．規約型の場合には，会社組織の中の権限分掌に組み込まれ，必要に応じて組織横断的な資産運用委員会が置かれるなど専門性の補完と牽制の仕組みが作られている．しかし，組織の規模が大きくなり，資産運用の内容が高度化すると，ガバナンスが形骸化し制度への信頼感が低下することが避けられない．

　一方，海外の年金ガバナンスを見ると，わが国のような自治のモデルから，独立した第三者の外部検証によるガバナンスへの発展が見られる．例えば，イギリスの企業年金では，2015年4月以降，「独立統治委員会」を置くことが義務づけられた．オランダの年金基金でも，信託理事会および監督委員会を独立した第三者の専門家を含めて構成する形式が有力となっている．

　年金ガバナンスの議論は，企業統治やコーポレートガバナンスの議論とパラレルになっている．コーポレートガバナンス・コードとスチュワードシップ・コードという2つのコードが目指すものと，年金ガバナンスに求められるものは，独立した統治機関の設置，必要な専門性の確保，透明で民主的な制度運営など，同じ内容であると考えてよい．年金ガバナンスの強化は，年金受給権の保護だけでなく，運用プロセスの全体最適化のためにも必要なものである．

9.2　年金ガバナンスの強化とコスト増

　こうした年金ガバナンスの強化は，外部検証の費用などのコスト増を伴う．年金ガバナンスの強化によって，企業年金から退職一時金制度への回帰が生じ受給権保護が後退するなど，企業年金の魅力が減退しては元も子もない．年金ガバナンスの強化に際しては，コスト増への対応をあわせて講じる必要がある．

　具体的には，ガバナンスに関する形式ルールをすべての企業年金に一律に適用するのではなく，優れたガバナンスを実施している年金にのみ，柔軟な積立ルールの適用やリスク共有制度の選択肢の拡大を認めるなど，適切な政策コー

ディネートにより，年金ガバナンスの強化によるコスト増を吸収できるように
すべきである．例えば，内部者のみでお手盛り的な制度運営をしているところ
に柔軟な積立ルールを適用するのは適当とは言えない．柔軟な積立ルールは，
規律のとれた制度運営をしている企業年金にこそ適用すべきである．また，今
般導入されたリスク分担型企業年金制度では，資産運用委員会等への外部専門
家の登用が望ましいとされている．加入者・受給者にリスクの全部または一部
を負担させるリスク共有制度への移行は，本来，ガバナンスの強化された企業
年金においてのみ可能とすべきである．

9.3　大規模年金への制度統合の必要性

　年金ガバナンスの強化を推進するうえで，年金資産規模の問題は避けては通
れない．第6節で紹介したとおり，年金資金の適正規模は少なくとも1,000億
円程度と推定されている．それを下回る規模では十分なコストをかけることが
できず，専門性や透明性の向上には限界がある．したがって，企業年金のガバ
ナンス強化は，地域や業種で組織される大規模な年金への制度統合を伴うかた
ちで推進していく必要がある．

　小規模企業年金のガバナンスに関しては，上記の制度統合と並んで，資産運
用の統合も提唱されている．しかし，運用コストを引き下げたとしてもその他
の制度運営コストは別途に必要であるから，資産運用だけを統合するメリット
は限定的なものとなる可能性もある．

10　企業年金税制の今後のあり方

10.1　個人の資産形成に対する政府税制調査会の視点

　2015年（平成27年）の政府税制調査会報告は，個人の資産形成の重要性の観
点から，企業年金にとどまらず，勤労者財産形成年金貯蓄やいわゆる NISA
なども射程に入れた，働き方・ライフコースに影響されない公平な制度の構築
を念頭に，幅広い検討の必要性を指摘している．同報告は，老後の生活に備え
るための個人の自助努力に関連する，企業年金，個人年金，貯蓄・投資，保険
等の関連諸制度に，社会保障を補完する観点や個々人の働き方の違い等によっ
て税制上の支援の大きさが異なっていることを問題意識としているようである．

10.2　企業年金と課税の中立性

　税制の中立については，課税の繰り延べの取り扱いが繰り延べなしと「同等」になっていれば中立と考えられる．企業年金では，①拠出段階，②積立段階，③給付段階の3つのフェーズにおける課税を評価することが必要となるが，その評価は設定する割引率に依存する．

　所得控除や累進税率を考慮せず，かつ拠出時と給付時の税率を同一とした場合には，割引率を課税前利子率とすれば，EET（①非課税，②非課税，③課税）やTEE（①課税，②非課税，③非課税）が中立になる．

　割引率を課税後利子率とすれば，ETT（①非課税，②課税，③課税）やTTE（①課税，②課税，③非課税）が中立になる．

　包括的所得課税の立場からは課税後利子率が適当となるが，企業年金の課税政策の本質は課税の繰り延べであり，繰り延べの利益は経済成長であることから，これを評価するには課税前利子率が妥当である．

10.3　企業年金の一般の貯蓄に対する差別化の必要性

　包括的所得課税に依拠する貯蓄への課税を前提とすると，企業年金が支出課税を目指すとすれば，一般の貯蓄に対する差別化の根拠が不可欠である．そのためには，企業年金の持つ老後所得の補完性という性格をさらに強めていくなど，ある程度規制を強める方向に舵を切ることが必要と考えられる．

10.4　年金掛金の拠出段階における税制

　年金掛金に関して拠出段階の税制では，企業拠出分を企業の損金としつつ個々の従業員の収入とはしない取り扱いとなっている．これは，拠出した掛金が各人の受給権として割り当てられないという，給付建て制度特有の帰属の問題から派生したものである．しかし，拠出建て制度の場合，受給権は拠出時点で確定しているのであるから，現行の取り扱いの理論的根拠は乏しい．

　拠出段階に関しては，公的年金を中心とした社会保険制度との関係にも留意する必要がある．企業拠出分は，社会保険における保険料の算定対象となる標準報酬に含まれない．これは，企業の報酬繰り延べ施策により，企業と従業員は繰り延べた報酬に対応する社会保険料の負担を回避できることを意味してい

る.

　加入者拠出分に関しては, 制度間の連携をとるうえでも, 制度ごとの取り扱いに一貫性を欠く点が問題となる. 少なくとも「年金制度」の枠内では, 統一的・一体的な取り扱いを整備する等の対応が必要と考えられる.

10.5　企業年金の運用段階の税制

　現在, 特別法人税の課税は凍結されているが, 特別法人税を復活したとしても, その分だけ税収が増えることにはならない. 課税の復活は,(課税相当額分の)掛金増加というかたちで, 企業年金を実施するすべての企業の収益に影響する. 掛金の増加よりも給付の減額が選択される場合も考えられるが, その場合には, 論理上, 年金課税の税収が減少する.

　特別法人税は, 企業の課税所得の有無にかかわらず課税されるという特徴を有している. 課税所得のない多くの中小企業は, 増加した掛金相当額の損金効果を享受できないため, 特別法人税の復活は中小企業にとって影響が大きい.

　ポータビリティの確保という観点からは, 特別法人税の課税の取り扱いに差異があることは障害になりうる. 今後, 制度間のポータビリティを広い範囲で確保していくとすれば, 特別法人税の課税の取り扱いはそろえておく必要がある.

　特別法人税は, 掛金に対する課税の繰り延べの利益に対する賦課であるから, 特別法人税の徴収と運用収益への課税とは区別して考える必要がある. 特別法人税の撤廃に向けては, 既述のとおり, まずは繰り延べ報酬に対する課税の中立性の観点から, 課税前利子率による評価の正統性(結果として支出課税の正統性)を主張していくべきである.

　包括的所得課税の立場からは, 特別法人税の課税後に積立金の収益を含む給付に課税することは二重課税にはならない. 現実問題として積立金や積立金から生じる運用収益への課税を回避するためには, 相応の根拠ないし公益性が求められる. そのためには, 企業年金の持つ公的年金の補完機能を重視し, ①給付水準の基準を設定してその範囲については税制優遇, それ以外は一般の取り扱いとする, ②終身年金を中核とする「年金の顔をした制度」にしていく, ③一定の強制化ないし「軟らかい強制」を導入して優遇する, 等の施策が必要と考えられる.

10.6　企業年金の給付段階の税制

(1)　一時金課税

　企業年金が退職金の移行である場合が多いという事実を踏まえると，年金給付との連携が必要ではないかと考えられる．しかし，退職所得控除が年金給付と連携していないために，受給の方法については受給者に裁定機会を提供している現状がある．整合的な課税を考えた場合，年金の支給期間を意識した，退職所得に対する平均課税も選択肢の1つとなるだろう．

(2)　年金課税

　公的年金等控除に関しては，給与所得からの移行に伴う「負担調整措置」と説明される現在のあり方に対しては疑問が呈されており，控除額を基礎年金相当額とすべきという議論もある．少なくとも，在職老齢年金受給者が公的年金等控除と給与所得控除の両方を利用できる現状は是正すべきである．また，企業年金は貯蓄と保険の合成物と考えられるため，企業年金の給付に公的年金等控除を適用することの妥当性とは切り分けて考えるべきである．

第**4**章

企業年金の普及と持続可能性

小野　正昭

要　旨

　本章は，年金綜合研究所による後述の2つの研究プロジェクトの成果をもとにしている．

　第1節および第2節は，中小企業従業員に対する私的年金の普及を問題意識とし，私的年金に関する施策を提言している．日本には，企業年金を含む老後の資金を蓄積するさまざまな私的制度が存在する．しかし，各制度の展開を確認すると，その普及は一様ではなく，特に外部積立型の企業年金制度は，中小企業において後退傾向が顕著である．加えて，各制度間の連携に関しては，十分とは言えない．このことは，転職等の労働市場の流動化を踏まえると，引退のための資産の蓄積が転職によって途絶えてしまう労働者が少なからず存在することを意味する．これらを踏まえた具体的な提言は，以下のとおりである．

○積立制度/非積立制度，年金制度/一時金制度を問わず，転職や退職によって得られた退職給付を老後の資産形成のために蓄積することができる受け皿制度をもれなく提供すること

○中小企業の企業年金の場合は，リスク調整のために複雑な仕組みを導入するよりも，年金受給権者を制度から切り離す仕組みを導入すること

○より多くの労働者が引退のための資産の蓄積に向かうよう，「軟らかい強制」として，個人型確定拠出年金の第2号加入者の仕組みを活用すること

○制度間の差異を整理するための税制の整備とともに，中小企業政策の一環として外部積立型の制度への事業主拠出に対する支援策を検討すること

　第3節および第4節は，金融資本市場のボラティリティの増大等により持続可能性が懸念される企業年金制度について，海外でも試行されている「リスク

共有」の機能を備えた制度を検討し，モデルによる計量分析を踏まえて有効性を確認している．

　リスクとは，ある事象が組織，構成員，関係者の利害に影響を与える不確実性のことである．企業年金の場合には，その事象の根源には，主に投資，長寿，金利，インフレの4つがある．リスク共有とは，顕在化したリスクによる影響を関係者間で共有することであり，具体的には再分配により顕在化したリスクの帰属関係を変更することである．例えば，確定給付型企業年金においては，積立金の運用収益の変動リスクは事業主に帰属するが，その一部を加入者・受給者に再分配することにより，負担や給付の安定性を一定程度確保しつつ，制度の持続可能性を高める効果が期待できる．

　シミュレーションの結果，DC制度の給付の安定性は，CB制度やリスク共有制度に比べてかなり劣後すると評価された．また，リスク共有制度は，DB制度やCB制度に対して給付と掛金の安定性という点でリスク共有の仕組みが機能していると評価でき，一定の意義が認められた．

　一方で，リスク共有を実現させるためには，一定の条件が必要と考えられる．なかでも，公的年金を補完する企業年金の現在の位置づけを前提とした場合，私的制度にリスク共有を求めることに支持が得られるか等，難しい課題が存在する．私的年金制度が従来にも増して公共性を備えることが条件となると考えられる．

　厚生労働省が導入したリスク分担型企業年金は，リスク共有制度の一形態と考えられる．今後は，企業年金2法の統合，積立規律のあり方の再検討，選択一時金のあり方，専門家の有効利用等の検討課題があると考える．

1　企業年金の普及促進の必要性

本節では，私的年金制度普及のためには中小企業に対する企業年金施策が重要であることを示す．次節では，これを切り口に，国民の老後所得保障のための金融資産の蓄積を推進するための，いくつかの提言を行う．

1.1　企業年金普及における中小企業の重要性

　一般に中小企業者とは，中小企業基本法に定める資本要件，人的要件のいずれかに該当する会社等とされる．中小企業施策は，地方の経済と強い関連性があるため，中小企業を中心とする起業の奨励施策は，地方の振興施策にもなる．

また，規模の小さな企業ほど女性被用者の割合が高く，中小企業は女性の雇用でも重要な役割を担っている．政府は「中小企業憲章」を定めているが，「中小企業がその力と才能を発揮することが，疲弊する地方経済を活気づけ，同時にアジアなどの新興国の成長をも取り込み日本の新しい未来を切り拓く上で不可欠である」等としている．

中小企業には税制等を含めた諸施策が提供されているが，大企業との単純な比較は適当でない．例えば，アメリカの中小企業法では，企業の自由競争の維持・拡大は国民経済の繁栄および国家の安全保障の基礎であり，これは中小企業が国から支援を受け，十分な成長発展を遂げてこそ実現されうるものとされている．

日本における企業全体に占める中小企業の割合は圧倒的（99.7%）である．このことを踏まえると，企業年金制度の普及状況を法人数ベースで見た場合，中小企業への普及施策こそが重要と考えられる．一方，企業年金の普及施策を論じる際には，しばしば税制優遇策が議論される．しかし，企業の実態から見ると，特に中小企業に関しては税制優遇策が訴求できるか，慎重に見極める必要がある．国税庁によると，近年の欠損法人の割合は7割を超えている．このことは，多くの法人にとって企業年金の税制優遇策がインセンティブにならない可能性を示唆している．

1.2 日本における退職給付制度の展開の経緯

企業年金制度を含む日本の退職給付制度は，退職一時金制度からの移行であることが多いという事実を踏まえ，退職一時金制度，外部積立型職域年金制度，外部積立型退職一時金制度，個人型の引退貯蓄制度に分類し，その概要とこれまでの経緯を概観する．

(1) 退職一時金制度

退職一時金制度は，内部留保型の制度として実施事業主の事業資金の確保等，高度成長期には一定の役割を果たしてきた．退職一時金制度の原動力になっていたものは，退職給与引当金制度ならびに退職一時金に対する税制優遇であったと考えられる．このうち，前者は2002年（平成14年）から段階的に廃止された．

(2)　外部積立型職域年金制度

適格退職年金

適格退職年金等の外部積立型の企業年金制度の導入には，アメリカにおける企業年金制度の展開が大きく影響しており，日本の企業年金は保険制度とは異なる展開を見せた．

適格退職年金制度は，1962年（昭和37年）の法人税法の改正により導入された制度であり，わが国初の税制措置を伴った外部積立型の企業年金制度である．ピーク時には，契約件数9万2,467件（1994年（平成6年）3月），加入者数1,078万人（96年3月）に達した．しかし，2001年の確定給付企業年金法の制定に伴い，同制度は12年3月末をもって法律上の根拠を失うこととされた．

厚生年金基金

厚生年金基金は，厚生年金保険の老齢厚生年金を代行し，さらに基金独自の上乗せ給付を行うことにより，加入員の老後の生活安定を図ることを目的としており，1965年（昭和40年）の厚生年金保険法等の改正によって導入された．当初から，企業福利としての退職一時金，企業年金と厚生年金との調整という問題が議論されたが，結論として，調整は企業の任意であり，企業年金が一定の要件を備える場合に，老齢年金の報酬比例部分の肩代わりを認めるという「代行方式」が採用された．

厚生年金基金の財政運営で特徴的なのは，「最低責任準備金」である．厚生年金基金は，代行給付を行うために国から免除保険料の交付を受けているとみなすことができる．国から見れば，代行給付を行うために免除保険料を預託していると考えることも可能であり，継続，解散または代行返上のいずれの場合も，預託したとみなされる額を保有していることが求められる．この額は年金基金にとっての債務であり，年金経理の貸借対照表上も「最低責任準備金」として認識される．

厚生年金基金制度は順調な発展を遂げ，1996年度（平成8年度）末の1,884基金，加入員数に関しては95年度末の1,216.5万人がピークであった．しかし，時代の変化とともに各基金の年齢構成も多様化し，また，バブル経済の崩壊後の経済金融環境の急速な悪化に伴い，運用実績が予定利率を下回って損失が発生するようになった．こうした状況を受け，厚生年金保険本体と基金の財政中立化の観点から，最低責任準備金の計算方法についての見直し等が行われた．

　しかし，企業会計基準の見直しの影響もあり，2002年の確定給付企業年金法の施行とともに，単独・連合設立の基金の多くは代行返上を選択した．

　2012年（平成24年）2月に発覚したAIJ事件を契機に，厚生年金基金制度のあり方が議論された．議論の結果を受け，厚生年金基金制度の将来的廃止を視野に入れた「公的年金制度の健全性及び信頼性確保のための厚生年金保険法等の一部を改正する法律」（「健全化法」）が成立し，2014年4月に施行された．

確定給付企業年金

　確定給付企業年金法の成立の背景として，バブル経済崩壊後，わが国の企業年金を取り巻く経済金融情勢が大きく変化したことがあげられる．企業は，企業年金制度を設けた当時は想定しなかったほどの掛金負担の増加に直面した．こうしたなか，厚生年金基金の代行部分が母体企業にとって重荷に感じられるようになり，また，企業会計基準における代行部分の債務評価の問題もあり，代行返上を可能とするように求める声が経済界を中心に高まってきた．一方，適格退職年金が受給権保護を図る仕組みとして構成されているわけではないため，代行返上の受け皿として新たな給付建て制度を設ける必要があった．

　企業年金法制の議論は，当初は企業年金に関する包括的な法的手当てが検討されたが，最終的には個別法の制定となり，積立基準，受託者責任，情報開示等の統一的な基準を持つ確定企業年金法が成立し，2002年（平成14年）4月に施行された．厚生年金基金の代行返上が可能となり，適格退職年金は2012年3月末をもって法律上の根拠を失うこととなった．

確定拠出年金（企業型）

　確定拠出年金は，拠出された掛金が個人ごとに明確に区分され，掛金とその運用収益との合計額をもとに給付額が決定される年金であり，2001年（平成13年）10月に導入された．それまでの年金制度が中小零細企業や自営業者に十分には普及していない，転職時のポータビリティが十分には確保されていない等の課題に対応する新たな選択肢として必要とされた．

　制度には企業型と個人型があり，企業型は当初，企業拠出のみによっていたが，2012年（平成24年）に本人拠出が導入された．個人型確定拠出年金は，国民年金の第1号被保険者と企業年金等の支援がない第2号被保険者を対象とする本人拠出による制度であった．

　それぞれの区分や確定給付型の制度の有無によって拠出限度額が定められて

いる．この制度では，加入者自身が運用指図を行う．運用商品は3つ以上の選択肢を提示するなどの基準が設定されている．そのため，運営管理機関等は，運用方法について必要な情報を提供しなければならないとされている（いわゆる投資教育）．

　企業型確定拠出年金におけるマッチング拠出は，アメリカとは真逆の意味で使われる確定拠出年金における従業員拠出である．2012年（平成24年）に導入されたが，17年4月現在，普及率は規約ベースで約36%に達した．

(3)　外部積立型退職一時金制度

中小企業退職金共済制度

　中小企業退職金共済制度（中退共）は，1959年（昭和34年）に設けられた中小企業のための国の退職金制度であり，独立行政法人勤労者退職金共済機構（機構）・中小企業退職金共済事業本部が運営している．独力では退職金制度を設けることが困難な中小企業に，相互共済と国の援助によって退職金制度を確立し，中小企業の従業員の福祉の増進，中小企業の振興に寄与することを目的としている．制度は，主に常用労働者を対象とする「一般の中小企業退職金共済制度」（一般中退共）と，特定の業種の期間雇用者を対象とする「特定業種退職金共済制度」とがある．

　一般中退の掛金は事業主負担で上限は月額3万円であるが，新規加入や掛金増額の際に国からの助成がある．制度内や特定退職金共済との間で，一定の要件のもとでポータビリティが確保されている．一般中退は，2012年（平成24年）3月まで適格退職年金制度の移行の受け皿とされたが，厚生年金基金制度の改正に伴い14年4月から厚生年金基金制度の移行の受け皿ともなっている．

特定退職金共済制度

　特定退職金共済制度とは，市町村，商工会議所，商工会，商工会連合会，都道府県中小企業団体中央会等（特定退職金共済団体）が実施する制度であり，所得税法施行令第73条に定める要件を満たす必要がある．団体傘下の法人または個人事業主が規模に関係なく加入できる．また，中小企業退職金共済との重複加入も認められている．なお，本制度に関する全国規模の統計は，存在しないようである．

小規模企業共済

　小規模企業共済は，小規模企業の個人事業主または企業等の役員が事業をやめたり退職した場合に，生活の安定や事業の再建を図るための資金をあらかじめ準備しておくために導入された制度で，独立行政法人中小企業基盤整備機構（中小機構）が運営している．通常，「経営者の退職金制度」と言われている．

(4)　個人型の引退貯蓄制度

国民年金基金

　国民年金基金は，国民年金法の規定に基づく公的な年金であり，国民年金の第1号被保険者の老後の所得保障の役割を担う制度で，1991年（平成3年）4月に創設された．掛金の上限は月額6万8,000円（個人型確定拠出年金との合算）で，加入者は選択した給付の型，加入口数，加入時の年齢，性別によって決まる掛金を組み合わせる．支払った掛金は社会保険料控除の対象となる．累次の予定利率の変更に伴う掛金の見直しの効果が既契約分には及ばないこととされたため，財政上の不足金が発生していることが課題と考えられる．

確定拠出年金（個人型）

　個人型確定拠出年金は前述したが，第1号加入者，第2号加入者とも利用率はきわめて低い．制度の本来的な魅力はNISA以上であり，大きな課題であった．2016年（平成28年）4月に成立した「確定拠出年金法等の一部を改正する法律」により，働き方の多様化等に対応し，老後に向けた個人の継続的な自助努力を支援するために，個人型確定拠出年金の加入者範囲が見直され，17年1月から，これまで加入の対象外だった第3号被保険者や企業年金加入者，公務員等共済加入者も加入可能となった．また，愛称も「iDeCo」と命名され，国民年金基金連合会や関係金融機関を中心に強力なキャンペーンが展開されている．

少額投資非課税制度

　2014年（平成26年）1月から，少額投資非課税制度として，NISAがスタートしている．2013年末をもって証券優遇税制が終了することを受けて導入されたものであり，財形貯蓄の投資版のような側面があるが，元本割れをする可能性のある投資信託や株式，REIT等が購入対象となる．2016年から，非課税投資枠が年100万円から120万円に拡大されるとともに，「ジュニアNISA」もス

タートした．ともに2023年までの時限立法であるが，恒久措置化への要望は強い．また，2018年から投資期間を20年（NISA は5年）とした積立 NISA がスタートする．非課税投資枠は年40万円で，20年間の時限措置となっている．

勤労者財産形成貯蓄制度（財形貯蓄）

勤労者財産形成貯蓄制度（財形貯蓄）は古くからある制度であり，また会社員が最も手軽に利用できる資産形成制度の1つである．給与天引きが大きな特徴であり，実施には企業の協力が必須である．財形貯蓄には一般，住宅，年金の3種類があり，住宅財形および年金財形については運用益非課税のメリットがある．年金財形については元利550万円までの積み立てが可能（住宅財形との合計）であり，利息が非課税となる．

個人年金保険

個人型制度の最後は個人年金保険である．戦後の年金保険は，主契約としては1960年（昭和35年）に発売された「終身年金保険」が最初であり，各社が追随したものの，インフレの進行や業務方針により販売実績を残せなかった．その後，1984年の個人年金保険料控除制度の創設等を背景に，個人年金保険の販売は大幅に進展した．しかし，1995年（平成7年）を境に保険会社の経営不安等により契約数も減少に転じた．2002年10月に銀行窓販の解禁という転換を迎え，一時払い個人年金や変額個人年金の販売が大きく伸びた．個人年金保険は現在，生命保険会社43社中26社が発売しているが，その商品内容は区々である．

(5)　私的年金各制度の動向

企業年金等の私的年金制度が公的年金を補完する制度として相応に普及していれば問題はないが，近年の私的年金制度の動向を確認すると，制度の普及には濃淡があり，全体的には必ずしも楽観できる状況ではないと考えられる．

退職金・年金制度の適用率

就労条件総合調査によれば，退職給付制度（退職金制度および企業年金制度）を提供する企業の割合は徐々に低下し，2008年（平成20年）から13年の5年間で8.4％低下して75.5％となっている．言い換えれば，ほぼ4社に1社（24.5％）が退職給付制度を実施していない状況である．

2013年（平成25年）について企業規模別に見ると，従業員数1,000人以上の大企業では退職給付制度のある企業の割合が93.6％であるのに対し，100〜299

図表 4-1 退職給付導入企業割合の推移

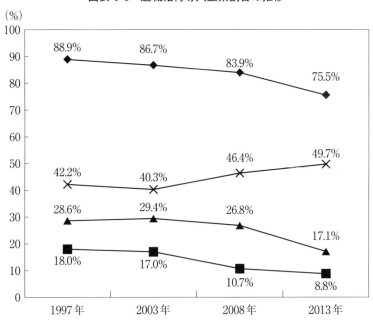

（出所） 第8回社会保障審議会企業年金部会（平成26年9月11日）参考資料1.

人規模では実施率が82％に低下し，100人未満の企業では72％とさらに低下する.

　さらに，退職給付制度を実施している企業のうち企業年金制度を実施している企業は，全体では25.8％となっている．しかし，企業規模別に見ると，退職給付制度の実施状況よりも格差が拡大し，1,000人以上の大企業では72.1％に達するのに対し，100〜299人規模では36.1％，100人未満では18.6％に低下する．2008年からの5年間の動向を見ると，従業員規模300人以上の企業においては数％ポイント程度の低下にとどまるが，300人未満の中小企業においては10％ポイントを超える低下となっており，中小企業における低下が大きいことが確認できる.

図表 4-2　企業規模別に見た退職給付の実施状況の推移

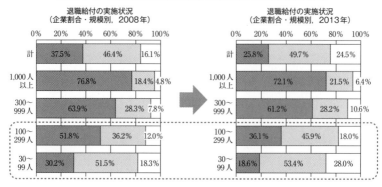

（出所）　第8回社会保障審議会企業年金部会（平成26年9月11日）資料5.

図表 4-3　制度種類別の企業年金実施割合の推移

【2008年】 (%)

	計 （再掲）	確定 給付型 合計	DB	厚生年金基金	適格退職年金	DC	企業独自の 年金
計	37.5	36.5	4.4	13.5	18.6	6.0	0.8
1,000人以上	76.8	70.7	34.7	9.8	26.2	26.9	3.5
300〜999人	63.9	66.8	14.3	17.4	35.1	13.0	1.2
100〜299人	51.8	52.8	6.3	16.5	30.0	9.1	0.7
30〜99人	30.2	28.4	2.2	12.4	13.8	3.9	0.7

中小企業の企業
年金実施割合は
低下傾向

特に確定給付型の企
業年金の実施割合の
低下は顕著

企業年金の実施割
合が低下する中で
もDCの実施割合
は増加

【2013年】 (%)

	計 （再掲）	確定 給付型 合計	DB	厚生年金基金	適格退職年金	DC	企業独自の 年金
計	25.8	20.8	9.2	11.6		9.3	0.7
1,000人以上	72.1	57.9	50.0	7.9		35.1	3.2
300〜999人	61.2	48.5	35.5	13.0	廃止	28.6	1.7
100〜299人	36.1	29.5	16.0	13.5		13.6	0.8
30〜99人	18.6	14.9	3.9	11.0		5.7	0.5

（注）　複数回答のため，各制度の合計が「計（再掲）」と合わないことに留意.
（出所）　第8回社会保障審議会企業年金部会（平成26年9月11日）資料5.

　企業年金制度を種類ごとに見たのが，次の図表4-3である．これによれば，適格退職年金廃止の影響等で確定給付型の制度の実施割合が低下する一方で，確定拠出年金の実施割合の上昇は，これを十分に補っているとは言い難い．適格退職年金制度は2002年（平成14年）から10年間の経過期間中に，確定給付企業年金制度や確定拠出年金制度等の他制度へ移行することが期待されたが，同制度の廃止は企業年金の実施率低下という結果を招いたと考えられる．調査時点での中小企業における厚生年金基金のプレゼンスの大きさを考えると，健全化法施行の影響が反映される2018年の調査結果が注目される．

　これらの企業年金制度には，一定の税制措置がある．しかし，企業年金を採用する企業の規模に極端な偏りがあると，税制措置の根拠に疑問符がつき，企業年金制度全体の存立基盤を揺るがしかねない．中小企業を中心とした企業年金の普及促進は，その意味からも重要な課題である．

確定給付企業年金

　確定給付企業年金は，法律が施行された2002年（平成14年）4月以降順調に増加してきたが，適格退職年金からの移行が終了した12年4月以降は制度数，加入者数ともに安定している．信託協会・生保協会・JA共済連によると，2017年3月末現在，制度数は1万3,540，加入者数は818万人，積立金の残高は59兆4,429億円である．

厚生年金基金制度

　前述のとおり，厚生年金基金のピークは，基金数では1996年度（平成8年度）末の1,884基金，加入員数に関しては1995年度末の1,216.5万人であった．確定給付企業年金法施行による代行返上，および健全化法施行に伴って同制度は激減し，2017年3月末現在，制度数は110，加入員数は139万人，積立金の残高は19兆714億円である．2016年11月末現在，解散や代行返上を決定している基金を除く基金数は14とされており，厚生年金基金として存続を志向する基金は極少数になると予想される．

確定拠出年金（企業型）

　企業型制度は，法施行以来順調に普及している．2017年（平成29年）3月末現在，規約数は5,349件，加入者数は約590.2万人（2017年2月末速報値）となっている（企業年金連合会による）．また，資産額は10兆4,794億円である（信託協会による）．

中小企業退職金共済，小規模企業共済

一般中退に関しては，2011年度（平成23年度）までは適格退職年金からの移行によって加入者数は増加したが，12年度以降，新規加入は減少した．3つの特定業種退職金共済との合計で，2017年（平成29年）3月末現在，被共済者は562万人，積立金は5兆7,030億円である．

小規模企業共済は2017年（平成29年）3月末現在，在籍者数は132.7万人，資産総額は9兆465億円である．小規模企業数の減少等により，在籍者数は減少傾向であったが，2009年度に底打ちして以降は増加に転じている．

確定拠出年金（個人型）・国民年金基金

個人型の確定拠出年金は，2016年（平成28年）12月末現在で第1号加入者（国民年金の被保険者）が7万7,249名，第2号加入者（被用者年金の被保険者）が22万9,065名である．前述のとおり，加入者範囲が見直され，2017年1月から，これまで加入の対象外だった第3号被保険者や企業年金加入者，公務員等共済加入者も加入可能となった．このため，2017年4月末現在の加入者は，第1号加入者が8万9,558人，第2号加入者が39万1,039人，新たに対象となった第3号加入者が8,411人，合計48万9,008人と大幅に増加した．被保険者数に対する加入率は，ごく一部にとどまるものの，今後の普及が期待される．

国民年金基金の加入員数は，2003年度（平成15年度）末には約79万人まで増加したが，その後減少が続き，15年度末時点で約43万人となっている．

少額投資非課税制度・財形貯蓄

NISAは，2016年（平成28年）末現在，口座数は1,061万件，残高は約6兆3,000億円である．一方，財形年金の契約件数および貯蓄残高は漸減傾向にある．2016年3月末現在，契約件数は183.8万件，貯蓄残高は3兆2,033億円であるが，5年前と比べると，それぞれ11.6％，12.8％の減少となっている．また，財形貯蓄全体の導入率も，事業所（30人以上）ベースで1999年の61.8％から2014年には41.4％まで低下しており，かつ一般財形を契約する労働者の割合も，低下傾向にある．

個人年金保険

一般社団法人生命保険協会によれば，2016年（平成28年）3月末時点のかんぽ生命を含む保有契約件数は2,075万件，保有契約高は103兆5,951億円であり，老後の生活資金の準備として，公的年金，預貯金，企業年金・退職金に次いで，

重要な手段と認識されている．さらに最近では，日本銀行のマイナス金利政策導入に伴って各社が「一時払い終身保険」の販売を停止したため，保有契約高が増加している．

2　退職給付制度の普及促進のための政策提言

2.1　退職給付制度に対する中小企業のニーズ

(1)　中小企業における退職給付

年金綜合研究所では，中小企業の退職給付に関するニーズを探るため，2013年（平成25年）に中小企業が設立母体である総合型厚生年金基金の事務局を対象にアンケート調査を行った．回答基金数は，122基金（回答率26.2%），給付形態は加算型114基金，代行型7基金（未記入1基金）であった．主な結果は，以下のとおりである．

まず，厚生年金基金として存続が困難となった場合の受皿制度としては，総合型確定給付企業年金への志向が強かった．近年は，厚生年金基金を代行返上して総合型をつくるという方法のほかに，「ワンタッチ解散」という，いったん厚生年金基金を解散し，一部の事業所だけで総合型確定給付企業年金を設立するケースが増えているとされる．中小企業が年金を維持したいという事業主の希望に沿ったものという評価ができるが，一方で加入事業所数の減少が課題として指摘されている．

一方，確定拠出年金に関しては設立形態として総合型，個別企業ごとが考えられるが，ともに否定的な見方が多かった．中小企業退職金共済制度（中退共）に対する評価も厳しかった．

新たな制度に移行する場合の掛金に関しては，掛金水準が現在と同水準かつ変動が少ないというニーズが強かった．同じく給付に関しては，水準は「現在と同水準」，給付の仕組みは「計算方法がわかりやすく給付額が容易に把握でき，受給者間で差が出ない仕組み」という選択が多かった．

給付設計に関する志向を具体的に質問したところ，「掛金と給付額が給与に比例する仕組み」が最高点となっており，厚生年金基金の加算部分で採用していたものと同様の給付設計に対する志向が強いことがうかがえた．一方，キャッシュバランス制度等の指標連動をする給付設計には一定の支持はあるものの，

従来型給付よりも志向度合いは低かった．給付額を予測しにくくなること，給付額決定の仕組みが複雑であること等が影響していると考えられる．

　本アンケートは，総合型厚生年金基金事務局に対して行ったものであるため，必ずしも中小企業の経営者・従業員の意向が直接反映されていない可能性がある．また，結果には行動経済学でいう現状維持バイアスが反映しているかもしれない．それでも，アンケート結果には意義があると考えられる．結果をもとに，中小企業における退職給付制度の備えるべき条件をまとめると以下のとおりになる．

　㋐　給付設計（給付額決定の仕組み）が単純でわかりやすいこと
　㋑　給付額が安定的で予測しやすいこと
　㋒　事後的な掛金変動の可能性が少ないこと
　㋓　掛金と給付の対応関係が明確であること
　㋔　制度運営コストが低廉なこと

　これらの条件は特段目新しいものではなく，経済環境が良好な時期においては従来型の確定給付型制度で実現されていたものである．経済環境の変動が激しい現在の状況下，いかにこれらの要件を実現可能なものとするか，知恵を絞ることが求められていると言える．

⑵　中小企業の退職給付制度の備えるべき条件

　中小企業における外部拠出の制度としては，㋐制度運営負担が少ないこと，㋑給付額算定の仕組みがわかりやすいこと，㋒給付と負担の関係がわかりやすいこと，等の条件が制度導入に際しての誘因になると推測される．また，廃止された適格退職年金との比較という観点で，既存の制度を評価すると，以下のとおりである．

　〇確定給付企業年金は，受給資格の付与に関する規制が厳格であり，財政運営の規制により掛金の変動リスクが高い．また承認申請（届出）に関して受託機関のサポートはあるものの，実施事業所ないし基金が主体となるため，適格退職年金と比べると実施主体側の負担は増加すると思われる．

　〇確定拠出年金制度では，60歳前の勘定残高の引き出しは原則として認められない．また，給付金額が市場環境で変動し，投資教育により制度運営コストが高くなる懸念がある．

○中退共制度は，国が運営する制度であることから安心感がある．また，①口数制のため負担と給付の関係が明確，②給付設計が画一的，③制度運営の負担があまり大きくない，④一定の国庫補助がある等の特徴がある．

「企業年金制度移行事例集」（2006年（平成18年）3月30日，経済産業省 中小企業庁）は，適格退職年金の廃止を念頭に，確定給付企業年金，確定拠出年金，中小企業退職金共済を採用した中小企業に対するアンケート調査の結果を公表している．このなかで注目されることの1つとして，これらの企業においても退職一時金制度を温存するケースが多いことであり，法人税法上の恩典がないことを考慮すると，同制度への強い支持が感じられる．以上を踏まえ，年金総合研究所では，退職一時金制度を含めて中小企業にとっての制度実施の容易さは，①退職一時金制度，②中小企業退職金共済制度，③確定給付企業年金制度，④確定拠出年金制度，の順になると判断した．

　このことは，老後の所得保障政策の立案にあたっては，退職一時金制度のような非積立の制度，中小企業退職金共済制度のような一時金を給付する制度を政策の対象から排除することは現実的ではないことを示唆する．積立制度/非積立制度あるいは年金制度/一時金制度を問わず，支給を受けた資金を老後の所得保障の手段として受け入れることができるよう，各制度間の連携の確保がますます重要になることを意味していると考える．

2.2　中小企業のための退職給付制度普及への提言

　以上の検討を踏まえ，健全化法施行後の中小企業の退職給付制度の普及に必要な施策について提言する．ただし，健全化法が施行された現状で，中小企業の企業年金制度を復活させる有効な対応を策定することはきわめて困難なことを，まずは指摘したい．

⑴　前提となる枠組みの見直し

　前述のような多様な私的年金制度の任意性を尊重しつつ制度を普及させることで，老後生活のための金融資産の蓄積を支援することが求められていると考えられる．そのためには，確定給付企業年金法第1条，および確定拠出年金法第1条に規定する私的年金に関する公共政策である「公的年金の給付と相まっ

て国民の生活の安定と福祉の向上に寄与すること」は，各制度単体でとらえるのではなく，制度間の連携を通じて達成するという方向性が説得力を持つと考えられる．また，同条における「国民の高齢期における所得の確保に係る自主的な努力を支援」に関しても，公的年金に上乗せする高齢期の資金確保政策を，個人貯蓄制度を含めてとらえること，および，このなかで制度の管理運営の効率化が期待できる制度として職域の制度を位置づけるといった方向性が妥当と考える．つまり，従来は私的年金を職域と個人とに分けて2層構造で議論することが多かったが，今後は一体的に検討しつつも，そのなかで企業年金を中心とする職域の制度の利点を生かすといった考え方になるのではないだろうか．これらは，労働市場の流動化を踏まえると，転職者が不利にならない状況を確保する意味でも重要な概念である．また，ライフコースに中立的な仕組みを整えるという政策にも適うと考えられる．このような観点から，以下の提言を行う．

　○転職に伴うポータビリティが不十分であることを指摘しつつ，積立制度/非積立制度，年金制度/一時金制度を問わず，転職や退職によって得られた退職給付を老後の資産形成のために蓄積することができる受け皿制度をもれなく提供することを提言する．

　○リスク分担のあり方に関して，中小企業の企業年金制度の場合はリスク調整のために複雑な仕組みを導入するよりも，年金受給権者を制度から切り離す仕組みを導入することが有効であることを指摘する．また，私的年金による金融資産の利用方法にも工夫の余地があることを指摘する．

　○より多くの労働者が引退のための資産の蓄積に向かうよう，任意性を尊重しつつも「軟らかい強制」の可能性について，海外の制度における「自動加入」の仕組みを参照しつつ，個人型確定拠出年金の第2号加入者について，加入拡大の方策を論じる．

　○ポータビリティの拡充に伴い，制度間の差異を整理するために税制を整備するとともに，中小企業にとって税制優遇によるインセンティブの効果が限定的であることを踏まえ，中小企業政策の一環としての外部積立型の退職給付制度に関する事業主拠出に対する一定の支援の必要性を指摘する．

(2)　ポータビリティの充実

　総務省の「就業構造基本調査」によれば，近年，転職・離職経験者の数は男女とも着実に増加している．このことは，労働者が就労の全期間にわたって同一の企業に勤務する（したがって，提供される退職給付制度は一貫している）ことを想定した政策立案は現実的でなくなりつつあることを意味する．さらに言えば，転職を考える場合，転職者が切れ目なく被用者であり続けることを想定することも現実的ではないだろう．制度間のポータビリティを考える場合には，この点も踏まえる必要がある．

　確定給付型の企業年金においては，総合型の制度内の転職に伴うポータビリティは提供されている．また，脱退一時金は企業年金連合会または確定拠出年金に移換可能となっている．確定給付型の企業年金制度間のポータビリティは，受け入れ側の制度に規定されていれば移換可能である．企業年金連合会は，確定給付型の制度からの脱退一時金相当額を受け入れて年金給付を行う．また，確定給付型の制度や確定拠出年金に原資を移換することもできる．

　確定拠出年金は，60歳以降の受け取りを求めており，転職や退職の際，原則として個人型を含む他の確定拠出年金に資金が移換される．

　中小企業退職金共済制度の制度内の転職に伴うポータビリティ，特定業種退職金共済制度や一部の特定退職金共済制度との間のポータビリティは確保されている．

　一方，確定給付型の企業年金制度間のポータビリティは実質機能しておらず，中退共制度等の外部積立型退職一時金制度と企業年金各制度間の転職者に対するポータビリティは存在しない．また，退職一時金制度から積立型各制度への転職者に対するポータビリティも想定されていない．なお，転職者に対する企業間のポータビリティは転職先企業に受け皿となる制度があって初めて成り立つものであり，存在しない場合には，企業年金連合会が実施する通算企業年金や国民年金基金連合会が実施する個人型確定拠出年金が受け皿となる．

　以上をまとめると，転職に伴うポータビリティの現状は次の図表4-4のようになる．この図表は，左の列の各行に番号を付した各制度の加入者が，転職により対応する番号を付した右側の各列の制度の加入者となった場合のポータビリティの現状を表している．

　各制度の連携によって老後の資金を確保するためには，引退前に支給された

図表4-4　転職に伴う年金制度間のポータビリティの現状

	①	②	③	④	⑤	⑥	⑦	⑧	⑨	⑩	⑪
①厚生年金基金	△	△	○	○	×	×	×	×	○	×	×
②確定給付企業年金	△	△	○	○	×	×	×	×	○	×	×
③確定拠出年金（企業型）	△	△	○	×	×	×	×	×	○	×	×
④企業年金連合会	○	○	○	NA	×	×	×	×	×	×	×
⑤中小企業退職金共済	×	×	×	×	○	×	×	×	×	×	×
⑥特定退職金共済	×	×	×	×	×	○	×	×	×	×	×
⑦小規模企業共済	×	×	×	×	×	×	×	×	×	×	×
⑧退職金	×	×	×	×	×	×	×	×	×	×	×
⑨確定拠出年金（個人型）	△	△	○	×	×	×	×	×	NA	×	×
⑩財形年金	×	×	×	×	×	×	×	×	×	○	×
⑪個人年金保険	×	×	×	×	×	×	×	×	×	×	NA

(注)　○：互いに保有（加入）していれば可能
　　　△：可能であるがほとんど機能しないと考えられる
　　　×：不可能
　　　NA：該当せず
(出所)　筆者作成.

資金が引退後の所得保障のための原資として，課税関係を発生させることなく引き継がれるような制度間のネットワークを構築すべきである．そのためには，企業年金連合会や国民年金基金連合会へのポータビリティ対象者の拡大を中心とした諸施策を検討すべきである．

　これらのことは，課税後収入を拠出して非課税で積み立てる年金財形，住宅財形についても言える．これらの制度は，転職によって企業を退職した後，2年以内であれば転職先企業の制度に持ち込むことができる．しかし，転職先企業に財形制度がないなどにより継続ができない場合，一定期間経過後から課税扱いとなる．また，原則として退職後2年以内に転職しない限り年金財形は解約となり，その場合，過去に遡って利子に課税される．超低金利の現在，課税といっても大きな金額になるとは考えにくいものの，これは転職者に対するペナルティとも考えられる．退職後の口座の維持，利子に対する非課税の措置の継続に対する制約期間の延長ないし撤廃も検討すべきであろう．

(3)　リスク分担のあり方——受給権者のリスクの切り離し

　次節以降で説明するとおり，職域年金制度におけるリスク分担のあり方に関しては，イギリスにおいて検討されたほか，オランダやカナダにおいて事業主・従業員と年金受給権者とのリスク共有の事例が存在する．

　日本においても，企業年金連絡協議会が「新ハイブリッド制度の提言」とし

て，①マイナスの運用収益を付利可能なCB，②集団運用型DC，③年金給付専用口座の創設，④確定拠出年金から確定給付企業年金への段階的移行，⑤フロアー・オフセット・プラン，を提案している．また，2017年（平成29年）1月より，確定給付企業年金法の枠内で「リスク分担型企業年金」の導入が可能となった．この制度は企業会計上，原則として確定拠出制度として扱われる．

　ただし，日本の中小企業に対する適用可能性を検討する際には，制度には「わかりやすさ」と「運営の容易さ」が求められることに留意すべきである．事業主に過度なリスクを負わせないこと，給付が予見可能であることという要請や，現状は退職一時金制度が普及しているという事実を踏まえると，むしろ年金制度の枠内でリスクを共有するよりも，退職時等から退職給付に関する支給義務を事業主が免れ，第三者に移転するというリスク分担が有力と考えられる．

　近年，イギリスやアメリカでは「バイアウト」といって，確定給付型の企業年金制度において主に受給待期者や年金受給者の給付義務を，保険会社を中心とした引受機関に資産とともに移転する取引がさかんに行われている．これは，制度を提供する企業の財務にとって会計上のリスクを軽減するものとされ，「脱リスク」の戦略の1つに位置づけられている．受給待期者や年金受給者のような雇用関係がなくなっている者にかかわる財務上のリスクは，株主に対する説明が難しいといった経営者の判断もあると思われる．

　日本の現状では引受機関として保険会社を想定しにくく，企業年金連合会等の第三者機関への移転，または本人の同意を前提とした確定拠出年金への切り替え等が，現実的と考えられる．受給権者の切り離しを可能とすることで企業の財務上のリスクが軽減されれば，制度の持続可能性も高まるであろう．

　一方，事業主から切り離された資金の利用方法にも，工夫の余地があると考えられる．例えば，一定の価格で企業年金連合会の通算企業年金として移換した場合，企業年金連合会は終身年金を支給する義務を負う．長生きリスクや金融資本市場のリスク等，終身年金にかかるリスクを考慮する必要から，設定される価格は将来的に上昇する可能性がある．また，個人で資産を保有する場合には，個人は終身年金保険などの長生きリスク等をプールする金融商品の購入を嫌う「アニュイティ・パズル」と言われる問題がある．

　このような問題に対処する方法として最近提唱されているのが，「長生きリ

スクは公に任せる」という考え方である．これは，できるかぎり長く就労でき
る社会を形成することが第1としつつも，引退期間の初期は蓄積した私的年金
等の金融資産を集中的に投入して生計を確保し，長生きリスク等のプールには
参加しないという方法である．金融資産でまかなっている期間は公的年金を繰
り下げ，繰り下げ受給により公的年金を増額させる．これにより，長生きリス
クは公的年金に任せることになる．

　このような行動は，経済的には個人の金融資産によって公的年金の繰り下げ
増額分の終身年金を購入することと等しい．国から終身年金を購入するので，
民間の保険に含まれる付加保険料等の追加的コストは含まれず，効率的な方法
と言える．また，相当な高齢になれば自身の金融資産に対する投資や引き出し
等の判断には一定の限界があろう．この方法は，これらの問題にも対処できる．

　しかし，私的年金等による金融資産には自ずと限界があり，それは金融資産
でまかなう期間には自ずと限界があることを意味する．そのため，まずは就労
によって公的年金を繰り下げ，次に金融資産によって繰り下げ，最後に公的年
金を受給するといった方法が現実的であろう．

　ただし，私的制度における金融資産の利用による公的年金の受給開始時期の
繰り下げは，それが可能な層の死亡率がそうでない層よりも低い場合には，公
的年金制度全体としては財政に中立的でない可能性がある．また，結果として
恵まれない層から恵まれた層への分配を引き起こす効果があることに留意しつ
つ，政策を検討する必要があることを付け加えておく．

⑷　「軟らかい強制」の導入

　わが国のように企業年金の設立が任意となっている場合には，普及率に限界
がある．このため，近年海外では，個人退職勘定制度を含めた私的年金への加
入および掛金拠出に関して，「軟らかい強制」を導入する事例が増加している．

　例えば，アメリカでは2006年年金保護法により，確定拠出制度（401（k）制
度）に関して，加入者が意思表示をしないかぎり自動的に制度に加入させる
「自動加入」に関する法規制が整備された．労働者の老後生活のための資産の
形成が不十分との認識が背景にあると考えられるが，特に低所得者の加入率を
引き上げないと税制上の要件である「非差別テスト」をクリアすることが難し
くなる等，アメリカ特有の事情も影響しているようにも思える．しかし，最近

の調査では，「自動加入」を導入した制度において，特に低所得者の加入率が，導入していない企業に比べて顕著に高くなっていることが確認でき，大きな成果をあげていると評価されている．

日本の確定拠出年金（企業型）は事業主の掛金が中心であり，対象者はほとんど加入するため，このような仕組みは必要ないであろう．しかし，厚生年金被保険者のうち企業年金の対象となっていない者の割合が約6割と言われており，これらの労働者の自助努力を促すことを目指して，企業に役割を期待することはありうると考えられる．

日本において，退職給付制度の任意性を尊重しつつ，実質的に労働者の引退貯蓄を推進する施策として，企業年金の支援がない厚生年金被保険者を対象とした個人型確定拠出年金の第2号加入者の制度の活用は，運営次第では老後の資産形成に資するのではないかと考える．

例えば，確定拠出年金法第78条には，個人型年金の第2号加入者に関連して，「事業主は，当該厚生年金適用事業所に使用される者が個人型年金加入者である場合には，当該個人型年金加入者に対し，必要な協力をするとともに，法令及び個人型年金規約が遵守されるよう指導等に努めなければならない．」，さらに同条第2項で「前項の場合において，国は，厚生年金適用事業所の事業主に対し，必要な指導及び助言を行うことができる．」とされている．この条項により，企業年金等を提供しない事業所の従業員が個人型確定拠出年金の加入を希望した場合，事業主は，加入を拒否できず，事業主の証明の発行，登録事業主としての登録，給与の天引き等をはじめ，制度運営への協力といった義務が課されている．また，国は事業主に対して必要な指導を行いうる．

この仕組みを「軟らかい強制」の第一歩として利用すれば，運営次第で個人型確定拠出年金の第2号加入者は飛躍的に増加する可能性があると考えられる．つまり，まずは国が，企業年金の支援がない労働者をターゲットとして個人型年金への加入資格があることをアピールするとともに，該当する事業主に対して従業員に第2号加入者の資格を有することを周知させる義務を課すのである．この段階では，事業主の負担は一定の事務負担に限定され，掛金の負担は伴わない．次の段階として，事業主が従業員に対して個人型年金への自動加入を提供し，デフォルトの掛金率を設定することを義務づける．この段階でも，事業主の負担は事務負担にとどまる．このような仕組みによって加入者数が一定程

度確保された段階で，労使合意により事業主負担が主となる「マッチング拠
出」を伴う企業型年金に移行することも選択肢として考えられる．このような
施策は引退貯蓄が個人に行き届くためのものであり，改正確定拠出年金法によ
って個人型確定拠出年金の適用範囲が拡大した後も，依然としてその重要性を
失わないことには留意が必要である．また，この施策は，課税後収入を積み立
てる財形制度等にも応用可能であろう．

(5)　税制および奨励金

　これまで論じてきたとおり，高齢期の所得保障のための資金の蓄積は，企業
年金制度のみで考えるのではなく，退職一時金制度，企業年金制度，外部積立
型の退職一時金制度，さらに個人の引退貯蓄制度等の諸制度の連携によって達
成すべきである．本節では，私的制度の任意性を尊重する立場から，制度間の
ポータビリティの重要性を指摘している．ポータビリティを充実させるには，
制度間の税制上の取り扱いの違いは資産移換の判断にあたり裁量の余地を提供
し，ひいてはポータビリティの阻害要因にもなりかねない．そのため，各制度
間の税制の違いを整理し，可能なかぎり統一すべきと考える．ポータビリティ
の拡充のためには，資産移換時に課税関係を発生させない等の措置も必要と考
える．

　また，すでに指摘したとおり中小企業には欠損法人が多く，税制上のインセ
ンティブの効果が期待できないかもしれない．しかし，一方で国としては中小
企業に対する支援を基本政策として掲げていることを踏まえると，中小企業従
業員の老後の資金確保への支援は，中小企業政策の一環としてとらえることが
できると思われる．

　その場合，中小企業が設立ないし加入している外部積立型の退職給付制度に
関する事業主拠出に対して一定の支援を導入することが，政策目的に適うであ
ろう．このような支援は，若干の違いはあるものの中小企業退職金共済制度や
農業者年金にも存在しており，制度間の条件をあわせて公正を確保する観点か
らも意義がある．国による引退貯蓄への支援は，イギリスの NEST やドイツ
のリースター年金にも例が見られ，また，アメリカでも中小企業の私的年金制
度について初期コスト等への支援がある．

　健全化法の施行によって急速に縮小していく外部積立による中小企業の退職

給付制度への対策は，ここまで踏み込んだ対策を実行したとしても，その効果は限定的と思われる．しかし，実行しなければ取り返しのつかない事態が予想されるだけに，思い切った政策の実行が切に望まれる．

3　企業年金の持続可能性の向上

本節では，企業年金の持続可能性の向上のために検討されているリスク共有という概念について，その背景，考え方，諸外国における検討状況を紹介する．次節においては，リスク共有の仕組みが制度運営や給付に与える影響を一定のモデルのもとで検証し，政策的な含意を述べる．

3.1　企業にとって長期の約束が難しい時代

(1)　経済環境・金融資本市場と私的年金

企業年金を中心とする私的年金は，主に就労期間中に資金を蓄積し，これを取り崩して老後の生活資金に充てる仕組みである．これは，仕組みの違いこそあれ，給付建て制度（確定給付企業年金等），拠出建て制度（確定拠出年金等），中小企業退職金共済，財形年金，個人年金保険等に共通している．この仕組みの宿命として，蓄積した資金は長期にわたり金融資本市場に投資され，株式や債券など，さまざまな金融商品となって運用される．この金融資産が当初に想定した収益を安定的に獲得すれば，何も問題はない．ところが，近年の金融資本市場の変動は非常に大きく，また，平均的にも想定した収益を確保できているとは言い難い時代が続いた．例えば，次の図表4-5をご覧いただきたい．

これは，日本国債の流通利回りの推移を示したものである．バブル崩壊の時期に金利が急速に低下し，超低金利が定着していることがわかる．2016年（平成28年）1月にはマイナス金利政策が決定されたことも記憶に新しい．金利の低下は，年金資産の収益にも大きく影響する．厚生年金基金や適格退職年金といった確定給付型の制度は長らく予定利率を年5.5%として財政計画をたてていたが，1997年に基準が変更された．両制度の受け皿として現在主流となっている確定給付企業年金の予定利率の中心は年2.0%から2.5%といったところである．予定利率の低下は，積立金が獲得する運用収益の見込みが低下することを意味する．したがって，約束した給付を支払うためには，事業主の追加拠出

図表 4-5　日本国債の流通利回りの推移

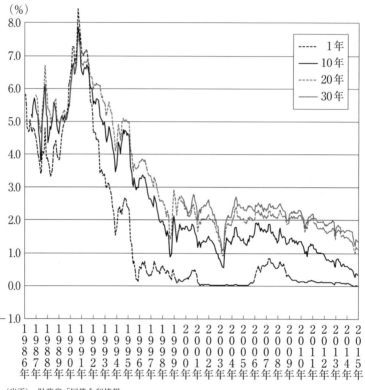

（出所）　財務省「国債金利情報」.

が必要となる.

　また,次の図表4-6をご覧いただきたい.これは,老後の資金を30年間積み立てたとした場合の残高を,積立完了時期別,つまり世代別に示したものである.例えば1995年（平成7年）3月の数値は65年（昭和40年）から95年3月までの30年間を積立期間とした人（例えば95年に60歳に到達した人）の積立金の残高を示している.各世代の毎月の積立額は一定とし,積立金の運用対象は国内株式および国内債券（いずれも通常のインデックス運用）とし,資産配分は,株式:債券が10%:90%の場合と50%:50%の場合の2通りを示した（手数料は考慮していない）.結果はインフレ調整後の実質額で表示しているので,世代間の違いを直接比較することができる.例えば,運用戦略によって残高が異

図表 4-6　退職時期別の個人勘定残高

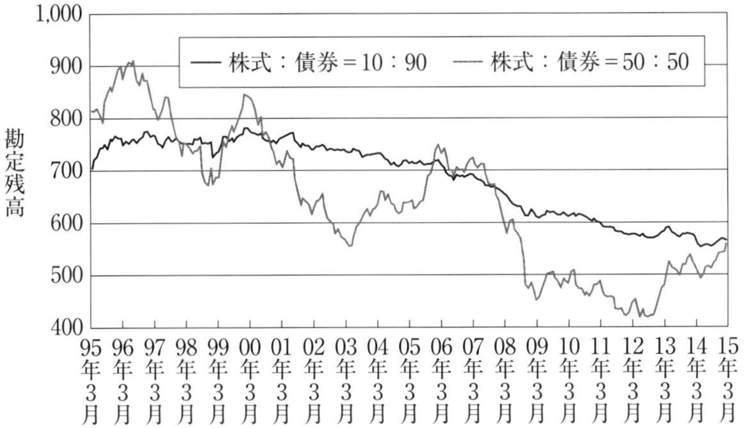

（出所）　筆者作成.

なるわけだが，2通りの運用戦略は同一世代で最大27％の差を発生させること
がわかった．一方，運用戦略を同一とした場合，世代間の格差は，株式：債券
＝10％：90％の場合には1.4倍，50％：50％の場合には2.2倍となる．経済や金
融資本市場の変動により，老後の生活資金確保の計画を立てたとしても想定ど
おりの結果を得ることが困難であることが確認できるであろう．これに対する
個人レベルでの対策は不断の見直ししかないが，現実問題として困難が予想さ
れる．

　上記で連想されるのは確定拠出年金であるが，当然ながら金融資本市場の変
動は確定給付型の制度にも及ぶ．確定拠出型の制度では金融資本市場の変動の
結果は給付の変動に反映されるが，確定給付型の制度では事業主負担の変動に
反映する．

⑵　企業年金の積立基準

　企業年金における法令上の積立基準は，1990年代後半から大きく変わった．
前述のとおり，1997年（平成9年）には，予定利率等の基礎率は年金数理人等
の専門家の助言を受けつつ，各年金基金が自らの判断で設定するものとされた．
財政計画は，制度が継続することを前提とした「継続基準」と，制度が終了し
た場合に「最低保全給付」という給付を確保するための「非継続基準」の2本

建てで運営されるようになった．これは，アメリカの企業年金法であるエリサ法が定める当時の財政運営基準を参考にして導入されたものと考えられる．

　非継続基準における予定利率等の基礎率は法令で一律に定められており，各年金基金には一定の裁量の範囲が提供されているのみである．特に予定利率は，現在は30年国債の発行利回りの5年平均（年金基金の裁量で±20％の範囲で設定可能）が用いられており，マイナス金利政策等により今後いっそうの低下が予想されている．これは，近い将来における財政運営の課題になると考えられる．

　現在の財政運営基準の導入以降，経済は大きく変動した．なかでも，ITバブルの崩壊当時，年金の分野では「パーフェクト・ストーム」と言われる時期があり，日本でも2000年（平成12年）からの3年間，積立金の運用収益が連続してマイナスを記録した．その後，若干持ち直したものの，07年のサブプライム問題や，08年のリーマン・ショックによる世界的な金融経済危機により，積立金は大きく毀損した．これらを受けて，確定給付型の企業年金の財政運営基準は，数次にわたり緩和された．これは，アメリカも同様である．

(3)　企業会計基準の影響

　確定給付型の企業年金の財政運営を徹底した時価主義に基づくものにするというのは現実的でない．各時点の市場の変動をそのまま反映して評価することは，制度の意義を見誤る危険がある．企業年金は長期の約束であり，期間が長い分だけ短期の変動が増幅されて評価される．さりとて，市場の変動に含まれる一定の方向性（＝確率過程でいうドリフト項）を見失うと，対応が遅れて運営困難に陥る．近年，アメリカの州や郡・市の職員のための年金制度の財政に懸念が示されているが，予定利率の引き下げが経済や金融資本市場の変化におくれを取ってしまったことが原因の1つと考えられる．しかし，私たちは短期の変動を取り除いて方向性のみを取り出し，事前に対処する方法を知らない．唯一の方法が，過去の一定期間の実績を平均すること等により変動を排除する方法である．企業年金の積立基準では積立金の評価や予定利率の設定にこの方法が用いられている．しかし，この方法には真の評価を覆い隠すものといった否定的な指摘もある．

　退職給付に係る新会計基準は2000年（平成12年）に導入された．その後，数

次の改定を経て現在では，割引率は評価日現在の債券の市場金利に基づくことや，積立金は評価日現在の時価を用いるなど，積立基準に比べると時価主義の影響を色濃く反映している．費用処理においては，遅延認識（一定の期間にわたり当期の発生額を翌期以降に分割して認識すること）や，連結決算での包括利益における組み換え処理等，一定の平滑化措置が組み込まれているが，事業主にとっては確定給付型の企業年金を維持することが財務上のリスクと認識されやすく，確定給付型の企業年金が後退する一要因とも考えられている．結果として，事業主は労働者に対する長期間の給付約束にコミットすることが難しい時代になっている．

3.2　「リスク共有」という考え方

⑴　「リスク」「リスク共有」とは何か

前記3.1項では金融資本市場の変動を中心に，企業年金がさらされるリスクの現状を確認したが，ここではまず，「リスク」について掘り下げて考えたい．

「リスク」とは，ある事象が組織，構成員，関係者の利害に影響を与える不確実性のことをいう．企業年金に着目した場合，その事象とは，主に投資（金融資本市場の変動），長寿（平均余命の変化および自身の寿命の不確実性），金利（の変動），インフレの4つのリスクに整理できる．

顕在化したリスクの影響を受ける局面を企業年金の加入者の立場で考えた場合，積立段階，引退時点，および年金受給中の3つに分けることができる．このような整理は，米国アクチュアリー会によるものである．日本の企業年金にあてはめた場合，終身年金を提供する制度は少数派であること，インフレによる額改定の仕組みを備えていないことなどにより，本章では検討の対象を投資リスクと金利リスクの2つに絞った．

前述のとおり，企業年金を提供する事業主あるいは企業年金の加入者・受給者のいずれかに投資リスクや金利リスクを一方的に負わせることは，近年の金融資本市場の変動に照らすと過酷であろう．そうであるならば，これらのリスクを事業主，加入者，受給者の間で共有することを考えられないであろうか．

「リスク共有」とは，リスクが顕在化した際に関係者間でその影響を共有することであり，その1つの方法が再分配である．「再分配」とは，顕在化したリスクについて，関係者間で顕在化したリスクの帰属関係を変更することであ

る．例えば，確定給付型の企業年金において積立金の運用収益の変動というリスクは事業主に帰属するが，その一部を加入者・受給者に再分配することにより，負担や給付の安定性を一定程度確保しつつ，制度の持続可能性を高める効果が期待できるのではないだろうか．

　このような考え方に基づき，次節においてリスク共有型の企業年金を設計し，その効果を検証した後，導入にあたっての課題等を検討する．なお，2017年（平成29年）1月から確定給付企業年金制度に新たに導入された「リスク分担型企業年金」は，本章で検討するリスク共有制度の一形態と整理できる．

⑵　従来型の企業年金とリスク共有制度との比較

　従来型の企業年金は，確定給付（DB）制度と確定拠出（DC）制度に大別される．この2つの制度の特徴を理解するために，図表を用いて説明する．なお，ここではわかりやすさのために簡略化した図を使用している．実際の設計は後述するが，これとは若干異なることに留意いただきたい．

　まず，確定給付（DB）制度であるが，図表4-7のとおり図示できる．

　このグラフは，横軸が積立金の水準，縦軸が掛金や給付の水準をイメージしている（以下のグラフも同様）．それぞれに「事業主・加入者が期待する水準」がある．確定給付制度の財政計画が適正であれば，積立金は期待する水準を達成し，その結果，掛金は当初設定した水準どおりに推移することが期待される．グラフの背景に影がついているが，適正な財政計画のもとで最もありうる積立金の水準が期待水準であるため，その近辺を色濃くしている．

　確定給付（DB）制度は，給付は常に一定（財政状態によらず規約に定める給付を提供）であり，財政状態により積立金が期待を下回った場合（期待水準の左側）には掛金を期待水準よりも引き上げる必要がある（右側はその逆）．グラフの給付（実線）と掛金（点線）は，そのことを表している．

　なお，確定給付型の制度設計の1つにキャッシュバランス制度がある．キャッシュバランス制度は，給付の設計において各加入者に仮想的な勘定を設定する．この勘定は，現役期間中の仮想的な拠出（拠出クレジット）と仮想的な利息（利息クレジット）により増大し，退職後の給付の原資となる．仮に利息クレジットを各時点の金利（国債の発行利回り）とすれば，金利リスクは給付に反映され，加入者が負うことになる．このように，一口に確定給付（DB）制

図表 4-7　確定給付（DB）型の企業年金の概念

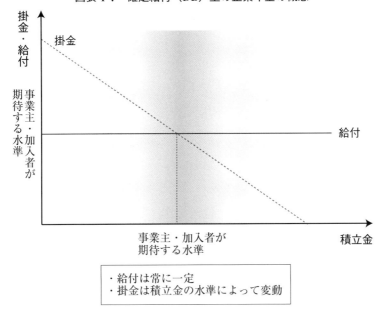

・給付は常に一定
・掛金は積立金の水準によって変動

度といっても，設計次第では，一部のリスクを加入者に転嫁することによる「リスク共有」を組み込む余地があることを指摘しておく．

　次に，確定拠出（DC）制度であるが，図表 4-8 のとおり図示される．

　確定拠出（DC）制度においても，「想定利回り」という用語に象徴されるように，事業主は加入者に提供すべき給付の水準を意識し，「想定利回り」で運用できたと仮定して必要な掛金を設定する．または確定拠出年金法による拠出限度額から「想定利回り」で運用できた場合の給付を見積り，従来提供していた退職金と調整する，といった対応が考えられる．したがって確定給付制度ほど明確ではないが，事業主や加入者が期待する積立金や給付の水準が存在する．

　グラフのとおり，確定拠出制度における掛金は常に一定であり，積立金が期待を下回った（上回った）場合には，それに応じて給付も期待を下回る（上回る）．グラフの給付（実線）と掛金（点線）は，確定給付（DB）制度と対照的であることがわかる．

　さて，本節で扱うリスク共有制度の場合には，積立金と掛金・給付との関係は図表 4-9 のグラフのとおり，若干複雑になる．

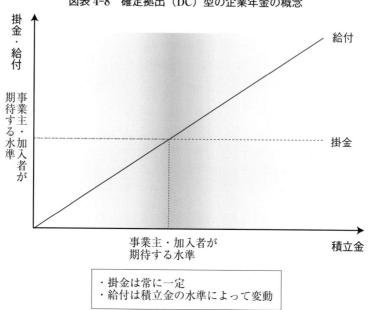

図表4-8　確定拠出（DC）型の企業年金の概念

・掛金は常に一定
・給付は積立金の水準によって変動

　まず，積立金や掛金・給付に関する事業主・加入者が期待する水準は，確定給付制度と同様に設定される．次に，積立金の水準に下限（下限積立水準）と上限（上限積立水準）を設定する．例えば，それぞれ期待水準の105％，130％とする．これらの数字は，後述するオランダの制度の例を参考にしている．

　積立金の水準がこの幅に収まっている場合には，掛金・給付ともに当初設定した水準からの変更はない．積立金が下限と上限の間に収まらなくなった場合に，過不足額を掛金と給付の両方で調整することになる．積立金の水準が下限を下回った場合，あらかじめ定めたルールにより不足額を事業主と加入者・年金受給者に再分配し，事業主は掛金を引き上げ，加入者・年金受給者は給付を引き下げることにより，それぞれの分配額に対応する．積立金が上限を上回った場合の剰余の再分配も同様に対応する．重要なことは，どちらかが一方的に過不足額の全額に対処するのではなく，これらを共有することにより影響が和らげられるということである．

　期待水準を上回る105％に下限水準を設定してリスク共有を開始すること，および期待水準の130％の上限水準に達するまでは剰余があっても掛金と給付

図表 4-9 リスク共有型の企業年金の概念

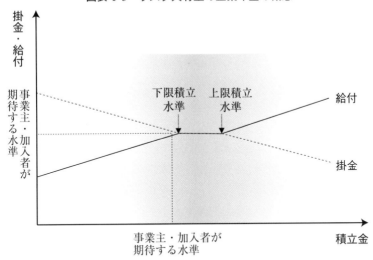

・積立水準の下限と上限を決める
・積立金が下限と上限の間に収まらなくなった場合，過不足分を
　掛金と給付の両方で調整する

を変更しないという緩衝地帯（バッファー）を設けることで，給付と掛金の安定性を確保する効果が期待される．

　最後に，2017年（平成29年）1月から確定給付企業年金に導入された「リスク分担型企業年金」について図表 4-10 により解説する．

　リスク分担型企業年金の場合，掛金は原則として一定である．まず，先ほどのバッファーに似た「財政悪化リスク相当額」を算出する．これは，積立金の運用収益の変動や予定利率の変更によって発生すると見込まれる追加債務（不足額）のことであり，具体的な算出方法は政省令に示されている．リスク共有制度と異なるのは，積立金が財政悪化リスク相当額の範囲を超えた場合，原則として給付のみが調整されることである．これだけでは，事業主がリスクを分担していないように思えるが，事業主は労使合意により，通常の掛金に加えて，財政悪化リスク相当額の全部または一部を手当てするための追加掛金を負担することで，リスクを分担する．この追加負担は原則として当初のみの対応となり，追加負担を含めて事業主の掛金負担は固定される．したがって，リスク分担型企業年金は企業会計基準では原則として確定拠出制度として扱われる．

図表4-10　リスク分担型の企業年金の概念

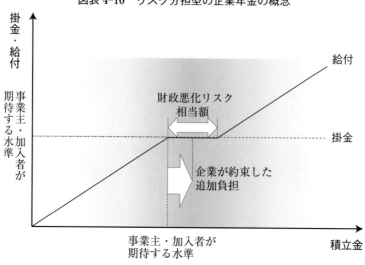

・掛金は一定が原則
・給付は積立金の水準によって変動
・事業主は財政悪化リスク相当額以内の追加負担を予め約束

(3)　海外における企業年金改革の動向

　リスク共有という考え方は，海外においてさまざまなかたちで実施ないし検討されている．例としては，イギリスにおける目標建て（Defined Ambition：DA）職域年金制度の導入，カナダにおける目標給付プラン（Target Benefit Plan：TBP）の導入，オランダにおける職域年金制度の運営基準の検討等がある．さらに，アメリカ，スウェーデン，フランス，ドイツ等の国においても，さまざまなアプローチがなされている．ここでは，その一端を紹介するが，内容の詳細よりも「リスク共有」という考え方が国際的にも重視されていることを認識することが重要であろう．

　イギリスにおける企業年金改革の動向

　イギリス労働年金省は2013年11月，「将来世代のための職域年金の再構築について」という意見募集のための報告書を公表，イギリス議会はこれに対する意見を踏まえて改正法案を審議し，改正法は2015年3月3日に成立した．ただし，その後施行に必要な省令等の整備は中断している．

改正法の目的は，目標建て（Defined Ambition：DA）職域年金制度の導入である．DAとは従来の給付建て制度よりも事業主負担が軽く，従来の拠出建て制度よりも従業員に対する保障を強化したものである．具体例として，給付建ての柔軟化，拠出建ての保証機能の強化，および集団的DCがある．DA提案の背景としては，給付建て制度の急激な減少，適用除外制度の廃止，既存の拠出建て制度への厳しい評価，および大陸欧州の経験がある．

給付建ての柔軟化では，将来の受給権発生のみに限定して物価スライドの義務を外すことを前提に，①給付額が減少しない基礎的給付に加えて上乗せ給付を行う制度，②中途退職者への給付原資を拠出建て制度に自動移換，③支給開始年齢の変更（余命と連動した支給開始年齢），の3つが提案された．ただし，給付建ての柔軟化は支持が得られず，法制化が見送られた．

拠出建ての保証機能の強化では，①元本保証，②元利合計の保証，③保険の活用，および④年金所得積み上げ方式，が提案されている．④は拠出を2つに分け，据え置き年金の購入とリスク資産への合同運用に充てるものである．

集団的DCは，運用実績に応じて給付額を変動させるが資産運用は合同で行うオランダの制度にならったものであるが，事業主の拠出は一定であり，事業主は拠出には責任を持つが給付に責任を負わず，したがってバランスシート上のリスクもない制度である．イギリスの給付建て職域年金は物価スライド（インデクセーション）が義務づけられているが，集団的DC制度における給付調整では，財政状況によってインデクセーションを削減可能とする「条件付きインデクセーション」が想定されている．

カナダにおける企業年金改革の動向

カナダ政府は2014年4月，目標給付プラン（Target Benefit Plan：TBP）の導入を提案した．目的として掲げられているのは，持続可能性（環境変化に適応可能，掛金の変動が一定の許容範囲，効果的なリスク管理）と合理的な水準の給付の安全性である．対象は，連邦政府が規制当局となる民間企業，政府法人である．積立剰余・不足の状況に応じて給付と掛金を調整する，任意加入で効率的かつ持続可能，柔軟な制度である．連邦政府の提案だけでなく，州が所管する年金制度のための州による提案もある．

提案は，ガバナンスの枠組み，積立方針，掛金モデル，2層構造の給付，積立不足の回復計画，積立剰余の利用計画，情報開示の規定，制度終了時の規定，

の8項目から構成されている.

　ガバナンス（制度運営）の枠組みには，事業主，加入者の他，受給者や独立の学識経験者が組み込まれる．積立方針は，積立水準＝資産／（継続基準の債務＋下方乖離準備金）によるもの，および確率論的な給付保全テストによるものの2つの方法を想定している．ここで，下方乖離準備金は前述のバッファーに似た役割を果たす．確率論的な給付保全テストとは，基礎給付と補足給付という2段構えの給付を設定し，各給付の保全確率の基準を規定するものである．例えば，基礎給付の保全確率を90％，補足給付を含めた給付の保全確率を75％に設定する.

　掛金は，事業主掛金を固定して従業員掛金を引き上げる方法，事業主掛金を可変とするが掛金引き上げのトリガーと引き上げ範囲を文書化する方法のいずれかが示されている．給付は2層構造となる．基礎給付と補足給付は両方とも削減できないわけではないが，基礎給付のほうが受給権保全の度合いが高く，削減する場合は補足給付から削減される.

　積立不足の場合の回復計画は，下方乖離準備金方式と確率テスト方式があり，それぞれトリガー，予定表，方策の内容と優先順位，達成すべき最低限の積立水準，承認のプロセスが定められる．剰余の利用計画も同様に文書化され，過去の基礎給付減額の回復，同補足給付の回復，補足給付の一時的改善等に充てられる.

　情報開示に関しては，DB制度の開示基準に加えて積立と給付のルール，回復計画や剰余の利用計画による変化，事前通知，基礎／補足給付の期待値の詳細等の開示が求められる．制度終了に関しては，終了のルールを明定する必要があるほか，監督者の判断により制度を終了させることができるとされている.

オランダにおける職域年金制度の動向

　オランダの積立基準はリスク・ベースであるが，FTKと言われる積立基準が2002年に提案され，2007年に導入された．FTKのポイントは，債務の市場整合的評価，リスク・ベース，透明性である．債務は評価日現在のイールド・カーブを用いて評価される．自己資本の保有基準にSCR（ソルベンシー資本要件）があり，1年後に積立水準105％（MCR：最低資本要件）をクリアする確率が97.5％となるように設定されており，標準的には125％の積立水準と言われていた．回復計画は，MCR＜積立水準＜SCRの場合には15年。積立水

準＜MCR の場合は 3 年が期間の上限となる．特徴的なのは，MCR を確保できない場合には，監督当局が給付の引き下げを命じることがある点である．

　その後，世界金融危機を経て，職域年金の脆弱さが顕在化したことを受けて基準の見直しが行われている．いくつかの委員会による見直しは，たんに積立基準の見直しにとどまらず，グランド・デザインの見直しを含むものとなっている．

　制度設計と持続可能性の面では，現行制度は脆弱性があり，給付水準の目標が高すぎると指摘された．例えば，長寿リスクに対しては，平均余命と給付水準または掛金拠出期間をリンクさせるか，加入者がより多くリスクを負担するようにすべき等の指摘である．

　また，リスク管理と運用戦略に関しては，①職域年金は実質上 CDC（Collective Defined Contribution：集団型確定拠出）であり，したがって問題はリスクを加入者・受給者集団へ割り当てる方法である，②事後的調整の事前合意やリスクの配分方法を備えていることを出発点として契約中に明示すべき等の指摘がなされた．

　2010年には，経済的ショックに耐えられるように年金契約を調整する際には積立基準も同時に見直す必要がある，ということが合意された．2011年の年金合意では，連帯の精神を基本として個人勘定の DC は否定され，可能なかぎり完備な契約（すべての可能性のある事態への対応をあらかじめ決めておく）が前提とされるとともに，新たな積立基準である FTK2 が提案された．

　FTK2は当初，年金の契約を 2 通りに分ける，すなわち，名目給付を約束している契約と実質ベースで約束している契約の 2 つに分類し，それぞれに対して異なった積立ルールを設けるという考え方だった．しかし，これは適用上困難な面があり，代わって2014年に新 FTK の提案がされたという経緯がある．

　2012年 9 月，DNB（オランダ中央銀行）は割引率に「究極フォワード・レート」を導入した．非常に低金利の状況で，イールド・カーブの長期の部分にこれを導入することによって，安定した評価を期待する発想があったと考えられる．2014年に公表された政府提案（新 FTK）は，割引率が12カ月平均，回復計画の期間が10年といった変更は盛り込まれているが，実質額ベースの契約がなくなった．105％を下回った場合，従来は 3 年で回復することが求められたが，金融危機の際に 5 年に延長，さらに今回10年に延長された．ただし，

100％を下回った場合には5年で償却することが求められる．究極フォワード・レートについては，過去20年間のフォワード・レートの平均を基礎に定めるものとされている．新FTKは2015年1月に施行された．

　以上のとおり，オランダの職域年金は一定の基準に基づくバッファーの確保を求めつつ，そもそもリスク共有をベースにした制度運営を行っていた．ただし，金融資本市場の変動に対応して，基準となる積立計画をいかに求めるかについて，苦労の跡がうかがわれる．

4　リスク共有制度の評価と課題

　これまで，「リスク共有」という機能を組み込んだ制度が，給付と掛金の安定性や制度の持続可能性という点で有意義であり，国際的にもさまざまな施策が実現ないし検討されていることを確認した．本節では，一定のモデルを設定したうえで，その効果をシミュレーションによって検証してみたい．

4.1　リスク共有機能を持つモデル制度の設計

⑴　設定したモデルの考え方
共有対象のリスクと共有する当事者の整理

　共有の対象とするリスクであるが，前述のとおり，日本の企業年金は，その歴史的経緯から，前述の4つのリスクのうち長寿リスクとインフレ・リスクをもともと負っていない（したがって，これらは個々人が負う）ことが多いという実態がある．このため，この2つのリスクは共有の対象となるリスクから除外し，金利リスクと投資リスクのみに着目した．

　企業年金にかかわるステークホルダーとしては，加入者・受給者等の個人，制度を提供する事業主，制度や税制を所管する国（政府），金融機関やコンサルタント等のサービス提供機関がある．このうち，リスクを共有する当事者としては，加入者・受給者等の個人と制度を提供する事業主に絞った．設計した制度の評価については，計量化の観点から，掛金の水準と安定性を制度提供事業主にとっての，また，給付の水準と安定性を加入者・受給者等の個人にとっての評価尺度とした．

制度設計の方針

前述のとおり，日本の企業年金においては，金利リスクはキャッシュバランス制度等を通じて，給付設計の段階で加入者・受給者に転嫁されるリスクとなりつつある．このことを踏まえ，比較の対象とする制度を，①確定拠出制度（DC 制度），②確定給付制度（DB 制度），および③キャッシュバランス制度（CB 制度）とし，これに CB 制度をベースとして投資リスクをステークホルダー間で再分配する制度として，④リスク共有制度を設計し，その影響を計測することが妥当と判断した．以下，設計方針と制度間の相互関係を説明する．

モデルの詳細

ⅰ）加入者・受給者の年齢構成

評価対象となる加入者・受給者の集団は，シミュレーションの全期間にわたり，定常的な年齢構成とする．加入者は年齢20歳から64歳まで加入し，65歳から79歳まで年金を受給する（年金の支給期間は15年）．死亡は想定せず，加入者については中途退職も想定していない．したがって，定常人口は年齢20歳から79歳までの各年齢に加入者または年金受給者が各1名存在するという単純なものである．

対象とするすべての制度は，同一の給与を基準とした設計を採用する．給与は，同一時点においては全加入者同額とし，その実質価値は加入者1人当たり「1」とする．また，経年的な昇給率とインフレ率とは同一とする．

ⅱ）各制度の設定

制度間の比較を行う必要上，制度の規模をあわせる必要がある．まず，DB制度を基準として，引退時の給付原資を65歳時（支給開始時）において以後15年間にわたり毎年1の確定年金を支払う制度とした．ただし，想定する確定年金は，支給開始時の年金額の実質価値を1とし，支給開始後の年金額は名目価値で一定とした．これは，日本の職域年金制度の標準的な設計を反映したものである．

DB 制度以外の制度では，標準掛金を65歳時に DB 制度と同一の給付原資を積み立てるために必要な水準とした．この時，必要な掛金の計算に使用する利率が予定利率であるが，10年国債の発行利回りの期待値（実質値）を用い，平準的な積立を行うものとした（この点，名目値を想定した日本の企業年金の数理実務とは異なる）．標準掛金は，すべての制度で共通となる．

　CB制度やCB制度をもとにしたリスク共有制度では，仮想勘定を設定する必要がある．拠出クレジットは，標準掛金と同一とする．また，利息クレジットを算出するための基準となる利率は，10年国債の発行利回りとする．

　次に年金の支払い方法であるが，DB制度は前述のとおり，65歳の支給開始時に実質1の年金を名目額で固定して15年確定年金として支給するものとした．一方，それ以外の制度に関しては，支給開始時の給付原資を15等分し，分割した各原資に支給時までの利息を付けた額を各期の年金額とした．この場合の利息として，DC制度は実際の運用利回り（手数料控除後）を適用することとした．また，CB制度とリスク共有制度（後述の給付調整前）の年金額には，各年の国債の発行利回りを用いることとした．

(2)　財政運営とリスク共有の概要

財政運営

　年金財政は，基本的に実質ベースで整理する．予定利率を10年国債の実質金利を基準として設定し，65歳までの45年間で前記の年金支給に必要な給付原資を確保する掛金を標準掛金に設定する．

　DB制度の場合は，標準掛金を前提とした数理債務を積立基準とする．CB制度の場合も，数理債務を積立基準にすることは共通であるが，各加入者の数理債務が仮想勘定残高と一致する．シミュレーションの初期値となる数理債務は，想定した予定利率を用いて算出され，CB制度とリスク共有制度は同一となる．DB制度の数理債務は，中途退職を想定していないので加入者に関してはCB制度の仮想勘定残高と等しくなる．しかし，年金の支払いパターンが異なるため，年金受給者の数理債務は若干異なる（DB制度が若干低い）．

　当初の積立金は，DB制度，CB制度，リスク共有制度ともに，それぞれの数理債務と同額からスタートする．したがって，DB制度，CB制度に関してはフル・ファンディングの状態で，剰余・不足（および特別掛金）が存在しない．一方，リスク共有制度に関しては，トリガーとして設定した下限積立水準が数理債務より大きい場合には，初年度から後述するリスク共有の仕組みが発動することとなる．

　DC制度の積立金の初期値は，CB制度の数理債務と一致させる．DC制度の場合，各加入者・受給者に当初の積立金を割り当てる必要があるが，それは

CB制度における勘定残高と同じとした.

　DB制度とCB制度に関しては,シミュレーション期間中の積立基準に対する期末の不足金(数理債務から積立金を控除した額)について,翌期初に一定割合(例:0.2*)を乗じた額を特別掛金として拠出することで償却する(「*」はモデルにおけるデフォルト値である(以下同じ)).特別掛金は,毎年度洗い替える.すなわち,その翌年度も不足金があれば,改めて算出された不足金の一定割合を拠出する.剰余金が発生した場合,特別掛金はゼロとなるが,標準掛金は継続して拠出することとする.ただし,積立金が数理債務の一定率(θ:150%)を超える場合には,標準掛金の拠出も停止する.これは,日本の企業年金における積立規制を意識したものである.

　積立金の評価は時価による.積立金の運用に関しては,後述の資産配分戦略を適用する.採用された資産配分は,シミュレーションの全期間を通じて不変とし,毎年リバランスを行う.手数料は運用収益から控除するものとし,日本における実勢を考慮し,積立金に対する比率としてDC制度は1.5%*,DC制度以外は0.5%*と設定した.

　なお,世代間のリスク調整の観点から,制度は一時金ではなく年金を支給するものとする.これは,一時金として支給してしまうと年金制度の枠から外れてしまうため,加入者と年金受給者との間のリスク共有という概念が建てられなくなるためである.また,一時金による清算を経て個人が年金制度の枠外で引退期間の給付を受け取ろうとする場合には,そのリスクの計測が困難となるため,総合的な評価ができないという難点もある.しかし,この想定は退職一時金制度を淵源とする日本の企業年金制度のあり方(年金に替えて一時金を受給することを認める)に合致していないことには留意しておく必要がある.

リスク共有

　リスク共有制度に関しては,CB制度を基準としつつも,リスク共有の仕組みを組み込む.リスクを共有するステークホルダーとして想定するのは,事業主,加入者,および年金受給者の3者とする.

　まず,リスク共有の仕組みを発動するトリガーとなる積立水準を設定する.トリガーは,不足金への対応を発動する下限積立水準と,剰余金の処理を発動する上限積立水準の2つを想定し,それぞれ数理債務に対する一定比率として設定する.例えば,下限積立水準を数理債務の105%*,上限積立水準を数理

債務の130％＊といった具合である．積立金が下限積立水準を下回った場合や
上限積立水準を上回った場合には，不足金，剰余金に対してステークホルダー
間の共有を組み込んだ処理方法を設定する．

　不足金（＝下限積立水準－積立金）に関しては，これを解消する手立てが必
要となる．まず，不足金を事業主と加入者・受給者とに再分配することとして，
両者への割合を設定する．例えば，50％：50％＊とした場合，事業主には不足
金の50％が分配され，その一定割合を特別掛金として追加拠出する．不足金の
残りの50％は，加入者・受給者に分配される．ただし，その際に加入者と受給
者との間でリスク共有の仕組みを組み込む．例えば，分配された不足金のうち
受給者に帰属する部分の50％＊を加入者に移転することとすると，受給者には
帰属する不足金の50％が分配される．一方，加入者は，加入者に帰属する不足
金に受給者から移転を受けた不足金（受給者分の50％）を加えた額が分配され
る．加入者・受給者の翌年度の給付は，それぞれ分配された額の数理債務に対
する割合だけ，本来の給付から削減される（ただし，加入者の場合，給付を削
減してもただちにキャッシュ・フローに反映されるわけではない）．

　剰余金（＝積立金－上限積立水準）は，事業主と加入者・受給者間で分配す
る．事業主に対する分配対象額は剰余金の一定割合とするが，その割合は不足
金の分配と同一とする．事業主は分配対象額をただちに受け取るのではなく，
積立金から分配対象額の一定割合に相当する額の返還を受けるものとする．こ
の一定割合は，不足金の償却割合と同一とする．加入者・受給者に割り当てら
れる額については，不足金と同様の方法により，翌年度の給付額の増額に充て
られる．なお，DB制度とCB制度においては積立金が数理債務の150％を上
回った場合に標準掛金の拠出を停止したが，リスク共有制度ではこの取り扱い
を想定しない．

　上下限やステークホルダー間の再分配ルールは，シミュレーションの期間を
通じて固定する．また，各年の剰余金・不足金は，常に調整前のCB制度の数
理債務に基づき算出し，前年度における給付調整（増額・減額）は当年度に繰
り越さない．

(3)　パラメータの設定

　以上の制度設計，制度運営に基づき，モンテカルロ・シミュレーションによ

図表 4-11　期待収益率・標準偏差・相関係数行列

	国内株式	国内債券	外国株式	外国債券	短期資産	インフレ率	10年国債
期待収益率	6.0%	3.4%	6.4%	3.7%	1.1%	2.8%	3.4%
標準偏差	25.1%	4.7%	27.3%	12.6%	0.5%	1.9%	1.5%
相関係数	国内株式	国内債券	外国株式	外国債券	短期資産	インフレ率	10年国債
国内株式	1.00	− 0.16	0.64	0.04	− 0.10	0.12	− 0.10
国内債券	− 0.16	1.00	0.09	0.25	0.12	0.18	0.12
外国株式	0.64	0.09	1.00	0.57	− 0.14	0.10	− 0.14
外国債券	0.04	0.25	0.57	1.00	− 0.15	0.07	− 0.15
短期資産	− 0.10	0.12	− 0.14	− 0.15	1.00	0.35	1.00
インフレ率	0.12	0.18	0.10	0.07	0.35	1.00	0.35
10年国債	− 0.10	0.12	− 0.14	− 0.15	1.00	0.35	1.00

図表 4-12　想定したポートフォリオ

	国内株式	国内債券	外国株式	外国債券	株式：債券
ポートフォリオ a	25%	35%	25%	15%	5：5
ポートフォリオ b	5%	55%	5%	35%	1：9

る数値分析により，DB 制度，DC 制度，および CB 制度との比較を通じてリスク共有制度の特徴を明らかにする．設定したパラメータは次のとおりである．

　シミュレーション期間は100年とし，シミュレーションの結果が安定化するまでの当初40年間は分析の対象から除外した．

　モンテカルロ・シミュレーションを行うために，資産区分（国内株式，国内債券，外国株式，外国債券，キャッシュ）ごとの名目リターン，指標金利となる長期債の利回り，インフレ率に対する乱数系列を生成する．乱数系列は，簡明で年度によらない定常的モデルによる．

　分析に用いる期待収益率・標準偏差・相関係数行列は図表 4-11 のとおりであるが，基本的には年金積立金管理運用独立行政法人（GPIF）が基本ポートフォリオを策定した際に用いたパラメータをベースに若干の加工を施している．

　想定したポートフォリオは図表 4-12 のとおりで，各制度共通である．

4.2　分析および評価

　分析にはモンテカルロ・シミュレーション（100年分を10,000回試行）を用いた．評価は試行ごとの時系列（41年目から100年目まで60年分）の平均と裾指標（下位 5 ％の結果の平均）を算出したうえで，さらに全試行の結果について平均と裾指標を算出した．給付と掛金の水準には平均を，安定性には裾指標

を用いて評価した.

　分析は，①リスク共有のためのパラメータをデフォルトで設定した基本分析，②同パラメータの感度分析，③手数料の水準が結果に与える影響分析，④設定したモデルを過去20年間の実績に適用したバックテストである.

(1)　基本分析

　基本分析では，まず，シミュレーションの前提のもとでは，DC制度の給付の安定性は，かなり劣後すると評価された．他の制度は，給付の変動を緩和する制度と評価できる．DC制度で一番問題になるのは投資のスキルのない者に投資をさせることであるが，シミュレーションではこれを評価していない．リスク共有制度やCB制度は，DC制度ほどではないがDB制度に比べると給付は安定しない．これは投資リスクや金利リスクを加入者・受給者に負わせた結果である.

　掛金に関しては，DC制度は一定なので最も安定している．DB制度，CB制度，リスク共有制度は安定性においてDC制度に劣後する．ただし，リスク共有制度は，DB制度やCB制度よりも安定性において優れている.

　リスク共有制度は，DB制度やCB制度に対して給付と掛金の安定性という点でリスク共有の仕組みが機能していると評価でき，したがって制度の持続可能性を高める効果が期待され，一定の意義が認められる．図表4-13は，基本分析として，株式：債券＝5：5のポートフォリオaの場合のシミュレーション結果を図示したものであるが，以上の分析結果が確認できる.

　このグラフは，横軸を裾指標，縦軸を平均として，掛金と給付のシミュレーション結果を示している．掛金は平均および裾指標（最も増大した場合の想定値）が小さいほど好ましく，給付は平均および裾指標（最も削減された場合の想定値）が大きいほど好ましい.

(2)　パラメータの感度分析

　リスク共有制度においては，リスク共有のためのさまざまなパラメータを設定した．これらのパラメータに関する感度分析の結果は，次のとおりである.

　まず，掛金の引き上げ（給付の減額）や積立金の返還（給付の増額）のトリガーとなる下限積立水準と上限積立水準を設けた．このうち，下限を引き上げると，掛金に関する水準の低下および安定性の低下が見られた．一方，上限を

図表 4-13　各制度の給付と掛金の比較（基本ケース）

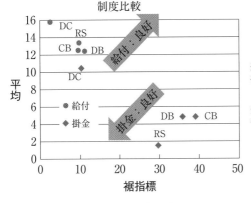

【平均】
給付：DB≒CB<RS<DC
掛金：RS≪DB≒CB≪DC

【裾指標】
給付：DC≪RS≒CB<DB
掛金：DC≪RS<DB<CB

DC：DC（拠出建て）制度
DB：DB（給付建て）制度
CB：CB（キャッシュバランス）制度
RS：リスク共有制度

引き上げた場合，給付や掛金に対する影響はそれほど顕著ではなかった．

　不足・剰余の事業主への分配割合は，事業主と加入者・受給者との間でトレードオフの関係になる．したがって，割合を大きくすれば給付は安定し，掛金は不安定となる．

　不足・剰余の償却割合の感応度に関しては，大きいほうが給付の安定性は向上する．一方，掛金に関しては，償却割合が大きければ特別掛金の変動が大きくなる．また，償却割合は給付よりも掛金に対する影響が顕著であった．

　不足・剰余の受給者持分に対して実際に受給者に分配する割合に関しては，受給者への分配割合が増加するにつれて給付の安定性は低下する．掛金に関しては，受給者への分配割合が大きくなるにつれて安定する．

　以上を勘案すると，リスク共有制度のパラメータの設定を含めた制度運営のあり方に関しては，これらの特徴を踏まえたうえで，専門家の分析と中立的な助言に基づいて意思決定することが重要と考えられる．

(3)　手数料の水準が結果に与える影響

　年金制度の運営にとって手数料の水準は重要であること，なかでも DC 制度の給付は手数料水準に敏感に反応することから，運用機関・運用商品の選定に

あたり手数料の水準は重要なポイントとなりうることが確認できた．

⑷　過去20年間の実績によるバックテスト

　最後に，設定したモデルが過去に存在した場合を想定し，過去の実績を使用してシミュレーションを行う，バックテストの結果を検証した．バックテストに使用した期間である1995年から2015年は，総じて賃金デフレかつ低金利の経済であったこと，特に外国証券の投資パフォーマンスが良好であったこと等が特徴的である．この期間の実績を適用したことで，① DC制度の給付水準の変動は引退時期が異なる世代間の格差として無視できない問題となりうる，②支給開始後の年金額を名目額で固定する DB制度は実質値で見ると価値が上昇してしまう，③ CB制度やリスク共有制度は逆に給付の価値が年をおうごとに低下する等の結果が確認できる．これらは，それぞれの制度の特徴故の結果であるが，制度設計に組み込まれた効果にも留意すべきことを示している．

4.3　リスク共有制度の課題

⑴　「リスク共有」を実現させるための条件

　日本の主たる企業年金は，確定給付企業年金法と確定拠出年金法に基づいている．確定拠出年金では加入者が投資リスクを負うが，確定給付企業年金でも，CB制度により金利リスク等を加入者に負わせることができる．一方，2017年（平成29年）1月より，従来の財政運営に加えて「リスク対応掛金」が導入され，「柔軟で弾力的な給付設計」としてリスク分担型企業年金の導入が可能となった．リスク分担型企業年金は，本章で分析したリスク共有制度の一形態とも整理できる．

　このような新機軸がどの程度浸透するかは，執筆時点では不明である．事業主と加入者・受給者間のリスク共有という概念は，世代間のリスク再分配に関する社会的な選好の問題と通じる面がある．例えば，個人は公的年金における世代間の所得再分配の延長上で私的年金における再分配を受け入れられるか，という問題である．

　すでに指摘したように，確定拠出年金は運用のパフォーマンスに依存するため，世代内・世代間で給付の格差が発生し，また，給付の安定性という点で問題がある．しかし，被用者年金の被保険者（サラリーマン）の場合，基礎年金

と厚生年金との合計で安定した老後の収入が提供されている．公的年金を補完ないし上乗せする私的年金の給付が安定しているに越したことはないが，個人が公的年金と同様の安定性を志向するかは断定できないであろう．私的年金における再分配を好まない個人にとっては，私的年金が提供されていることこそが重要であり，その形態はそれほど重要でないかもしれない．

　世代間のリスク共有の選好を考察する場合，実験経済学による知見が参考となるかもしれない．それによれば，最貧者への安全網を組み合わせた功利主義が支持を得る可能性が高いとされる．つまり，自身が最貧者となった場合の最低限の安全網を確保しつつ，それ以上の再分配は社会全体の厚生に資する範囲にとどめるという考え方であろう．ただし，その場合にも，再分配に対する説明責任，相応性，帰属意識等がポイントになる．さらに企業年金にとっては，近年の労働市場の流動性の高まりは企業に対する帰属意識を薄め連帯への支持を弱める等，難しい課題が存在する．

　これらの問題に対処しなければ，私的年金制度における「リスク共有」の概念は限定的にしか浸透しないと考えられる．「リスク共有」の概念が受け入れられるためには，私的年金制度が従来にも増して公共性を備えることが条件となるであろう．

(2)　リスク共有制度をめぐる今後の政策課題

　最後に，リスク対応掛金やリスク分担型企業年金の導入を踏まえ，現在の企業年金法制にとっての当面の課題を掲げて，本節を締め括りたい．

　第1に，リスク分担型企業年金の導入を含む確定給付企業年金の設計基準の変更により，DB法第1条（目的）にいう「事業主が従業員と給付の内容を約し」との関連において，理念の整理が必要と考えられる．つまり，場合によっては規約に定めた給付が変動するリスク分担型企業年金の導入により，「給付の内容を約し」の意味が変質してしまったことへの整理である．企業年金部会において「イコール・フッティング」（DB制度とDC制度との基盤をそろえるという考え方）の議論がなされているが，この際，企業年金2法（確定給付企業年金法と確定拠出年金法）の一体化は検討に値する大きな課題ととらえるべきと考える．

　第2に，リスク分担型企業年金における債務評価は，給付調整のトリガーや

不利益変更の判定基準に用いられる一方，掛金が原則固定されるという点では積立規律に使用されるという面が弱くなっている．特に，財政方式を特定しないとされる財政運営は，年金数理が従来の延長上で考えられなくなっていることを意味している．このことに伴う，さまざまな数理的な課題を再整理する必要がある．

第3に，リスク共有の概念導入にあたっては，日本の企業年金制度で普及している年金給付に替わる一時金の選択の問題がある．リスク共有制度は年金受給者等の給付の調整を伴うものであり，一時金の選択は同制度に馴染まない．税制の変更によって年金受給に強いインセンティブを与える等，企業年金制度に引退後の生活を保障する機能を全うさせる政策を選択するなら，リスク共有制度の導入はきわめて有意義な提案となりうる．

また，リスク共有制度の導入・運営には，確かな理解とそれに基づく精緻な設計および運営が必須であり，年金数理人をはじめとする専門家の助言等が不可欠かつおおいに貢献するであろう．

追記：
　本研究のシミュレーションによる分析の部分を国際アクチュアリー会の学術セクションである Pensions, Benefits and Social Security Section（PBSS）に投稿し，平成28年6月にカナダ・セントジョーンズで開催された PBSS コロキウムで発表したところ，同コロキウムにおける最優秀学術論文賞受賞の栄に浴することができた．以下が，表彰状である．

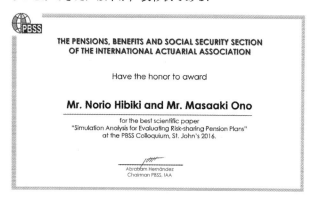

もちろん，本章は冒頭に述べた2つの研究プロジェクトの報告書を加筆・変更しているため，文責は筆者本人のみに帰属することをお断りしておく．

第5章

年金制度と税制

宮島　洋

要　旨

　社会保障制度と税制の関連と言えば，社会保障財源としての税という理解が一般的であるが，税制との関連は実ははるかに多面的である．

　社会保障財源の税とは，公費負担の基本財源としての税を意味するが，公費負担とは財政制度（国一般会計等）の支出（経費）にほかならない．財政健全化に向け，公費負担に見合う税収の確保が要請される所以である．今日，社会保障財源の税としては消費税に焦点が絞られているが，一般売上税の歴史やわが国消費税の現状を考察するかぎり，EUの付加価値税に匹敵する基幹税の地位を消費税に期待するのは難しいと考えられる．

　年金所得税や消費税の課税強化が進む今日では，課税対象としての社会保障給付という視点も不可欠である．受給年金への所得税・社会保険料の賦課，そして，可処分年金の支出への消費課税が受給年金の実質購買力や年金支給費用の実質負担を左右するからである．マクロ給付水準の本来の国際比較には給付課税を考慮しなければならない．

　年金制度の公共性や税制の公平性という観点からは，拠出から受給に至る年金税制が主要論点となるが，強制加入・賦課方式の公的年金と，任意加入・積立方式の企業年金とを同じ基準では論じられない．争点は今後の普及・充実が特に期待される企業年金の税制であり，所得税と支出税の貯蓄税制を基準とした整合的な奨励税制の整備が必要である．具体的には，第1段階の措置として，特別法人税の廃止と支出税方式の採用にあわせて，現役世代の二重負担問題を考慮し，退職金制度の年金制度への転換を促すための退職所得税制の大幅見直しを論じている．

　最後に，社会保障制度と税制に関して，間接的ではあるが重要な関連を取り上げる．社会保障分野には公平や公正の観点から所得を基準にした保険料・自己負担や受給制限の仕組みが数多く制度化されているが，その「基準所得」が税制上の所得概念や所得把握に依拠していることである．特に厚生年金・国民年金の別建て公的年金制度の原因となった事業所得の問題には，給与所得との概念の相違や番号制でも是正できない把握率格差等，なお解消困難な異質性が残されていることに留意すべきである．

1　問題提起——「社会保障・税一体改革」を超えて

1.1　社会保障制度と税制の多面的関連

　「社会保障・税一体改革」の核心は，社会保障の充実・安定化と財政健全化を同時に達成するための安定財源として消費税の税率を引き上げることにあった．ここに典型的に見られるように，社会保障制度と税制との関連と言えば，要するに，社会保障財源としての税（租税収入）というとらえ方にほかならない．

　ただし，「社会保障財源としての税」という表現には，次のような説明を加える必要がある．社会保障制度における主要財源のうちの公費負担すなわち財政制度における財政支出（経費）の基本財源としての租税である，と．「一体改革」での年金制度の主要な課題に対応させれば，基礎年金の国庫負担割合2分の1をまかなう安定的で恒久的な税財源を確保することであった．

　「一体改革」において財政の健全化との両立に向け，社会保障の安定的な税財源の確保に最も高い政策優先度がおかれたことは理解できる．1990年代以降，一方で世界的にも異例なほどのスピードで社会の高齢化が進み，他方ではバブル崩壊による長期不況から財政収支の大幅な悪化が続いてきたからである．

　しかし，社会保障制度と税制との関連を幅広い視点から吟味すれば，両者の関連は実に多面的であり，それぞれが重要な検討課題であることがわかる．例えば，社会保障の財源とされる課税ではなく，課税対象としての社会保障給付という側面，拠出・運用・給付の各段階における課税上の取り扱いという年金税制の側面，社会保障負担・給付の公平配分基準とされる「所得」の税制や税務行政への依拠という側面などである．

社会保障の充実・安定化を図るには，税制との関連を「財源」という一面的なとらえ方に絞った「一体改革」を超え，以下に示すような，主要な論点や視点を提示する多面的なとらえ方を踏まえ，社会保障制度と税制のさらなる改善努力を積み重ねる必要がある．

1.2 多面的関連の主要な論点

第1の財源面での租税の論点は，租税一般ではなく，消費税という特定の税目に対象が絞られていること，そして，その税率引き上げが予定どおりには実現していないことである．そうした状況の背景を探るには，社会保障財源の適性と強調されている税収の安定性や負担の世代間公平と表裏一体の問題点，加えてEUとの税率の国際比較から醸成された消費税率引き上げへの楽観論などを吟味する必要がある．根本的には，一般に付加価値税と呼ばれる一般売上税について，EUでの税制発展史と対比した，わが国における消費税の沿革と現状の特異性に注目しなければならない．

第2の給付課税面での租税の論点は，給付水準や給付支出額の把握・比較において税込み概念と税抜き概念とを区別しなければならないことである．国際的にも年金課税が強化されるなかでは，受給者にとっては税負担分だけ課税後の給付は減少し，政府にとっては税収分だけ費用負担が減少することになる．したがって，実質的な年金の購買力や政府の費用負担を把握・比較するには，所得課税や消費課税の影響を織り込んだ税抜き概念で年金給付を把握する必要がある．給付課税を考慮すれば，年金給付水準の国際比較，さらには社会保障制度の国際比較において定説を覆す新たな知見が得られるのである．

第3の年金税制面での租税の論点では，まず，所得税と支出税という個人課税の基準税制の選択が基本的な論点になること，また，強制加入・賦課方式（世代間扶養型）の公的年金と任意加入・積立方式の企業年金とを税制論では明確に区別することが重要な点である．そのうえで，今日の企業年金の拠出・運用・給付段階での奨励税制に整合性が欠けている実態を分析し，公的年金の補完年金であるにふさわしい企業年金の制度設計とそれに対応する奨励税制の仕組みを論じる．その際に強調するのは，同時に退職所得（退職一時金）税制の大幅な見直しが不可欠になることである．

第4の負担・給付の公平確保面での租税の論点である．負担の所得比例や給

付の所得制限などの，所得が低いほど負担は軽く，給付は手厚くという再分配の公平性を確保する際には，一般に，基準となる所得を税制上の「所得」に求めている．所得の税制上の概念が的確で，実際に正確な測定・把握が可能であるならば，税制上の所得の多寡を負担割合や受給制限の判定基準とするのは合理的ではあるのだが，実際には測定・把握されているとは言いがたい．この税制との関連はあまり取り上げられることのない論点であり，次項で改めて説明したい．

1.3　税制・税務に依拠する社会保障制度

社会保障制度と税制との関連で，軽視されがちな側面として，特に気になるのが，前項で触れたように，社会保障の制度・行政の的確性や公平性を左右する「所得概念」や「所得測定」を基本的に税制・税務行政に依拠していることである．なるほど，社会保障関係機関が独自に調査・把握するより，強制力に裏づけられた税制・税務行政に依拠するほうが信頼性は高く，コストの面でも効率的と考えられる．

そこで問われるのが，税制や税務行政の実態である．わが国の公的年金制度が被用者を対象とする厚生年金と自営業者等を対象とする国民年金とに分かれている仕組みに対しては，不公平ないし不平等という批判がある．問題は，就業形態の違いによる所得種類・内容の違い，つまり，給与所得と事業所得の違いに対して，所得概念を定める税制および所得把握・徴税を担う税務行政が実際に平等かつ公平に扱えるか否かである．

また，前述した，所得の多寡を基準にした保険料負担や自己負担，受給制限という公平確保の制度は，医療保険や介護保険ではより重要であるが，年金分野でも国民年金の保険料免除等が同様の仕組みで判定されている．その際，多くの種類の所得を合算した合計所得が基準となるため，また多くの場合に，地方個人住民税での所得が用いられるため，地方税を含めた，税制と税務行政の実態がさらに問われることになる．

以上のような論点を踏まえて，注目されているのが，「一体改革」に付随して実現した「マイナンバー（社会保障・税番号）」の導入にほかならない．社会保障や税制の行政効率だけでなく，所得の把握も格段に改善されると一般に期待されているからである．しかし，「番号」だけでは所得は把握できない．

番号を記載する法定調書（支払調書や源泉徴収票）があって初めて所得把握の資料が得られるのである．したがって，問題は，法定調書が実際に適用される取引や支払いの範囲ということになる．

「一体改革」で定められた消費税率引き上げに伴って，低所得者対策（逆進負担緩和策）が争点になったことは記憶に新しい．理念・理論だけの観点では，「飲食料品軽減税率」よりも，いわゆる「給付付き税額控除」のほうが優れているにしても，この特殊な税額控除の的確な制度化と執行を可能にする税制と税務行政を整備できるか否かが真の争点である．

2　社会保障財源の税——消費税を中心に

2.1　公費の基本財源としての税

社会保障制度を支える基本的な財源（収入）は，大別すれば公費負担と社会保険料である．公費負担とは国の一般会計や地方普通会計のような財政制度から社会保障制度への補助金すなわち経費（支出）であり，具体的には一般会計における社会保障関係費等および普通会計における民生費等にほかならない．したがって，社会保障財源の税とは，正確には，公費負担イコール財政支出の基本財源としての税と言うべきである．

わが国の2014年度実績の社会保障財源を主要制度別に見た図表5-1のように，財政方式と括った生活保護，社会福祉，家族手当等の所得再分配（救貧）を目的とした制度は財政制度（一般会計等）で経理・運営され，財源もほぼ全額が公費負担である．これに対して，社会保険方式と括った健康保険，介護保険，年金保険等の拠出制に基づく生活リスク保障（防貧）を目的とした制度は財政制度（特別会計）だけでなく特別法人によっても経理・運営され，主たる基本財源も全体的には社会保険料である．

ただし，社会保険方式の財源を詳しく観察すると，次の2つの大きな特徴が浮かび上がる．第1に，固有財源の9割をも占めるきわめて大きな規模を反映して，公費負担の7割強は社会保険方式の社会保障制度に投入されている．なお，多額にのぼる厚生年金の国庫負担は，基礎年金国庫負担分の国民年金特別会計基礎年金勘定への拠出金である．

第2に，被用者保険ではない国民健康保険・後期高齢者医療制度・介護保

図表 5-1　主要社会保障制度別に見た

社会保障制度	会計・運営組織	収入総額	拠出金等収入の割合	固有収入合計	構成比
財政方式小計(その他制度を含む)		129,756	0.0	129,756	9.5%
生活保護	一般・地方普通会計	37,201	0.0	37,201	2.7%
社会福祉	一般・地方普通会計	54,182	0.0	54,182	4.0%
家族(児童)手当	一般・特別・地方普通	24,215	0.0	24,215	1.8%
社会保険方式小計(その他制度を含む)		1,553,888	20.5	1,235,973	90.5%
協会・組合管掌健康保険	特 別 法 人	190,208	0.0	190,208	13.9%
国民健康保険	地方特別会計	136,908	29.0	97,175	7.1%
後期高齢者医療制度	地方広域連合	144,244	39.1	87,792	6.4%
介 護 保 険	地方特別会計	96,206	27.1	70,166	5.1%
厚生年金保険	特 別 会 計	526,862	1.7	518,080	37.9%
国民年金(基礎年金含む)	特 別 会 計	229,724	79.8	46,430	3.4%
国家・地方公務員共済	特 別 法 人	106,529	0.0	104,012	7.6%
合　　　計		1,683,644	18.9	1,365,729	100.0%

(注)　1.「構成比」は収入総額・公費合計の各制度構成割合であり,「割合」は制度別にみた固有収入合計の各収入割合である. なお, 合計にはILO基準で広義公的分類の厚生年金基金, 個人年金基金を含む.
　　　2. 拠出金等収入とは, 基礎年金勘定の拠出金受入のような他社会保障制度からの移転収入である. 収入総額から拠出金等収入を差し引いたのが「固有収入」である.
(出所)　国立社会保障・人口問題研究所「平成25年度　社会保障費用統計　2014」, 平成28年8月.

険・国民年金では, 他制度からの移転収入（拠出金等）の割合が高いだけでなく, 公費負担が社会保険料を大きく上回っている. 被用者保険と違って社会保険料には事業主拠出がないうえ, 給与所得と比べて, 保険料賦課所得（事業所得等）の水準と安定性が不十分なことに主な原因があろう.

　そこで, 社会保障財源における公費負担の近年の推移を図表5-2で見ると, 浮動的な資産収入の影響で変動はあるものの, 2000年度前後から趨勢的には拠出保険料の割合が低下し, 公費負担の割合が明らかに上昇している. 制度改正面では介護保険の導入, 基礎年金国庫負担割合の引き上げ, 少子化対策の拡充などが, また社会経済面では高齢化のさらなる進展に加え, 日本経済におけるバブル崩壊後の長期不況による雇用情勢の悪化や賃金の低迷, 生活困窮の広がりなどが原因と考えられる.

　こうした社会保障財源の公費負担, 特に大半を占める国庫負担の構成割合の上昇傾向を財政制度面（国一般会計）からとらえた図表5-3には, 次のような最近までの明瞭な財政構造の変化が映し出されている.

　①長期不況下の税の自然減収と相次ぐ景気対策減税から歳入総額に占める税収の割合が大きく低下した. ②他方, 急速な少子高齢化の進展から必然化した社会保障制度の整備・拡充により社会保障関係費（国庫負担）の歳出総額, な

財源構成：2014（平成26）年度実績

（単位：億円・%）

財政制度財源（公費負担）							社会保険制度財源			
公費合計			国費		地方費		拠出保険料		資産収入等	
金額	構成比	割合	金額	割合	金額	割合	金額	割合	金額	割合
125,085	27.9%	96.4	81,655	62.9	43,430	33.5	4,444	3.4	227	0.2
37,201	8.3%	100.0	27,906	75.0	9,295	25.0	0	0.0	0	0.0
54,182	12.1%	100.0	28,670	52.9	25,512	47.1	0	0.0	0	0.0
19,545	4.4%	80.7	12,227	50.5	7,318	30.2	4,444	18.4	227	0.9
323,288	72.1%	26.2	236,522	19.1	86,766	7.0	647,070	52.4	265,616	21.5
14,379	3.2%	7.6	14,379	7.6	0	0.0	168,185	88.4	6,728	3.5
56,273	12.6%	57.9	36,678	37.7	19,595	20.2	35,468	36.5	5,434	5.6
72,251	16.1%	82.3	47,249	53.8	25,002	28.5	10,631	12.1	4,910	5.6
49,499	11.0%	70.5	21,596	30.8	27,903	39.8	18,934	27.0	1,733	2.5
88,350	19.7%	17.1	88,350	17.1	0	0.0	263,196	50.8	166,534	32.1
19,867	4.4%	42.8	19,867	42.8	0	0.0	16,255	35.0	10,308	22.2
10,066	2.2%	9.7	2,863	2.8	7,203	6.9	76,459	73.5	17,487	16.8
448,373	100.0%	32.8	318,177	23.3	130,196	9.5	651,513	47.7	265,843	19.5

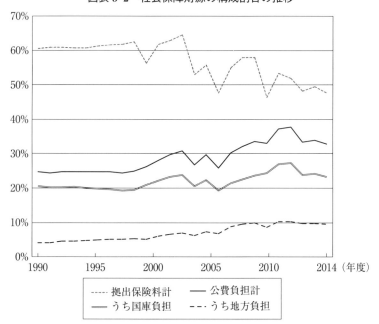

図表 5-2　社会保障財源の構成割合の推移

（出所）　国立社会保障・人口問題研究所「平成25年度　社会保障費用統計　2014」，平成28年8月．

図表 5-3　1990年度以降の一般会計決算主要指標の推移

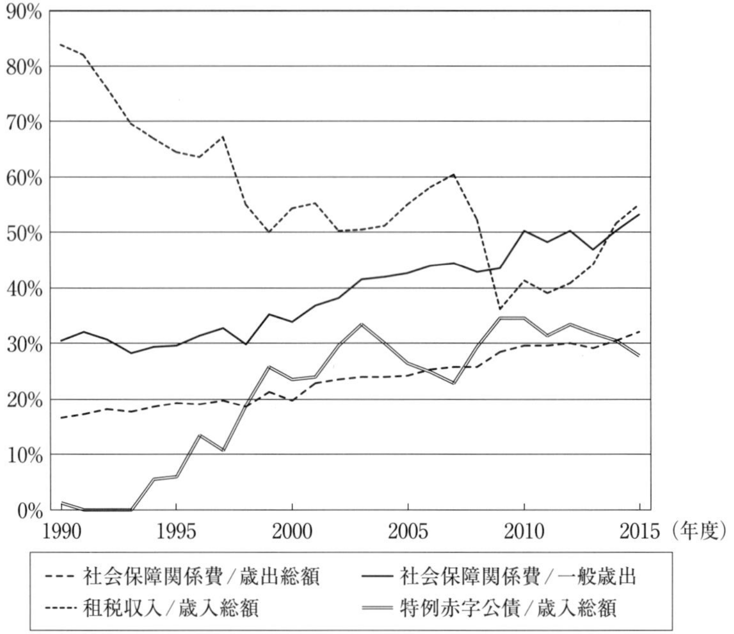

（出所）　財務省「決算の概要」，各年度．

　かでも一般歳出（政策的経費）に占める割合が50％を超える水準まで着実に上昇した．③その結果，一般会計の財政赤字が深刻化し，歳入の公債依存度，とりわけ，赤字公債への依存度が30％を超える水準まで上昇した．

　2010年度ごろから税収割合が回復に転じ，赤字公債依存度にも歯止めが掛かりつつあるが，「一体改革」はまさに前述のような財政状況への危機感から構想されたものであった．

2.2　「社会保障・税一体改革」における消費税

　「一体改革」の要点は 2 つある．第 1 に，社会保障制度では，人口構造の変化に対応した世代間・世代内の公平を確保できる機能強化である．第 2 に，財政制度では，前述のような公費負担部分の赤字公債による将来世代負担へのつけ回しを是正できる財政健全化である．これらの 2 つの目標を社会保障の安定財源確保によって同時に達成することが一体改革の要点であった．安定財源と

は，言うまでもなく，恒久的な租税財源であり，それも消費税という税目に特定されていた．

　「社会保障財源は消費税」という今日の決まり文句は，けっして目新しいものではない．1999年度（平成11年度）の予算編成の際に，当時，自民党との連立与党・自由党の強い要求に沿って，地方交付税交付金分を差し引いた消費税の国分税収の使途を高齢者向け3制度，すなわち基礎年金・老人医療・介護の国庫負担に特定する旨の予算総則が定められたからである．「一体改革」を受けた2014年度（平成26年度）予算以降では，全世代型社会保障制度の構築と消費税率の8％への引き上げを踏まえ，全世代向け4制度，すなわち年金・医療・介護・少子化対策の国庫負担に使途が特定されている．

　この使途特定の実態を最新の2017年度（平成29年度）予算で検証してみる．まず，国分消費税収13兆3,162億円（消費税収の77.7％）に対し，使途の4制度合計予算額は28兆7,067億円（年金12兆0,776億円，医療11兆5,051億円，介護3兆0,130億円，少子化対策2兆1,150億円）にものぼり，消費税収の2倍を超える．消費税だけで社会保障公費財源の全額をまかなわなければならないわけではないが，肝心な税収が著しく不足しており，予算総則の実際の意義も認め難い現況である．

　社会保障財源としての消費税の適性として，財務省は次の3点をあげている．税収が景気や人口構成の変化に左右されにくく安定していること，働く世代など特定の人に負担が集中せず経済活動に中立的なこと，そして，財源調達力が高いことである．肯ける指摘ではあるが，税収の安定性は負担の逆進性を，負担の世代間公平は退職・高齢世代の負担増をそれぞれ意味することに留意する必要がある．

　特に検討したい適性は，消費税の財源調達力の高さである．その政策論の重点は，広い課税ベースと比例的な税率構造による税収調達力の高さにではなく，付加価値税・標準税率の単純な国際比較から導かれる税率引き上げの余地の大きさにあると考えられる．国際比較を根拠に税率の大幅引き上げを説く論調は一般化しており，かつて有力なシンクタンクや新聞各紙などが「税方式年金」構想を競った論拠でもあった．

　しかし，実際には，華々しく打ち上げられた税方式年金構想はいまや聞かれなくなり，与野党合意の「一体改革」における第2段階消費税率引き上げスケ

図表5-4　主要 OECD 加盟国における

		加盟年	国　名	一般売上税導入	
				導入年	租　税タイプ
EU	（EEC 1957年）EC	1967年	フ ラ ン ス	1917年	小売売上税
			ド イ ツ	1916年	取引高税
			オ ラ ン ダ	1934年	製造売上税
			イ タ リ ア	1919年	取引高税
	拡大 EC	1973年	デンマーク	1962年	卸売売上税
			イ ギ リ ス	1940年	卸売売上税
		1981年	ギ リ シ ャ	1937年	製造売上税
	EU	1995年	フィンランド	1941年	製造売上税
			スウェーデン	1941年	小売売上税
			オーストリア	1923年	取引高税
EU 外 OECD			日　　　本	1948-49年	取引高税
			ス イ ス	1941年	卸売売上税

(注)　1．国内取引ゼロ税率欄の◎印は，対象に食料品が含まれる場合である．
　　　2．日本の税率は地方消費税を含む．2019年10月に10％への税率引き上げと軽減税率
　　の導入を予定．2023年10月より適格請求書等保存方式を導入予定．
(出所)　OECD [2015] "VAT/GST and Excise Rates, Trends and Administration Issues,"
　　　March.

ジュールも再度延期されたことを考えれば，単純な国際比較に基づく危うい論調や提言の吟味は避けられない．

2.3　EU 付加価値税と社会保障

　消費税の国際比較の対象は，むろん EU の付加価値税（VAT）である．そこで，消費税の特徴を浮き彫りにするため，西欧諸国で EU 型付加価値税が所得税と並ぶ基幹税に発展した税制史を簡潔に考察しておきたい．

　EU 型付加価値税の原型となった課税ベースの広い一般売上税の導入は1世紀前に遡る．図表5-4のとおり，第一世界大戦を契機にドイツ，フランス，イタリアで，戦費調達やインフレ対策を目的に導入された取引高税や小売売上税である．まさに高い税収調達力が評価されたからにほかならない．また，戦争のような非常時では，新税導入の政治的合意も容易に得られたのである．

　一般売上税は戦時臨時税にはとどまらなかった．戦争が終わっても廃止されずに，むしろ西欧での普及が拡大した．インフレ対策に加え，経済復興，失業対策，軍人恩給などの財政支出に見合う税収需要が増加したからである．そして，タイプの異なる一般売上税のうち，税務行政の容易さなどから当初は採用

一般売上税の沿革と付加価値税の現状

(税率単位：%)

付加価値税採用			税率構造（2015年）		
採用年	標準税率(%)	控除方式	標準税率(%)	軽減税率(%)	ゼロ税率(%)
1968年	16.7	インボイス	20	2.1/5.5/10	–
1968年	10	インボイス	19	7	–
1969年	12	インボイス	21	6	–
1973年	12	インボイス	22	4/10	○
1967年	10	インボイス	25	–	○
1973年	10	インボイス	20	5	◎
1987年	18	インボイス	23	6.5/13	–
1969年	11.1	インボイス	24	10/14	○
1969年	11.1	インボイス	25	6/12	○
1973年	16	インボイス	20	10/12	–
1989年	3	アカウント	8	–	–
1995年	6.5	インボイス	8	2.5/3.8	○

国の多かった単段階税（製造・卸売・小売の一取引段階のみ課税対象）には課税ベースの狭さによる税収調達力の低下という欠陥があったため，多段階税の取引高税が重要性を増すようになった．

　確かに，全取引段階を課税対象とする取引高税は最も税収調達力に優れてはいたが，他方，取引ごとに課税が累積するため，取引段階数の多寡が同じ商品に価格差（税額差）を生み出し，消費の選択や円滑な貿易を歪めるという経済的な欠陥が常に問題になっていた．

　付加価値税とは，消費や貿易への消費課税の中立性を確保するため，課税の累積を確実に解消できるよう，「インボイス方式による仕入税額控除」という新機軸を組み込んだ取引高税の抜本改革バージョンである．課税累積の解消は，貿易に係る消費課税の国境税調整（輸出還付・輸入課税）の際，税関での輸出還付税額が正確に把握できる点で，貿易紛争の防止に画期的な税制措置であった．

　これが，EEC（欧州経済共同体）からEC（欧州共同体）への発展に不可欠な円滑な域内貿易の促進税制と評価され，付加価値税は加盟国に採用義務を課す共通税に定められた．第二次世界大戦後，付加価値税が広く速やかに西欧諸

国に普及した主因はECからEU（欧州連合）への発展過程で新たな加盟国が既存の一般売上税を共通税の付加価値税に切り替えたからである．

　他方，基幹税としての付加価値税の確立，すなわち，税収規模の大幅な増大を導いた主な社会経済要因を求めれば，第二次世界大戦後の西欧諸国における早期の少子高齢化と長期の緩やかな経済成長であろう．後者は，アメリカ主導のブレトンウッズ体制下で西欧諸国が比較的長期の経済成長（所得水準の上昇）を享受でき，付加価値税の増税につきまとう景気への悪影響や逆進負担の不公平への懸念が薄らいだことである．

　肝心な社会保障財源との関連では，第二次世界大戦後の西欧諸国では付加価値税収の安定性が実質的に社会保障の財源基盤となっており，わが国で支配的な目的税の議論は聞かれなかった．わが国よりはるかに早く，西欧諸国は1960年代には高齢化率が10%を超える少子高齢化の進展に直面し，年金・医療・福祉・児童手当等の制度整備と給付充実，いわゆる福祉国家の建設が最優先の政策課題になっていたからである．

　そこで，図表5-5を見ると，1970年前後の付加価値税導入時点ですでに西欧主要国の標準税率は10%以上である．その後の大幅な税率引き上げはほぼ1980年代前半までであり，この間に福祉国家の財政基盤が固められたことがわかる．そして，世界的に経済成長の鈍化が著しくなった1980年代後半以降の時期（わが国では消費税が導入された時期）にも，基幹税として確立された付加価値税の高く安定的な税収調達力が西欧福祉国家の安定を支えたのである．

　標準税率ではなく，税収規模（GDP比）の長期推移を見た図表5-6からもほぼ同様の変化が指摘できる．

　なお，1995年のEU成立に伴い，標準税率の下限設定（15%）という新たな制度改革が行われた．税関の廃止によって，付加価値税の国境税調整も廃止されたため，域内貿易の円滑化には加盟国間の標準税率の差異を縮小する共通政策が必要になったからである．

2.4　日本の消費税の特徴

　前項の考察のように，まず，西欧諸国での税制としての付加価値税の普及・確立の原動力は，一般売上税を戦時の臨時税から確固たる恒久税へと導いた一世紀にわたる継続的な税制改革の積み重ねであり，特に第二次世界大戦後は欧

図表 5-5　主要国の付加価値税・標準税率の長期推移

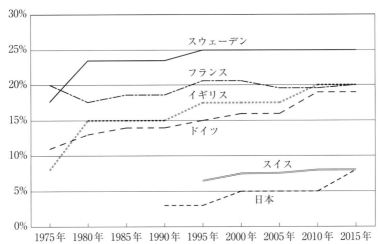

（出所）　OECD［2015］"VAT/GST and Excise Rates, Trends and Administration Issues," March.

図表 5-6　主要国の付加価値税収 GDP 比の長期推移

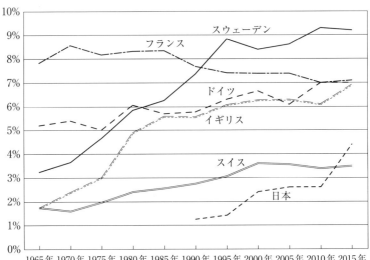

（出所）　OECD［2015］"Revenue Statistics 2015 Database."

州統合に向けた「共通税」の採用義務という「外圧」であった.

　次に, 付加価値税を基幹税に導いた税収規模増大の原動力は, 直接には早期の少子高齢化に対応した福祉国家建設のための旺盛な財源需要であるが, 重要なのは, 増税への景気懸念や逆進負担の不公平感を後退させた経済の成長, 特に所得水準の上昇という経済環境であった.

　日本の消費税を同じ視点から考察すれば, 第1に, わが国には消費税に切り替えられる一般売上税が存在しなかった. 図表5-4に示されるように, 1948年にインフレ対策等を目的に取引高税（税率1%）が導入されたものの, 累積課税や印紙納付への強い批判を受け, わずか2年間で廃止されてしまった. それに代わってシャウプ勧告が提案した取引高税の改良版である地方税の「附加価値税」は, 実施すらされなかった.

　朝鮮戦争の特需, それに続く高度経済成長により所得税や法人税に大幅な自然増収が発生し, もはや頼る必要のなくなった一般売上税は, 税の専門家を除き, 国民からは忘れられてしまった. したがって, ほぼ40年後に導入された消費税は, 消費者にも事業者にも政府にも, 実際には未知の新税だったのである. 「旧税は良税, 新税は悪税」という古いフランスの格言のように, 新税というだけで拒否反応は強いものである.

　第2に, 導入の時期・目的や経済環境にも問題があった. 戦時のような非常時ではなく, 高齢化の深刻な影響もまだ顕在化していなかった1980年代, 政府が付加価値税導入の具体的検討に着手した主な目的は財政再建であった. 景気に敏感な所得税や法人税に依存した結果, 石油ショック後の経済停滞により深刻な構造的財政赤字に陥ったからである. しかし, 世論は「増税の前に歳出削減・行政改革を」であった.

　経済環境でも, 資産価格のバブル景気に暫時わいたとはいえ, 実質成長率も賃金上昇率も高度成長期よりもはるかに低く, 基調は石油危機後の低成長経済であった. 逆進的負担の増税や納税事務の負担増をすんなり許容できる経済環境ではなかったのである.

　悪税たる新税への不安や警戒に加え, 導入目的への不信感, 経済環境の厳しさなどを反映し, 消費税の導入自体が難航したうえ, 1989年にようやく実施にこぎつけた税制も西欧の付加価値税に比べれば, 3%の低税率, アカウント（帳簿）方式の仕入税額控除, 手厚い中小事業者対策（高い事業者免税点や広

範囲の簡易課税）など，特異な仕組みとなった．

その後，消費税率は地方消費税の創設等で5％，「一体改革」の第1段階の実施で8％へ何とか引き上げられてきたが，図表5-5と図表5-6に示されるように，EU主要国に比較した税率の低さと税収規模の小ささはなお歴然としている．そして，「一体改革」の第2段階の10％への税率引き上げが再度延期されたように，社会保障の機能強化という増税目的に絶対的な説得力は欠けており，増税と逆進負担に厳しい経済環境も第1段階税率引き上げの後遺症から今日でも改善されていないようである．

「一体改革」が目指す税率10％は，EU付加価値税との比較では標準税率下限のなお3分の2にすぎない低税率であるが，日本の国民目線の比較では「一体改革」前の実に2倍という高税率への大幅引き上げなのである．「低税率だから税率引き上げの余地が大きい」ではなく，「低税率だからこそ税率引き上げの余地は小さい」と厳しく考えるべきであろう．

2.5　わが国の今後の租税財源

前項の考察によれば，今後のわが国の少子高齢化に見合う政策増および当然増を考慮した社会保障支出規模の公費財源を消費税増税で確保するシナリオは現実性に欠ける．1つの理由は，10％への税率引き上げは何とか実現できるとしても，それに伴う飲食料品への軽減税率適用によって税収調達力が低下するからである．図表5-6のように，2015年には，8％への税率引き上げの増収効果が確かに読み取れるが，これは広い課税ベースとの相乗効果であることに注意する必要がある．

より基本的な理由は，税制のスタートが新税ゆえの低税率だったうえに，今後のさらなる税率引き上げの経済環境である高い経済成長への回帰が期待し難いからである．加えて，社会保障の財源確保という目的にも，わが国では，他経費の歳出削減，法人税等の増税といった常套的な批判がなお根強いことも考慮すべきであろう．

国際比較ではしばしば社会保障の模範とされるスウェーデンなどの標準税率25％やEU単純平均の標準税率21％はもちろん，下限の15％への消費税の引き上げも容易ならざる課題と言わざるをえない．したがって，社会保障公費財源は消費税だけに頼るのではなく，他税目の増税や社会保険料（社会保障負

図表5-7　総収入および租税収入 GDP 比率の国際比較（2014年）

(単位：%)

主要国名 （租税収入の降順）	総 収 入 （国民負担）	租税収入 合　計	所 得 課 税		財・サービス課税		社　会 保険料
			個人所得税	法 人 税	一般売上税	個別消費税	
デ ン マ ー ク	49.6	49.5	26.8	5.4	9.5	5.5	0.1
ス ウ ェ ー デ ン	42.8	32.9	12.2	2.7	9.1	3.0	9.9
フ ィ ン ラ ン ド	43.8	31.1	13.4	1.9	9.2	5.2	12.7
ベ ル ギ ー	45.0	30.8	12.9	3.2	6.9	3.9	14.2
イ タ リ ア	43.7	30.7	11.3	2.7	6.0	5.8	13.0
フ ラ ン ス	45.5	28.5	8.5	2.3	7.2	3.8	17.0
オ ー ス ト リ ア	42.8	28.1	10.1	2.5	7.7	4.0	14.7
オ ー ス ト ラ リ ア	27.8	27.8	11.4	4.7	3.6	3.9	0.0
カ ナ ダ	31.2	26.5	11.3	3.7	4.3	2.9	4.7
イ ギ リ ス	32.1	26.0	8.8	2.4	6.8	3.9	6.1
ギ リ シ ャ	35.8	25.5	5.9	2.6	7.5	8.0	10.3
ド イ ツ	36.6	22.7	9.6	1.8	7.0	3.1	13.9
オ ラ ン ダ	37.5	22.6	7.0	2.6	6.4	4.7	14.9
ス ペ イ ン	33.8	22.2	7.6	2.1	6.1	3.5	11.6
ア メ リ カ	27.0	20.8	10.2	2.1	2.0	2.5	6.2
日 本	32.0	19.3	6.1	4.1	3.9	2.4	12.7
ス イ ス	25.9	19.2	8.4	3.9	3.5	2.6	6.7
主要国単純平均	37.2	27.3	10.7	3.0	6.3	4.0	9.9
日本の対主要国 平　均　比	0.86	0.71	0.57	1.37	0.62	0.59	1.28

(注)　税収等は国・地方合計である．日本の2014年の消費税率は8％引上げ前の5％である．
(出所)　OECD［2015］"Revenue Statistics 2015 Database."

　担）の料率引き上げも検討する必要がある．

　実は「一体改革」で議論されなかった，もう1つの国際比較論がある．個人所得税である．マクロ負担率（税収 GDP 比）の主要国単純平均に対する日本の比率を図表5-7の2014年資料で見れば，一般売上税の100分の62に対して個人所得税は100分の57，つまり，消費税よりも個人所得税のほうが低負担の度合いが顕著なのである．

　このように，わが国の個人所得税の相対的なマクロ負担率が著しく低くなる主な理由は欧米主要国平均を北欧諸国が大きく押し上げていることにある．その点で，スウェーデンなど北欧諸国の主要な社会保障財源となっている地方の個人所得税に注目しなければならない．

　北欧諸国は，勤労所得（給与，年金等）と資本所得（利子，配当等）の課税を厳格に区別した「二元的所得税」を採用している．重要なのは，医療・介護・福祉等を担う地方自治体に勤労所得の主たる課税権があり，財源需要に応じ自主的に税率を決定できることである．その実態を2015年の税率で見れば，

地方自治体間で5％程度の幅はあるが, 平均すれば, スウェーデン32％, デンマーク33％（医療税を含む）にものぼる.

　これに比較すれば, わが国の地方個人住民税の税率は3分の1を下回る10％にすぎず, 地方自治体間に税率の違いも見られない. 実はわが国の個人住民税にも, 北欧諸国と同様, 財政事情に応じて税率を自主的に決定する権限が地方自治体に認められている. 地方自治体は制度運営や財源調達に関わる社会保障制度（図表5-1を参照）の公費負担について, 財源需要に応じて税率を引き上げることができるのである.

　しかし, 地方個人所得税の著しい税率の低さという国際比較論も, 消費税と同様, 実際には, 大幅な税率引き上げの根拠にはならないであろう. わが国の地方自治体には, 住民の税負担に直接影響を及ぼす課税自主権の行使は極力避け, 国からの補助金や国税付加税（地方消費税）に財源を頼ろうとする意識と行動が伝統的にきわめて強いからである.

　個人所得税や消費税の低い負担率から, 図表5-7のとおり, 欧米主要国に比べ, 今日のわが国のマクロ租税負担率は著しく低位にとどまっている. これを, 1980年以降5年ごとに, たんなる時系列ではなく, 高齢化率を基準に, 日本・フランス・スウェーデンの長期推移を比較したのが図表5-8である.

　この同じ35年間, フランスとスウェーデンをごぼう抜きにした, わが国の高齢化の凄まじいばかりの進展ぶりがよくわかる. そして, 世界にも稀な高齢化の進展度合いにもかかわらず, 最近ようやく回復の兆しが見えるとはいえ, マクロ租税負担率は両国よりはるかに低い水準にとどまっており, 前項までの考察は今後もわが国の租税負担率の大幅な上昇は見込み難いことを示唆している. 税制も社会保障も目標は西欧並みという考え方は実現可能性に欠ける.

　しかも, 今後の厳しい税財源見通しを踏まえ, 「一体改革」の社会保障制度別の税財源配分の優先度に従えば, 基礎年金国庫負担の財源確保の後, 限られた税財源の配分の重点は医療・介護・子育てにシフトするため, 巨額の税財源を必要とする基礎年金のいわゆる税方式化, あるいは, スウェーデン型の最低保障年金の導入を考慮する余地はないであろう.

　公的年金制度の今後を見通せば, 一方で年金保険料に上限が定められ, 他方で公費負担増（税収配分増）が期待できない財源状況のもとで, さらなる少子高齢化の進展が確実に見込まれるため, よほどの経済成長に恵まれないかぎり,

図表 5-8　高齢化率基準・税収 GDP 比の推移（1980〜2015年）
—日本・フランス・スウェーデンの比較—

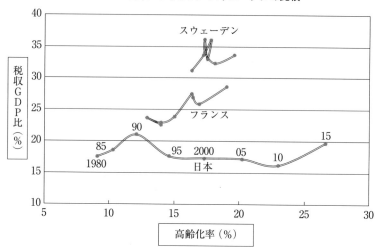

（出所）　OECD［2015］"Revenue Statistics 2015 Database."

公的年金の給付水準が徐々に低下するのは避けられない.

　これに対し，高齢化の影響を直接こうむる賦課方式（世代間扶養型）の公的年金制度を積立方式の年金制度に転換すべきとの論調をしばしば耳にする．しかし，長期にわたり既存の賦課方式年金と新たな積立方式年金の保険料を二重に負担しなければならない現役・将来世代のいわゆる二重負担問題の深刻化を考慮すれば，実現の可能性はきわめて乏しい.

　したがって，高齢化に伴う老後所得保障の安定性と持続性の低下を食い止めるには，退職金制度の再編や既存金融・固定資産の活用によって現役・将来世代の二重負担問題を回避しつつ，企業年金を中心とした私的年金制度の普及・充実に努める必要がある.

3　公的年金の税制

3.1　老後所得保障の仕組み

　産業の近代化と核家族化の進展によって，高齢で退職した親の生活を子どもが直接面倒をみるという伝統的な家族制度が崩れて以来，老後ないし退職後の

図表 5-9　就業形態別に見た主要退職・老後所得保障制度

加入拠出	制度プログラム	受給・形態（他条件等）	奨励税制	正規雇用（大企業）	正規雇用（中小企業）	正規雇用者の非就業配偶者	非正規雇用	自営業等
任意契約	一般金融資産			一般の預貯金・公社債・株式等				
	個人年金保険		所得控除*	生命保険・信託銀行の個人年金				
	共済型退職金	一時金	退職所得税制		小規模企業共済 中退共**			小規模企業共済
	非積立型退職金	一時金	退職所得税制	退職金（一時金）制度				
	積立方式企業年金等	一時金選択	企業年金税制	厚生年金基金 確定給付企業年金（DB）企業型DC***				国民年金基金
		年金選択（有期・終身）	企業年金税制	個人型DC****		個人型DC****		
強制義務	賦課方式公的年金	年金（終身）（受給年齢等法定）	公的年金税制	厚生年金（共済年金含む）			厚生年金1)	
				基礎年金（第2号）	基礎年金（第2号）	基礎年金（第3号）	基礎年金（第2号）	国民年金（第1号）

(注)　*生命保険料控除，**中小企業退職金共済，***企業型確定拠出年金，****個人型確定拠出年金.

　　1）　短時間労働者の厚生年金適用の要件：週20時間以上，月額賃金8.8万円（年収106万円）以上，勤務期間1年以上，従業員501人以上企業.

(出所)　財務省説明資料総24-2[所得税③]（平成27年10月23日，第24回税制調査会）を基に，加筆・修正を施したもの.

生活保障の根幹となる所得保障には，公的・私的年金などのさまざまな仕組みや手段が設けられ，近年ではいっそうの高齢化の進展に伴い，既存手段の改善だけでなく，新たな仕組みの導入も続いている.

　図表5-9は，今日，わが国で制度化されている老後ないし退職後の所得保障の仕組みの特徴を，特に税制との対応関係に着目しつつ，就業形態別の一覧表にまとめたものである．本稿・本節の税制との関連という関心に沿って，同表の要点を指摘すれば，次のように整理できる.

　第1に，制度全体は，加入（契約）が任意か強制（義務）かの違いで大きく二分される．このうち，国民単位ないし職域・地域単位で強制加入であり，社会保険料の納付義務が発生する社会保険方式の拠出制年金制度が一番下の公的年金制度の基本形態である.

　これに対し，企業年金制度や退職金制度は労使間の自主的な交渉・契約に基づくため，設置・加入は任意である．ただし，労働協約等に企業年金の設置を義務づける法的根拠があれば，強制加入の公的年金制度に準ずる義務的な企業年金制度となる.

　第2に，年金制度は，給付財源の調達方式という財政的な観点から，大きく

積立方式と賦課方式とに二分される．積立方式とは，拠出掛金の積立金とその運用益に受給年金の財源を求める方式で企業年金等の私的年金制度の調達方式であり，拠出者と受給者は実質，同一である．

　他方，賦課方式（賦課方式に近い修正積立方式を含む）は世代間扶養型と特徴づけられるように，現役勤労世代（子ども世代）の拠出する年金保険料に高齢・退職世代（親世代）の受給年金の基本財源を求める方式である．家族内の私的世代間扶養を社会的な公的世代間扶養へと転換・再構築したもので，公的年金制度固有の調達方式といってよい．

　第3に，年金制度は給付の受給形態（所得種類）という観点から，年金と一時金とに大別される．受給形態の年金とは受給期間にわたり定期的に分割払いされる給付，また，一時金とは退職時等に一括払いされる給付であり，公的年金制度は，文字どおり，受給形態は年金のみである．

　ところが，わが国の企業年金の特徴は，企業外での積立方式の年金制度ではあるが，受給形態の実態は一時金中心というやや捻じれた仕組みである．同表のように，受給形態の点では退職金制度と企業年金制度とを明確に区分するラインは引けないのである．

　第4に，本稿の関心である税制論から見た図表5-9の特徴は，一般金融資産から公的年金へと下方に向かうほど，任意から強制，一時金から年金，有期から終身など，老後所得保障の普遍性・安定性・確実性を規定する公的規制が強まり，それに応じて，つまり，公共性の強まりに比例して，税制上の優遇度合いも手厚くなるという明確な構図である．

　要するに，公共活動・サービスの公的費用をまかなうに足る「税収の確保」という，税の最も基本的かつ古典的な機能への例外として，税の負担軽減措置ないし優遇措置が容認されるのには，それに値するだけの公共性が制度や仕組みに求められるということである．

3.2　公的年金の制度と財源調達

　公的年金と企業年金の税制を同列に論じることはできない．前項で指摘したように，任意加入で積立方式の企業年金は，第4節で後述するように，貯蓄税制を基準に課税のあり方を論じるが，強制加入で賦課方式の公的年金は議論の基準がまったく異なるからである．

　公的年金を強制加入の制度とする理由にはいくつか有力な説明がある．やや専門的なのは，逆選択による保険市場の失敗という議論である．ごく簡潔に説明すれば，保険会社の提供する年金保険は加入・脱退が任意であるため，自ずと加入者は老後に年金の必要度が高い人々に偏ることになり，保険会社は採算がとれなくなる．したがって，加入を任意から強制にすれば，逆選択を防止することができる．

　しかし，より有力な説明は，いずれ直面する老齢長命リスクであるが，現役勤労世代ほど現実感に欠ける将来のリスクゆえに過小に評価する傾向が強いことである．そのままでは，老齢長命リスクに実際に直面した時には無年金・低年金に陥り，公的扶助に頼らざるをえなくなる．

　そうした高齢者固有の貧困を防止するため，勤労世代の若年期から年金制度への加入を政府が強制するのは，たんなる温情主義ではなく，公的扶助の重い財政・租税負担を抑制する財政健全化政策でもある．

　以上，公的年金制度の強制加入の理由は説明できたとしても，この場合の年金制度は自らの老後所得を確保する仕組み，つまり積立方式年金であって，公的年金制度は賦課方式という前述の特徴づけに反している．実は公的年金制度の歴史を遡ると，わが国の厚生年金がそうであったように，公的年金制度の発足当初は一般に積立方式なのである．

　ところが，制度発足後に発生した予期せざる激しいインフレによって積立金の大幅減価や給付額の物価スライド増等を余儀なくされ，あるいは，深刻な経済危機下での企業倒産や失業による拠出保険料の低迷から著しい積立不足に陥ったため，不足する多額の給付財源を現役・将来世代の拠出保険料に求めざるをえなくなった．その結果，賦課方式への実質的な転換が進んだのである．積立方式は高齢化の影響を直接には受けないが，物価の上昇や金利の低下といった経済変動の影響は直接的にこうむるのである．

　本項では，公的年金制度の基本的特徴である強制加入と賦課方式の理由を説明してきた．要するに，公的年金制度における年金保険料の拠出義務は，世代間扶養の仕組みに従って，現役勤労世代が負担する高齢受給世代への強制的な所得移転（補助金または贈与）にほかならず，自らの老後所得を確保する任意の貯蓄性掛金ではない．拠出の実績は拠出者の年金受給権にリンクするが，本人が受給開始年齢に達して受けられる年金額を基本的に決めるのは，その時の

現役勤労世代の拠出である.

　以上，わが国の厚生年金や国民年金のような公的年金制度の仕組みと財源調達の基本的特徴が，確定給付・確定拠出企業年金のような企業年金制度とはまったく異なり，強制加入と賦課方式（世代間扶養）にあることを述べてきた.これを踏まえ，公的年金税制の考え方を検討する.

3.3　公的年金の課税方式

　現行税制では，拠出段階で本人の納付した年金保険料の全額が社会保険料控除の対象となる. また，被用者年金の事業主の保険料拠出は必要経費として法人税で損金に算入される. 本来，事業主拠出は従業員へのフリンジ・ベネフィット（現金外給与）として所得税が課税されるべきであるが，実際には非課税である. 受給段階では「公的年金等控除」適用後の年金所得は他所得と合算のうえ，総合課税される.

　なお，賦課方式の年金制度では，世代間扶養の仕組みから運用段階（積立金と運用益）は想定されていないが，国際的にはやや例外的に，わが国の公的年金制度は積立金を保有しており，賦課方式に近い修正積立方式と呼ばれている.その運用益も非課税である.

　後に改めて触れるように，65歳以上の年金生活者世帯主の課税最低限は公的年金等控除，人的控除，社会保険料控除等を積み上げ220万円程度となるので，公的年金の税制では拠出・運用段階に加え受給段階も実質は，課税免除に近いといってよい. 社会保障論では，公共性（社会的な存在価値）のきわめて高い公的年金制度の奨励・定着・持続を図るためには，こうした手厚い税制上の優遇は当然の措置と考えられるであろう.

　しかし，税制論としては，税収の確保という税の最も基本的な機能を制約してまで，拠出から受給への各段階で最優遇の税制が容認される公的年金制度上の具体的な根拠を検討する必要がある.

　まず，年金保険料拠出など社会保険料の全額所得控除は，しばしば，納付義務に基づき強制的に拠出に充てられる所得部分には担税力が欠けるためと説明される. この強制加入・拠出義務を根拠とする所得控除は，租税・公課の原則経費算入という税制論と共通している.

　これにあわせて賦課方式を考慮すれば，前項での指摘のように，現役世代の

拠出する年金保険料は高齢世代の扶養を目的とした強制的な所得移転であるから，現行所得税の老人扶養控除に等しい所得控除（課税免除）の対象と考えられる．要は，扶養単位を現行の私的な家族（世帯）から社会的な世代へと拡大するものである．

　税制論では，拠出段階の非課税は給付段階の課税という課税均衡の考え方が一般的であるが，わが国では，次項で論じるように，公的年金等の社会保障現金給付には「原則一律非課税」との社会通念が根強く，例外的に老齢年金のみ課税の対象とされているにすぎない．

　そうした社会通念に影響され，老齢年金の課税にしても，実際には，安定的・継続的な老後所得保障の機能を明確にする全面的な公的規制，具体的には，強制加入，支給開始年齢，年金受給，終身支給等の法定を反映し，2005年税制改正で若干課税強化に転じたとはいえ，平均的な老齢年金受給額は課税免除となるよう特別の控除が設けられてきた．1988年，老齢年金所得の所得種類が従来の「給与所得」から「雑所得」に変更されたのに伴って設けられた「公的年金等控除」がそれである．

　すでに述べたように，わが国の公的年金は賦課方式を基本としているが，積立金を保有しており，その運用益は非課税である．税制論では信託税制の分配時課税と説明されるが，給付段階も課税免除に近いので均衡はとれていない．年金制度に照らせば，積立金の運用益が非課税ないし課税対象外とされるのは，賦課方式年金の積立金は基本的な給付財源ではなく，社会経済変動の衝撃を吸収して給付または保険料の安定を保つためのバッファーだからであろう．

　最後に，公的年金制度（被用者年金）の税制を図表 5-10 で欧米主要国と比較してみよう．まず，拠出段階では，事業主拠出の損金算入と従業員非課税は共通している．また，本人拠出への何らかの減免措置では共通しているが，対応は所得控除と税額控除に大別される．わが国やフランスの全額所得控除と比較すると，スウェーデンの全額税額控除のほうが徹底した減免措置である．他方，アメリカやイギリスの税額控除は低賃金就労者に対象を絞った就労・子育て支援税制で，低所得者ほど負担感の重い年金保険料を還付（給付）によって軽減するものである．

　受給段階を比較すると，拠出段階の全額税額控除と対をなす給与と同じ通常課税というスウェーデンが特に目立っている．他の国では，程度の差はあれ，

図表5-10　主要国における公的年金税制（2015年1月現在）

		日　本	アメリカ	イギリス	フランス	スウェーデン
拠出段階	事業主拠出分	損金算入	損金算入	損金算入	損金算入	損金算入
	従業員給与課税	なし	なし	なし	なし	なし
	本人拠出分	所得控除（全額）	所得控除なし税額控除[1]	所得控除なし税額控除[1]	所得控除（全額）	所得控除なし税額控除[2]
受給段階	老齢年金	課税（公的年金等控除）	課税（部分課税）	課税	課税（10%控除）	課税[3]
	遺族年金	非課税	課税（部分課税）	課税	課税（10%控除）	課税
	障害年金	非課税	課税（部分課税）	非課税	課税（10%控除）	課税

（注）　1）　アメリカ，イギリスには一般的な社会保険料控除はない．ただ，その代替措置として，低・中所得
　　　　　　就労者に負担感の重い社会保険料負担の軽減を図る「給付付き税額控除」がある．
　　　　2）　スウェーデンには，公的年金拠出への所得控除はないが，拠出全額が税額控除の対象となる．
　　　　3）　スウェーデンには，公的年金所得課税の軽減措置はなく，給与並みの通常課税（地方税）であるが，
　　　　　　一般的な所得控除として高齢者控除がある．
（出所）　財務省ホームページ．スウェーデンは，Swedish Tax Agency［2015］"Taxes in Sweden"．

　年金所得には税負担軽減措置がとられているが，遺族年金，障害年金ともに非課税というわが国の扱いは異例なようである．

3.4　公的現金給付水準の国際比較

　福祉国家論が登場して以来，福祉国家の充実度合いをマクロ指標（社会保障支出の対GDP比率など）の社会保障給付水準で競うような国際比較がさかんに行われるようになったが，従来，公的現金給付への課税という問題が意識されることはなかった．ところが，1980年代後半以降，経済のグローバル化に対応する世界的な税制改革において，所得税の課税ベースを拡大する有力な方法として，公的現金給付，特に高齢化に伴い着実に増加する公的年金給付への課税強化が図られてきた．

　その結果，最近では，名目的ではなく，実質的な国際比較等を行うには，公的現金給付を課税前（税込）と課税後（税抜）とに明確に区別し，課税後給付を比較対象にすべきであるという考え方が一般的となった．課税後給付の意味は次のとおりである．

　公的年金の受給者にとっては，年金から所得税や社会保険料を納付する分，手取りの年金が減少し，さらに，手取りの年金で消費財を購入すれば，付加価値税など消費課税の分，実質的な購買力が低下する．政府にとっては，年金へ

の直接・間接課税の税収によって給付財源の一部を回収できる分，公的年金給付に要する実質的な財源負担が減少する．

　そこで，わが国の公的現金給付の課税を見ると，前項でも触れたように，生活扶助，児童手当，傷病手当金，遺族年金，障害年金，失業保険金，労災傷病年金等の公的現金給付は一律に全額非課税である．年金についても，国民年金法と厚生年金法は原則非課税としたうえで，「老齢年金はこの限りではない」とただし書きで課税を容認しているにすぎない．特別控除等の減免措置が講じられてきた所以である．

　欧米主要4カ国の公的年金課税の状況は，図表5-10のとおりである．他の欧米諸国でも何らかの軽減措置を設けている国が多数派で，スウェーデン（デンマークも同じ）のような通常課税（軽減措置なし）は少数派である．ただし欧米では，遺族年金や障害年金も老齢年金とほぼ同じ課税方法であり，わが国のような一律非課税は例外的と思われる．

　他の公的現金給付を見ると，社会福祉扶助金や児童手当はわが国と同様におおむね非課税であるが，社会保険方式の失業保険金は，わが国と違い，軽減課税だが原則課税の国が多数派である．社会保険制度の受給資格は拠出実績であり，資産や所得を基準とした受給制限は伴わないので，年金と同様に，失業保険金の原則課税も肯ける．

　以上のような課税後給付の意義と公的現金給付の課税制度を踏まえることなく，課税後現金給付GDP比（右端H欄）の降順で作成した図表5-11を見ると，福祉国家の模範とされるスウェーデンとデンマークが12カ国の一番低位に並んでいることに違和感を覚えるであろう．

　理由は大きく2つある．まず，公的現金給付の水準（A欄）が日本やドイツとほぼ同じで特に高いわけではない．主な原因は第4節で見るように，所得代替率で見た公的年金の給付水準が低いことにある．次により重要なのは，公的現金給付の租税等負担率（E欄）が飛びぬけて高いことである．公的年金給付の通常課税，地方所得税や付加価値税の高い税率などすでに述べたとおりである．

　これに比較し，日本の特徴は，高い高齢化度合いを反映して公的現金給付に占める老齢年金等の割合が最も高いこと，そして，租税等負担率の著しい低さから課税後現金給付が上位に位置していることである．

図表 5-11　年金等公的現金給付への

課税後降順	課税前現金給付		
	総　　額	うち年金等 高齢対象	高齢対象 割　　合
	A	B	C=B/A
イ　　タ　　リ　　ア	20.4	13.6	66.7
フ　　ラ　　ン　　ス	19.2	12.1	63.0
日　　　　　　　　本	12.2	8.8	72.1
ド　　　　イ　　　　ツ	13.7	8.2	59.9
イ　　ギ　　リ　　ス	10.7	6.1	57.0
オ　　ラ　　ン　　ダ	11.8	5.3	44.9
ア　　メ　　リ　　カ	9.3	6.3	67.7
オ　ー　ス　ト　ラ　リ　ア	9.0	4.0	44.4
ス　　イ　　　　ス	10.4	5.9	56.7
カ　　　　ナ　　　　ダ	8.7	4.1	47.1
ス　ウ　ェ　ー　デ　ン	12.0	7.3	60.8
デ　ン　マ　ー　ク	13.8	8.0	58.0

(注)　所得課税は，個人所得税と本人拠出社会保険料.
　　　消費課税は，所得税・保険料徴収後の可処分現金給付(消費支出)への付
　　　加価値税等の課税分.
(出所)　OECD [2016] "SOCX 2016 (Social Expenditure Database 2016)."

　このように課税前と課税後では，給付水準の順位がかなり変動する．したがって，課税前のいわば見かけの給付水準では福祉国家の充実度は判断できない．また，日本と並んで租税等負担率の低いアメリカでは，西欧・北欧の数量で把握しやすい給付重視型社会保障を「見える福祉国家」，アメリカのような数量では把握しにくい税制優遇重視型社会保障を「隠れた福祉国家」と特徴づける議論が有力である．

3.5　所得課税による年金政策

　公的年金への個人所得課税には，税財源の調達に加えて，「公平」をキーワードとする，2 つの重要な年金政策への寄与が期待されている．

　第 1 は，高齢世代内の年金所得分配の垂直的公平である．年金制度の柱である厚生年金に代表される被用者年金制度では，保険料と年金の算定基礎は報酬比例，すなわち，被保険者期間（現役勤労期間）の給与を段階区分した標準報酬比例である．標準報酬の段階制により上限はあるが，保険料額も年金額も勤労期間の給与が高いほど高くなる仕組みであり，所得再分配の目的や機能はもともと組み込まれていない．社会保険方式の拠出制年金制度としては合理的で

課税の影響 (GDP 比率：2013年)

(単位：%)

現金給付の公的負担				課 税 後 現金給付
負 担 合 計	負 担 率	所 得 税 社会保険料	消 費 課 税	
D=F＋G	E=D/A	F	G	H=A-D
5.2	25.5	3.0	2.2	15.2
4.4	22.9	1.8	2.6	14.8
1.2	9.8	0.5	0.7	11.0
3.4	24.8	1.7	1.7	10.3
1.6	15.0	0.3	1.3	9.1
3.4	28.8	1.9	1.5	8.4
0.9	9.7	0.6	0.3	8.4
0.9	10.0	0.1	0.8	8.1
2.8	26.9	1.7	1.1	7.6
1.1	12.6	0.4	0.7	7.6
4.5	37.5	2.6	1.9	7.5
6.5	47.1	3.9	2.6	7.3

ある.

　しかし，公平な所得分配という社会的観点からは，現役勤労期の所得格差が退職高齢期の所得格差にも持ち込まれるのは望ましくないと考えられる．とはいえ，年金受給の所得制限は拠出制年金の受給権を侵害し，また，報酬比例の修正は被用者年金の老後所得保障の機能を損なう．要するに，社会保険方式の拠出制年金制度に，財政方式の公的扶助のような再分配政策を同時に求めるのは整合性に欠けるのである．

　整合性を求めるならば，再分配政策を目的とする別建ての年金制度，例えば，居住を受給資格とした完全財政方式の最低保証年金制度の導入を検討すればよい．ただ，この実現には，新たな多額の税財源の確保という，わが国では最も難しい課題を克服しなければならない．

　より現実的な既存政策手段は累進所得税の活用である．高齢世代内部における年金所得分配の格差を縮小して垂直的な公平を改善するには，課税最低限と超過累進税率を備えた所得税の課税が効果的である．他所得との合算で所得全体がおおむね把握できるうえ，低額年金者ほど課税が免除され，高額年金者ほど税負担が重くなる仕組みだからである．

　第2は，現役世代と高齢世代との水平的な公平である．すでに触れたように，消費税の場合，課税対象の消費には現役勤労世代と退職高齢世代との間で偏りが小さいので，その負担は世代間の公平を満たすという．社会保障財源としての消費税の大きな適性の1つとされる．

　他方，世代間の負担の不公平を代表するのは，賦課対象の勤労所得がもっぱら現役勤労世代に集中する給与所得税や年金保険料である．とすれば，この不公平を最も効果的に是正できるのは，課税対象が逆に退職高齢世代に集中する年金所得課税について，負担軽減措置の縮小によって課税の強化を図ることであろう．

　不公平を逆不公平で中和するという発想は穏当ではないが，すでに紹介したように，実際，スウェーデンやデンマークは勤労所得と年金所得を等しく課税することで世代間公平の均衡を図っているのである．わが国で考えれば，公的年金等控除を縮小して年金所得課税を強化することは，公費負担の税財源の増加を介して，公的年金保険料または給与所得税の抑制に寄与するものと考えられる．

　最近，賦課方式の公的年金制度については，現在の高齢世代に比べ，現役・将来世代ほど負担に見合う給付が得られないという世代間不公平の訴えをしばしば耳にする．ただ，この不公平感が実は積立方式年金に固有の「内部収益率」の世代間比較に由来することは意識されておらず，厳密に言えば，この訴えは的を外れている．

　ここでは，高齢化の進展に伴い，給付の維持には保険料の引き上げが，逆に，保険料の維持には給付の切り下げが必要になることを賦課方式年金における世代間不公平としておこう．そして，この世代間不公平の根本原因である少子高齢化問題の解消，または，高齢化の間接的影響にとどまる積立方式年金への転換がともに実現困難であるならば，年金所得課税の強化は，現役・将来世代が行使できる地味ながら実行可能性の高い世代間不公平の是正策である．退職高齢世代にも，年金所得税負担の垂直的公平が確保される累進所得税の課税は許容範囲であろう．ただし，後述のように，これは退職金の課税強化が条件となる．

4　企業年金と退職金の税制

4.1　年金所得代替率の国際比較

OECDの「年金報告書（Pensions at a Glance）」には，加盟国の被用者年金制度における受給年金の給付水準，すなわち，年金受給額の現役勤労期賃金に対する比率「所得代替率」の一覧が掲載されている．ちなみに，所得代替率は所得税・社会保険料の控除前の「総（粗）代替率」と控除後の「純代替率」に区分されるが，わが国の財政検証では年金額は控除前，現役期賃金は控除後という均衡を欠く代替率概念が用いられている．3.4項で指摘したように，年金額も控除後とすべきである．

上記のOECD資料の重要な特徴は，公的年金制度だけでなく，労働協約等で被用者の加入が義務づけられている企業年金制度（加入は義務づけられていないが加入率が85％以上ときわめて高い企業年金も含む）の年金給付も所得代替率に算入されていることである．

そこで，上記資料の2015年版（2014年制度ベース）から公的年金と義務的企業年金の個別資料が得られる総所得代替率を用いて国際比較を行い，公的被用者年金と義務的企業年金の合計総所得代替率の降順でグラフ化したのが図表5-12である．この国際比較では，わが国の総所得代替率は予想以上の低位にあるが，それには大きく3つの理由がある．

第1に，年金制度ないし年金政策の比較であるならば，所得代替率を大きく左右する外的与件，すなわち，高齢化率（国名の後の括弧内）の相違の影響を本来は中立化すべきであるが，それがまったくなされていない．わが国に限らず，少子高齢化が進展すればするほど，公的年金制度の持続性の確保が最大の課題となり，程度の差はあれ，給付水準の引き下げを余儀なくされる傾向にある．飛び抜けて高齢化率が高い分，わが国の年金給付水準は国際比較では過小に評価されているのである．

第2に，上記OECD資料における所得代替率は調査年の実際の所得代替率ではなく，調査年の年金制度に基づいたモデル計算による所得代替率である．わが国の2014年の年金制度には「マクロ経済スライド」が法制化されており，図表5-12の35.1％という低い所得代替率は，実は「マクロ経済スライド」調

図表5-12　公的年金・義務的企業年金の総所得代替率の国際比較（2013年制度）

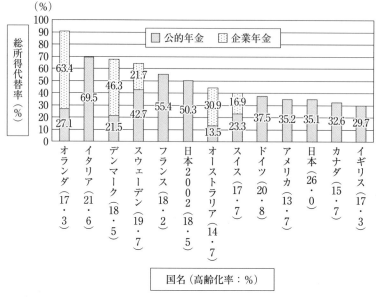

（出所）　OECD, "Pensions at a Glance," 2015 and 2005.

整完了後の予測所得代替率なのである．参考までに，2004年改革前の2002年年金制度でのモデル計算（上記資料2005年版に掲載）では，わが国の所得代替率ははるかに高い50.3％で，順位をかなり上げることがわかる．年金制度の持続性確保を怠っている国に比べ，わが国の所得代替率は過小に評価されているのである．

　第3に，これが本節のテーマに係わるのであるが，今後のさらなる少子高齢化の進展，マクロ経済スライド調整の本格化，年金充実財源の確保の困難さ等を考慮すれば，公的年金制度にのみ老後所得保障を依存するわけにはいかないであろう．図表5-12で言えば，図表5-7で確認したように，わが国よりも国民負担率がはるかに高いイタリアやフランスの公的年金制度は目標にはできないのである．

　むしろ，オランダ，デンマーク，スウェーデンなどのように，公的年金と義務的企業年金とをあわせて被用者年金の高い所得代替率を確保している年金制度を目指すべきであろう．それには，老後所得保障の仕組みとして，とかく軽

視されがちな企業年金制度の普及・充実を急ぐ必要がある．ただ，わが国では
オランダやスウェーデンのような加入義務化がなじまないとすれば，企業年金
の魅力的な制度設計とあわせ，税制上の奨励措置を整備する必要がある．その
際，現役世代の二重負担問題の深刻化を避けるには，退職所得税制の見直しを
含め，既存の退職金（一時金）制度の企業年金制度への再編をもっとも重視し
なければならない．

4.2　わが国の企業年金制度の特徴

　本題の企業年金税制の議論に進む前に，税制との関連という観点から，図表
5-13を参照しつつ，わが国の企業年金制度の動向とその特徴を3点ほど指摘す
るが，一言で言えば，今日，企業年金制度の普及・充実を推し進める基盤や状
況はきわめて厳しい．

　第1に，企業年金の普及が低迷している．同表(1)のように，企業年金の普及
度合いの指標として，厚生年金被保険者の民間被用者数に対する企業年金加入
者数の割合を見ると，50％を割り込んで，なお低下傾向をたどっている．重複
加入者を除く純ベースでは，2016年3月末の加入者割合は40％を切っていると
いう．確定拠出企業年金（企業型）の加入者は順調に増加しているが，厚生年
金基金の解散や適格退職年金の廃止への充分な受け皿にはなっていないようで
ある．

　第2に，退職給付制度の基幹は退職金制度（退職一時金制度）である．同表
(2)のように，退職給付制度のある企業のうち，退職年金制度のみ採用する企業
の割合が最近大きく低下して10％を割り込んでいるのに対し，退職金制度のみ
採用する企業の割合は逆に50％近くに上昇している．退職資金の保全や資金負
担の平準化の観点から，伝統的な退職金制度を退職年金制度に再編する政策努
力が重ねられてきたが，退職金制度を基幹とする状況は変わらず，最近では
むしろ退職金制度への回帰傾向が強まっているのである．

　第3に，企業年金の実態は一時金である．同表(3)のように，制度的には退職
年金制度であるにもかかわらず，年金受給有資格の退職者の受給方法では，全
部を一時金で受給した割合が近年上昇傾向にあり，2013年には7割近くにも達
した．これに対し，全部を年金で受給した退職者の割合は低下傾向をたどり，
2013年には2割を割り込んでいる．

図表5-13　企業年金制度と退職金制度の近年の動向

(1)　企業年金の加入者

(単位：万人)

	2008年3月末	2013年3月末	2016年3月末
加入者総数：A	1,732	1,660	1,597
厚生年金基金	474	408	254
確定給付企業年金	600	788	795
確定拠出企業年金(企業型)	310	464	548
適格退職年金	348		
民間被用者数(厚生年金)：B	3,457	3,472	3,686
A/B(%)	50.1	47.8	43.3

(出所)　企業年金連合会・厚生労働省資料.

(2)　退職給付(一時金・年金)制度のある企業の割合

(単位：%)

	2003年	2008年	2013年
退職給付制度がある企業	86.7	83.9	75.5
退職一時金制度のみ	40.3	46.4	49.7
退職年金制度のみ	17.0	10.7	8.8
両制度併用	29.4	26.8	17.1

(3)　年金受給資格・退職者の退職年金の受給方法割合

(単位：%)

	2003年	2008年	2013年
全部を年金で受給	31.4	28.4	19.5
全部を一時金で受給	56.9	59.8	68.7
一部を年金，一部を一時金で	11.6	12.0	11.8

(出所)　(2)(3)は厚生労働省「就労条件総合調査報告」.

　退職給付（一時金・年金）制度全体の普及が伸び悩んでいるのは，内外の経済状況や企業経営の状態が主な原因と考えられるが，そのなかで特に企業年金制度の普及が低迷し，さらに退職年金の全部を年金で受給する割合が著しく低くなっているのである．要するに，制度では退職金（一時金）が，受給形態では一時金選択がいずれもドミナントであり，企業年金制度の母体が退職金制度であることを如実に物語っている．

　そして，近年の年金所得課税の強化によって，母体たる退職金制度の税制上の既得権と言うべき退職所得税制の優遇度合いが相対的にさらに高まったことに，企業年金制度の普及と年金形態の受給を妨げる有力な原因があると考えるのである．

4.3　企業年金の基準税制

　前節で述べたように，公的年金制度の税制については，強制加入と賦課方式という基本的な特徴，すなわち，勤労世代から高齢世代への強制的な所得移転

（補助金または贈与）というに独特の仕組みを踏まえて議論をしなければならなかった．これに対して，任意加入と積立方式を基本的な特徴とする企業年金等の私的年金の税制については，貯蓄税制を基準にして論ずべきことには異論はない．

最初の議論は，貯蓄・運用・引出の各段階における貯蓄の課税上の扱いには，大きく2つの有力な基本税制が認められていることである．1つは，一般に世界的にも現行所得税の規範税制とされる「包括所得税（以下，たんに「所得税」とする）」であり，もう1つは，所得税の枠組みのなかで，長期貯蓄の税制に採用されることの多い「支出税」である．以下，基準税制としての所得税と支出税の基本的な違いを平易に説明する．

所得税は現在の消費だけでなく，自由意思で将来の消費を選択する行為，すなわち，貯蓄にも担税力を認め，消費と貯蓄の和である所得，別の言い方をすれば，消費に充てるか貯蓄に回すかの選択にかかわらず源泉となる発生所得を課税対象にする．これに対し，支出税は実際に経済資源を費消する現在の消費だけに担税力を認め，消費を将来に延期する貯蓄は課税免除とする．

このように支出税は現在の消費を課税対象とするが，消費への直接的な課税ではなく，所得から貯蓄を控除した残額（イコール消費）への課税という所得税の一タイプとして，貯蓄控除型所得税ないし消費型所得税とも呼ばれる．要するに，所得税と支出税の基本的な違いは貯蓄の取り扱いにある．4.5項では数値例を用いて説明するが，この貯蓄控除（課税免除）分だけ所得税よりも支出税では税負担が軽減されるのである．

以上のような所得税と支出税の税制としての基本的な考え方，特に貯蓄の課税上の取り扱いにおける両税の基本的な違いを踏まえ，これを企業年金の拠出・運用・受給各段階の課税方式に当てはめると，図表5-14のようになる．

まず，所得税における企業年金税制の原則的な考え方は以下のとおりである．

(1)　拠出段階：被用者本人の拠出掛金に充てられる給与所得部分にも担税力が認められるので，拠出控除は認められず，給与所得の一部として課税される．事業主の拠出掛金は経費（労働費用）として法人税では損金に算入されるが，この掛金は年金受給権者である被用者本人へのフリンジ・ベネフィット（現金外給与）であるから，現金給与とあわせて課税（源泉徴収）される．

図表5-14　所得税および支出税の貯蓄税制を基準とした企業年金税制

(1)　所得税

掛金(保険料)納付義務者	租税タイプ	拠出	運用	受給
被用者本人	個人所得税	給与課税(控除不可)		
事業主	法人所得税	損金算入(経費)	運用益課税	全額非課税
＝被用者の給与*	個人所得税	給与課税		

(2)　支出税

掛金(保険料)納付義務者	租税タイプ	拠出	運用	受給
被用者本人	個人支出税	控除可		
事業主	法人支出税	損金算入	運用益非課税	全額課税
＝被用者の給与*	個人支出税	給与非課税		

(注)　*税法を厳密に解釈すれば，事業主拠出掛金は年金受給権者である従業員への実質的な支払給与（フリンジ・ベネフィット）であり，事業主による給与源泉課税がなされるべきである．

(2)　運用段階：拠出掛金の積立金の運用益は利子・配当等の金融所得であるから課税される．

(3)　受給段階：拠出段階の給与課税と運用段階の金融所得課税によって発生所得への課税が完了しているので，受給する企業年金は課税免除（非課税）となる．

次に，支出税における企業年金税制の原則的な考え方は以下のとおりである．

(1)　拠出段階：被用者本人の拠出掛金は消費の延期であるから給与所得からの控除が認められ課税が免除される．事業主拠出は法人税では損金に算入され，被用者本人への現金外給与も消費の延期には変わりがないので課税は免除される．

(2)　運用段階：運用益は再投資によって消費の延期となるので課税免除（非課税）となる．

(3)　受給段階：受給する企業年金は退職後の消費に充てられるので課税される．

以下，課税（控除不可）をT（Tax），非課税ないし課税免除（控除可）をE（Exempt）として，［拠出-運用-受給］段階の課税上の取り扱いを，私的年金税制の議論でよく用いられる表記方法でまとめると，所得税の［T-T-E］に対し，支出税は［E-E-T］となる．結論を先取りすれば，運用益の課税免除の分，所得税よりも税負担が軽減される支出税の適用が，国際標準と言える企業年金への奨励（優遇）税制である．

4.4　企業年金税制における積立金課税

　わが国の企業年金税制の概要をまとめた図表5-15のように，今日実際に施行されている企業年金（年金選択）の税制の特徴は次のとおりである．なお，拠出段階では事業主拠出に焦点を絞っている．

　拠出段階では，事業主拠出は法人税では損金算入，本人（従業員）の給与所得課税は免除で共通している．ただし，確定拠出年金には拠出限度がある．事業主拠出について給与課税が免除とされたのは，わが国の最初の企業年金である適格年金制度が1962年に創設された際であり，一定の勤続年数を満たすまで受給権が発生しないことを考慮し，所得税の課税は受給まで繰り延べることが適当と判断されたからである（税制調査会「昭和36年12月　税制調査会答申及びその審議の内容と経過の説明」）．

　運用段階でも，運用益を非課税とする点で共通している．拠出段階と同様，受給時まで年金の課税は繰り延べるという基本的な考え方に沿ったもので，今日の税制論で言えば，退職給付信託収益の受益者分配時課税の方式である．このような拠出・運用段階とも課税免除という税制は前項の最後で定式化した［E-E-T］という支出税に直結しそうであるが，そうではない．当時の大蔵省・税制調査会は適格年金制度への特別の優遇措置を講じる方向ではなく，課税上の取り扱いを整備する方向で拠出から受給に至る税制のあり方を議論したのである．

　その結果，打ち出されたのが，退職年金等積立金に対する特別法人税である．納税義務者から法人税とされてはいるが，内実は受給時まで課税が繰り延べられる給与（事業主拠出）と運用益への補完的な課税であり，基本税制である所得税の考え方に立脚していた．

　特別法人税は課税繰り延べに伴う利息相当の延滞税と説明されており，税制論としてはきわめて精緻に構成されているようである．しかし，その課税上の意義は民事罰の性質をもつ延滞税ではなく，運用益への課税（運用益非課税の代替措置）とみなされることが多い．当時の税制調査会の説明では，特別の法人税とは，給与所得の限界実効税率と通常の利子率とを基礎とした一定税率で年金基金（積立金）に年々課税する税と位置づけられているが，利子率と積立金との積は運用益に等しいからである．

図表 5-15　日本の企業

	年金制度	拠出者	拠出段階
企業年金	厚生年金基金 （加算分）	事業主	損金算入
			本人：給与課税なし
		本　人	社会保険料控除
	確定給付年金	事業主	損金算入
			本人：給与課税なし
		本　人	生命保険料控除（上限：新型4万円）
	確定拠出年金 （企業型）	事業主	損金算入（拠出限度月額 55,000円， DB 年金ある場合：27,500円）
			本人：給与課税なし
（参考） 個人年金	国民年金基金	本　人 （国年被保険者）	社会保険料控除 （拠出月額上限：68,000円）
	確定拠出年金 （個人型）	本人（第 3 号， 公務員等含む）	小規模企業共済等掛金控除 （拠出上限月額：1.2万円～2.3万円）

（備考）　運用段階の積立金特別法人税：拠出段階での給与課税繰延への延滞税．税率は1.173％（法
人税 1 ％＋地方法人住民税0.173％）．

　受給段階でも，企業年金の年金には公的年金と同様に公的年金等控除が認め
られる点で共通している．なお，退職所得税制が適用される点で共通している
企業年金・一時金選択の課税問題は後に詳しく取り上げるので，本項では検討
対象を企業年金・年金選択に絞る．

　以下，ともに65歳以上で，退職して厚生年金と企業年金を受給する夫と基礎
年金を受給する妻の夫婦のみ世帯をモデルとする．年間収入が基礎年金66万円
（厚生労働省年金局「平成27年度厚生年金保険・国民年金事業の概況」による
平均受給額）のみの妻は公的年金等控除により所得ゼロとなり，控除対象配偶
者となる．65歳以上の公的年金等控除の最低保障額120万円に，社会保険料控
除額28万円（厚生労働省調べによれば全国平均の国民健康保険料は世帯14.8万
円，介護保険料は 2 人分13.2万円）と人的控除76万円（基礎控除38万円と配偶
者控除38万円）を加算した夫の課税最低限は224万円（妻が70歳以上では234万
円）となる．

　前記の厚生労働省年金局「概況」によれば，夫の厚生年金は年額199万円
（2015年度男性平均），そして，企業年金連合会の調べによれば，企業年金は年
額86万円（確定給付企業年金平均），合計285万円であるから，課税最低限224
万円はそのほぼ 8 割にも相当する．概算的なモデル計算ではあるが，公的年
金・企業年金合計収入の 8 割は課税免除となるのである．受給段階でも課税免
除に近いと言ってよいであろう．ただし，総合課税の対象となる他の所得（給

年金の税制

運用段階	受給段階		
運用益：非課税	老齢年金	雑所得課税	公的年金等控除
積立金・特別法人税[凍結] [代行部分の3.23超]	一　時　金	退職所得課税	退職所得控除
運用益：非課税	老齢年金	雑所得課税	公的年金等控除 本人拠出掛金控除
積立金・特別法人税[凍結]	一　時　金	退職所得課税	退職所得控除
運用益：非課税	老齢年金	雑所得課税	公的年金等控除
積立金・特別法人税[凍結]			
運用益・積立金：非課税	老齢年金	雑所得課税	公的年金等控除
運用益非課税	老齢年金	雑所得課税	公的年金等控除
積立金・特別法人税[凍結]	一　時　金	退職所得課税	退職所得控除

与・事業・不動産・一時等）がある場合には，課税免除に近いとはいえなくなる．退職所得との比較ではこの点に注意しなければならない．

　以上まとめると，わが国の企業年金の税制は［E-E-E］，すなわち，公的年金と同じになるが，唯一の税制上の差別化が前述の積立金への特別法人税なのである．ただし，周知のように，特別法人税は1999年度以降停止（凍結）されたままなので，実際の税制も［E-E-E］であるが，特別法人税が制度的に廃止されたわけではない．企業年金関係者から繰り返し廃止要望が提起される所以である．

4.5　企業年金税制の再編

　そこで，すでに紹介した創設時の課税の目的や機能ではなく，今日の年金税制の考え方に立脚して，積立金課税（特別法人税）の存在意義を吟味しておきたい．図表5-16は単一の税率，運用益の単利計算など単純な仮定をおき，所得税と支出税の税制と税負担の違い，税負担の現在価値が等しい等価税制のタイプ，所得税または支出税における積立金課税の位置づけなどを数値例によって説明したものであり，同表から導かれる議論は以下のとおりである．

　第1に，所得税「課税方式①原則」に比較すると，支出税「課税方式④原則」は年金の税負担額（現在価値）では下回り，受給年金額では上回っているように，原則税制自体が企業年金への奨励（優遇）税制になっている．また，

図表5-16　企業年金・事業主拠出分の

・基準基本税制 ・課税方式(特徴) ・[拠出-運用-受給]段階	所得税		
	①原則 T-T-E	②拠出控除 E-T-T	③積立金課税 E-(E・Tc)-T
課税前拠出	100.0	100.0	100.0
・拠出課税	20.0		
当初資産(積立金)	80.0	100.0	100.0
運用益	32.0	40.0	40.0
・運用益課税	6.4	8.0	
積立金	80.0	100.0	100.0
・積立金課税			8.0
課税後運用益[1]	25.6	32.0	32.0
退職時資産(給付額)	105.6	132.0	132.0
・給付課税		26.4	26.4
課税後(手取)年金所得	105.6	105.6	105.6
合計税額の割引現在価値	24.6	24.6	24.6

(注)　1)　課税後運用益は,運用益から運用益課税または積立金課税を控除したもの.

(備考)　1.　運用段階課税の[Tc]は積立金課税である.

　　2.　年収益率(利子率)は1.33%,単利・30年間の収益率は40%となる.拠出時・運用時・給付時の適用税率は一律20%とする.

　　3.　所得税・課税方式③:原則①と等価となる積立金税率で8%で,これは所得税率(20%)と30年間運用利率(40%)の積に等しい.

　　4.　支出税・課税方式⑥:受給時課税の税額28.0に等しい.また,拠出時課税20%に等しい積立金課税の30年合計税率は28%(=20%×1.4)となり,年税率では0.93%となる.

　　5.　合計税額の現在価値では,運用段階および受給段階の税額を運用益で割り引いて拠出時点の税額にそろえている.

所得税の課税方式では,「①原則[T-T-E]」と「②拠出控除[E-T-T]」,また,支出税の課税方式では,「④原則[E-E-T]」と「⑤拠出課税[T-E-E]」とはそれぞれ税負担の等しい等価税である.

　第2に,上述の議論と実際の企業年金税制を踏まえ,所得税での積立金課税を検討すると,そもそも拠出・運用益の課税繰り延べに対応する受給年金の全額課税という積立金への延滞税の前提自体が実際には受給年金の実質課税免除によって崩れている.所得税への等価税を維持しつつ,あえて積立金課税を位置づけたのが「課税方式③」であるが,これは「課税方式②」における運用益課税のたんなる代替税にすぎない.

　第3に,支出税では,等価税としての奨励税制を維持しつつ,また,年々の延滞税という性格を残しつつ,積立金課税を「課税方式⑥」のように位置づけることができる.その意義は,「課税方式④」の原則を基準にすれば,受給段階で課税免除となる年金課税を運用段階で先取りすること,あるいは,等価税

課税方式の数値例

（単純化された想定における数値例）

支出税		
④原則 E-E-T	⑤拠出課税 T-E-E	⑥積立金課税 E-(E・Tc)-E
100.0	100.0	100.0
	20.0	
100.0	80.0	100.0
40.0	32.0	40.0
100.0	80.0	100.0
		28.0
40.0	32.0	12.0
140.0	112.0	112.0
28.0		
112.0	112.0	112.0
20.0	20.0	20.0

の「課税方式⑤」を基準にすれば拠出段階で繰り延べられた給与課税を運用段階で取り戻すことである.

　このように，今日の税制論を踏まえれば，積立金への特別法人税の存在意義は支出税の等価税として企業年金への奨励税制は維持しつつ，公的年金と同様の最優遇税制［E-E-E］にはならないよう歯止めをかけることにある. 逆に言えば，特別法人税は廃止せよとの要請は公的年金と同じ最優遇税制を現行の企業年金にも認めよとの要請にほかならない.

　しかし，経済状況等による特例は別として，これまで繰り返し指摘してきたように，普遍的で長期安定的な老後所得保障という観点から評価して，公的年金の補完とは言い難い現在の企業年金制度では，年金論としても税制論としても一方的な廃止論には説得力が欠ける.

　確かに，特別法人税は創設時の課税根拠が失われているうえに，停止（凍結）という中途半端な閉塞状況が続いている. そこで，この際，積立金課税

図表 5-17　主要国における企業年金税制の概要（未定稿）

	加入条件	拠出 （事業主）	運用		受給	
			運用益	積立金	年金	一時金
オーストラリア	義務	T=15%	T=15%	E	E	T/PE
デ ン マ ー ク	義務・準義務	E	T=15.3%	E	T	T=40%
フ ラ ン ス	任意	T/PE	E	E	T/PE	選択不可
ド イ ツ	任意	E	E	E	T	T
日 本	任意	E	E	(T/S)	T/PE	T/PE
オ ラ ン ダ	準義務：（一般）	E	E	E	T	原則選択不可
	：（高賃金）	T	E	E	E	原則選択不可
ス ウ ェ ー デ ン	準義務	E	T=15%	E	T	選択不可
ス イ ス	義務	E	E	E	T	T/PE
イ ギ リ ス	任意	E	E	E	T/PE	T/PE
ア メ リ カ	任意	E	E	E	T	T

（備考）　T=通常累進課税，E=課税免除（非課税・控除［限度額まで］），T/PE=軽減課税(一部免除等)，(T/S)=凍結中特別課税

（出所）　OECD［2015］"Stocktaking of the Tax Treatment of Funded Private Pension Plans in OECD and EU Countries."

（特別法人税）は制度としても廃止し，いったん「支出税④」を統一基本税制とするよう提案したい．この支出税原則［E-E-T］方式は，EUの共通企業年金奨励税制とされており，また，個人年金ではあるがアメリカのIRA（個人退職勘定）の基本的な奨励税制でもある．

　そのうえで，企業年金給付の課税上の取り扱いについては，企業年金制度の普及度合い，一時金選択の制限，給付期間の長期性，財務・管理の健全性等，公的年金制度の補完に値する年金設計か否かの「公共性テスト」に基づき，公的年金等控除の適用・拡大を認めるのがよい．公的年金等控除の拡大は後述する退職所得税制の優遇措置縮小に財源を求めればよい．企業年金制度の公共性の向上は，さらなる高齢化の進展に伴う公的年金制度の限界を補い，高齢者向け公的扶助の節減にも寄与するからである．

　最後に，企業年金税制の国際比較を図表5-17で見ておきたい．西欧・北欧の主要国では義務的・準義務的な企業年金がむしろ主流のようであるが，労働市場や雇用慣行の異なるわが国では，企業年金の義務・強制はなじみにくく，税制による奨励・誘導が普及度合いの上昇に主要な要因となろう．税制の内容は，多くの国が基本的には支出税原則［E-E-T］を採用していることがわかる．特異なのはデンマークやスウェーデンで，運用益課税に加え，すでに触れたように，受給年金は給与と同じ通常課税で，特に地方税の負担が重い．

　同表の右端欄の「一時金」の税制を見ると，課税上の扱いはさまざまであるが，わが国と違い，デンマークは課税強化，ドイツやアメリカは通常課税，そして，フランス，オランダ，スウェーデンの企業年金では一時金の選択が原則として認められていないようである．これが，次項の議論のテーマである．

4.6　退職所得税制の優遇措置

　前項での指摘のように，公的年金補完にふさわしい企業年金の制度再設計が行われ，あわせて，企業年金奨励税制の整理と充実が図られたにしても，おそらく，退職金制度から企業年金制度への切り換え，そして，企業年金制度における一時金選択から年金選択への切り換えは遅々として進まないであろう．

　その理由は，すでに示唆したように，現行の退職所得税制の手厚い負担軽減措置にある．他所得と合算して課税する総合課税ではなく退職所得だけの分離課税であること，勤続年数20年を境に控除額が１年につき40万円から70万円に大幅増となる退職所得控除が適用されること，そして，控除後の退職所得の２分の１だけが課税対象とされることである．

　この三重の優遇措置と言うべき退職所得税制の基本的な仕組みが，戦前から戦後にかけての累次の税制改正を経て，1967年税制改正で成立をみたのには理由がある．勤続年数が退職金の主要な算定要素であるように，退職金は勤続年数に応じて形成される長期性所得とみなされる．しかし，その全額が退職時に一時金として一括払いされるため，累進所得税のもとでは，当該税年度にきわめて重い税負担が集中的に発生する．そこで，退職者の所得という特殊な事情も考慮し，税負担の軽減には長期性所得への平均課税の仕組みが特に必要とされるのである．

　そこで，前述の三重の負担軽減措置のうち，退職所得控除と２分の１課税の課税所得削減効果，すなわち，勤続年数に応じて退職金の課税所得が減少する度合いをグラフ化したのが図表5-18である．削減効果の著しさが容易に読み取れるであろう．例えば，大学卒・定年退職の平均とされる退職金2,000万円・勤続年数30年の場合，課税所得はわずか250万円となり，現在の超過累進税率表による税額は15.3万円，退職金額の0.77％にすぎない．そして，勤続年数が38年になると所得ゼロ，つまり，退職金全額が非課税となる．

　他方，企業年金の課税は公的年金等控除後の所得を他所得と合算する総合課

図表 5-18　退職所得控除と所得1/2課税の課税所得削減効果

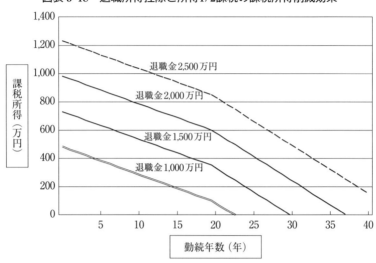

税なので，退職金の税負担と直接比較するのは難しい．しかし，一般的には，税負担の点でも，納税の点（退職金は原則として確定申告は不要）でも，企業年金・年金選択よりも，退職金または企業年金・一時金選択のほうが有利とされている．こうした傾向は，2004年の年金改革を受けた2005年税制改正によってさらに明確になったと思われる．公的年金制度の世代間・世代内公平等の観点から，企業年金受給にも適用される公的年金等控除の縮減（65歳以上最低保証額の140万円から120万円への減額）と老年者控除（50万円）の廃止が実施されたからである．

4.7　退職所得税制の抜本見直し

　現行の退職所得税制の問題は，税制の確立後すでに60年近くも経つことである．その後，特に1990年代以降の社会経済，雇用慣行，所得税制等の激変と形容すべき構造変化を踏まえれば，退職所得税制の抜本的見直しは今日では不可避と考えざるをえない．

　第1に，世界的にも稀なほどの急速な高齢化が進展している．それに対応し，定年延長や生涯現役の傾向が強まってはいるが，長寿化による退職後余命の長期化が著しい（「第22回生命表」によれば，65歳平均余命は男19.4年，女24.2

年である）．加えて，少子高齢化に伴う公的年金の限界を考慮すれば，公的年金を補完する長期安定的な老後所得保障制度の重要性は増すばかりである．

確かに，退職金や企業年金・一時金選択には住宅ローンの一括返済等への自由な処分権が認められる点で退職者の意向に沿い，管理・運用の責務から解放される点で企業の方針にも沿うという．しかし，わが国と同様にOECDでも議論されているように，退職金・一時金には，当面の消費や浪費によって早期に資金が涸渇する恐れがあること，個人的な資金運用には高い運用リスクや取引費用が伴うことなど，長期安定的な老後所得保障としての確実性に欠けることが懸念されている．

第2に，雇用の流動化と多様化が著しく進んでいる．高度成長期にわが国で支配的であった雇用慣行，すなわち，終身雇用・年功序列賃金という正規雇用者（正社員）モデルが現在では大きく後退し，代わって雇用の流動化や多様化が著しく進んでいる．

企業年金のポータビリティのさらなる拡充や個人年金（個人型DC）の奨励・拡充が今日の重要課題となっているように，同一企業内での長期勤続を奨励する退職金制度や企業年金・一時金選択制度は時代の要請にマッチしていない．

第3に，個人所得課税の累進構造が大幅に緩和されている．本章のテーマとの関連では最も強調すべき構造変化である．図表5-19のように，現行の退職所得税制が成立・定着した1950年代から1970年代の所得税を見ると，税率構造の累進度が著しく強化され，維持されていたことがわかる．最高税率は70〜75％にも引き上げられ，税率段階数も13〜19段階に細かく区分されるようになった．これに地方の個人住民税をあわせると，最高税率が90％を超える急激な累進税率構造となった．平均課税による退職金の税負担軽減が重視された所以である．

しかし，1980年代後半になると，経済のグローバル化への租税政策として，課税ベースの拡大と税率構造のフラット化が世界的な潮流となり，わが国でも所得税と地方個人住民税の最高税率の引き下げと税率段階数の削減が進んだことは図表5-19に見るとおりである．したがって，退職所得税制の平均課税の仕組みとして三重の負担軽減措置を今日でも堅持しなければならない税制上の理由も乏しいと言わざるをえない．

図表 5-19　個人所得税の最高・最低税率および税率段階数の推移

暦年	所　得　税			個人住民税		所得＋住民
	最高税率(%)	最低税率(%)	税率段階数	最高税率(%)	税率段階数	最高税率(%)
1950年	55	20	8	(注)	(注)	－
1953年	65	15	11	(注)	(注)	－
1959年	70	10	13	(注)	(注)	－
1962年	75	8	15	18	13	93
1974年	75	10	19	18	13	93
1984年	70	10.5	15	18	14	88
1989年	50	10	5	15	3	65
1999年	37	10	4	13	3	50
2007年	40	5	6	10	1	50
2015年	45	5	7	10	1	55

(注)　地方個人住民税の課税方式が統一されていないため，所得税と比較可能な税率および段階数はない．
(備考)　国・地方合計適用税率がきわめて高くなる場合には賦課制限が設けられていた．

　以上，高齢化の進展，雇用慣行の転換および税率累進度の緩和を根拠に現行退職所得税制の見直しは不可避とするのは，法律等の強制力に頼ることなく，また，長期性所得への平均課税の要素は残しつつ，長期安定的な老後所得保障に向け，退職金制度（一時金選択）から本来の企業年金制度（年金選択）への速やかな移行を促すためである．

　企業年金制度の普及・拡充に，既存の退職金制度の再編を重視するのは，公私年金制度における現役世代および事業主（企業）のいわゆる二重負担問題をできるだけ避けるためである．高齢化に伴う公的年金の限界を企業年金・個人年金の充実でカバーするという発想が二重負担問題の深刻化を招かないよう十分注意する必要がある．

　退職所得税制の見直しの第一歩は退職所得控除の縮小である．勤続年数20年超の年控除額70万円を40万円に引き下げて退職所得控除の年控除額を一律40万円とするよう提案したい．そのうえでの改正方向は現行所得税制の2つの平均課税方式を参考にすべきであろう．1つは退職金と同様に長期性所得である山林所得の平均課税方式，もう1つは一時・一括払いの臨時所得である「一時所得」の平均課税方式である．

　前者は5分5乗法と呼ばれ，退職所得と同様に分離課税としたうえで，経費控除後の山林所得の5分の1を課税所得として算出した税額を5倍して納付税額を求める方式である．後者は特別控除後の一時所得の2分の1を他所得と合算して総合課税する方式である．

　現実的な判断ではあるが，このうち，退職所得に，同じ長期性所得の山林所

得の分離課税・平均課税方式を認めるのもやむをえない．企業年金・年金選択と同じ総合課税ではあるが，一時所得の平均課税方式の所得2分の1課税は，租税回避の乱用を封じるため，2012年度税制改正で短期任期役員等の退職金への適用が廃止された経緯も考慮しなければならないからである．

　参考までに，前項で紹介した大学卒・定年退職の事例（退職金2,000万円，勤続年数30年）を用いて税額（退職金額に対する実効税率）を計算すると，現行税制では15.3万円（0.77％）であるのに対し，退職所得控除の縮小を織り込んだ山林所得方式の5分5乗方式では40万円（2.0％）となる．

5　公正な年金制度とマイナンバー制度

5.1　所得比例年金一本化の理念と実際

　わが国の公的年金制度は世界に誇る国民皆年金ではあるが，周知のように，制度は単一ではなく，大きく国民年金と厚生年金の別建て制度から構成されている．基礎年金が全国民共通の定額年金に位置づけられてはいるものの，単一の年金制度でないことに対しては，加入制度が就業種類や雇用形態によって異なる不平等，保険料負担が加入制度によっては逆進的になる不公平などの批判が絶えない．

　そこで以下では，公的年金制度の理念からは肯けるであろう，こうした不平等や不公平への批判を税制論の視点から吟味しておきたい．

　国民皆年金を実現した1961年施行の国民年金（拠出制）の制度設計では，定額保険料したがって定額給付であった．当時から，国民年金も厚生年金と同じく所得比例（報酬比例）にすべきとの主張が根強くあったが，賦課対象の事業所得の中身が複雑多様なうえ，徴税面でも正確な把握が困難であることから，「定額制」にせざるをえなかったという．

　国民年金の主な被保険者である自営業者，農家，開業医等の個人事業主および家族専従者の年金保険料の賦課対象所得は，被用者の給与所得に比べると，以下に吟味するように，所得の性質，概念，発生等が異なるだけでなく，事業所得と一口にいっても，業種によって経費率にバラツキが大きい．このため，徴税方法でも，給与所得とは違って，所得把握に最も効果的な源泉徴収制度が適用できないのである．

　第1に，所得の性質を吟味すると，被用者の給与所得が単一の勤労所得（労働収益）であるのに対し，個人事業主（農家を含む）の事業所得は勤労所得と資本所得（土地・建物・機械等の生産手段から生じる収益）との複合所得である．したがって，高齢に伴う労働能力の減退は被用者には全所得の喪失となるが，個人事業主には資本所得分だけは残存する．被用者と個人事業主の老後所得保障の役割は同一ではないのである．

　第2に，保険料賦課対象となる所得の概念を吟味すると，負担能力の指標として，給与所得は把握しやすい収入（報酬）ベースの所得概念で支障はないが，事業所得の負担能力は，税制の定めのように，事業収入から必要経費を差し引いた純所得ベースの所得概念でなければならない．要するに，被用者と個人事業主の老後所得保障の算定ベースとなる所得概念が異なるのである．

　しかも，税法では事業収入から控除できる必要経費と控除できない家事費（消費）とが明確に区別されているが，実際には両者の識別は困難なため，純所得ベースの事業所得の信頼性は著しく低い．また，給与所得と違って，純所得ベースの事業所得はしばしば損失を計上するので，所得比例型の年金制度では，損失の扱いが大変やっかいな問題となる．

　第3に，おそらくより重要なのは，後のマイナンバー制度の議論の際に検証される，所得把握の著しい格差に集約される所得発生の違いであろう．通常，給与所得は特定の雇用主から従業員に決まった金額が決まった支給日に定期的に支払われる．それで，雇用主を源泉徴収義務者とし，支払い段階で給与税額の徴収を求め，納税義務者の従業員に代わって税務署に納付するという源泉徴収制度が機能するのである．わが国では年末調整まで含めた源泉徴収により給与所得はほぼ100％把握されている．

　これに対して，事業所得は企業間および企業・消費者間の日々の頻繁な多様な商取引から発生する事業収入（売上）から必要経費を控除したものである．給与所得と同様に，あえて事業所得の源泉徴収方法を考えれば，次のようになろう．すなわち，消費者を含む多数の購入者（代金支払い者）を源泉徴収義務者として，頻繁かつ多様な商取引のつど，業種による経費率の違いを考慮し，支払い代金ベースで所得税額の源泉徴収を求めることである．これはまったく実行可能性に欠ける．

　したがって，事業所得の課税については，事業年度の決算を待って，課税所

得額と納付税額を確定し，税務署に申告納付する以外に方法はない．源泉徴収は適用できず，前述のように，経費と消費の識別が困難な事業所得の正確な把握はまことに容易ではないのである．

このように税制や徴税の実態は，税負担の公平や納税・徴税費用といった税分野に影響がとどまるわけではない．税制における所得概念や徴税における所得把握にほぼ全面的に依拠している社会保障分野にも大きな影響が及んでいる．公的年金制度では，すでに述べたように，定額保険料によらざるをえない国民年金制度の分立に集約される．

国民年金を所得比例型に変え，公的年金制度を所得比例型に一本化する構想は，これまで指摘した税制上および徴税上の給与所得と事業所得との不平等および不公平な取り扱いが解消されないかぎり，むしろ，実態的には公的年金制度の就業・雇用形態への非中立的ないし不平等な扱いをさらに悪化する恐れがある．

5.2 マイナンバー制度と所得把握

「社会保障・税一体改革」では，いわゆるマイナンバー制度（社会保障・税番号制度）が，給付および負担の公正性や明確性を確保するためのインフラと位置づけられていた．行政の効率化だけでなく，所得の正確な把握にマイナンバーは不可欠とされたからである．そこで，前項で予告したように，マイナンバーと所得把握に係る論点を検討する．

マイナンバーの活用とりわけ税分野での活用によって，個人の所得や資産のすべてを税務当局は正確に把握できるのであろうか．とりわけ，問題の事業所得については，源泉徴収が適用できないうえ，必要経費と家事費との識別ができないため，正確な把握は困難であると前項では論じたが，マイナンバーは事業所得の正確な把握に役立つのであろうか．

答えは「ノー」である．いわゆる番号制と所得把握との関連には，番号さえあれば所得把握ができるという根強い誤解（警戒）がある．番号とは，番号を記載した資料を検索し，分散している複数の資料を同一番号で名寄せする際の「検索番号」であって，それ自体に所得を把握する機能があるわけではない．所得把握の機能を備えているのは検索・名寄せされる課税資料であり，税務分野では「法定調書」という．

　法定調書とは，法律により税務署に提出が義務づけられている課税資料，すなわち，「源泉徴収票」や「支払調書」である．そして，2016年1月1日以降，金銭等の支払い等に係る法定調書に記載される受領者および支払い者のマイナンバー（または法人番号）を用いて，税務署は法定調書の検索・名寄せによって，法定調書に記載された支払い・受領金額とその集計額の把握作業を大量かつ効率的に処理できるようになった．

　さて，本項の関心は，前項で述べたように，公的年金制度の基本設計を左右したとされる事業所得の把握問題で，税の世界では，以前からよく知られた「クロヨン」問題である．ただし，わが国では実際の申告書や法定調書を用いた調査は行われたことがないので，信頼できる調査研究に基づいて「クロヨン」が検証されているわけではない．

　アメリカでは，わが国の国税庁にあたる内国歳入庁（IRS：Internal Revenue Service）自らが数年おきに実際の申告書を用いて，主要連邦税における課税所得の申告・把握漏れ等による納付漏れ税額を詳細に調査し，おおむね5～6年後には，その推計結果を公表している．そこで，2006課税年度の調査に加え，より詳細に所得種類別の調査を行った2001課税年度の推計結果もあわせて紹介したい．

　図表5-20では，源泉徴収の有無と法定調書の有無という納税・徴税環境別に主要な個人所得種類を区分し，それぞれのIRSへの申告における所得脱漏率（本来の申告所得額に対する申告漏れ所得額の割合）を比較している（なお，その逆数である所得把握率は筆者が付記した）．

　周知のように，アメリカでは社会保障番号が税務分野の納税者番号として定着している．それを踏まえて，図表5-20の所得把握率を見ると，源泉徴収と法定調書がともに「十分な程度」で適用されている給与所得は両年度とも99％にものぼる．これに対し，源泉徴収が適用されず，法定調書の適用も，「なし」または「ほとんどなし」の事業所得等の平均は両年度とも45％前後，2001課税年度で事業所得に絞ると，非農家・事業主所得は43％，農家所得は28％という著しい低さとなり，「クロヨン」よりさらに悪い所得把握率である．

　以上のアメリカIRSの調査からは，源泉徴収と並んで，法定調書が所得把握に最も効果的であり，したがって，番号があっても法定調書がなければ所得は把握できない，という明快な結論が得られる．

図表 5-20 連邦個人所得税の納税環境別に見た申告所得の脱漏率と把握率

(単位・%)

徴税・納税環境		主要所得種類	2001課税年度		2006課税年度	
源泉徴収	法定調書		所得脱漏率	所得把握率	所得脱漏率	所得把握率
十分な程度あり	十分な程度あり	賃金, 俸給, チップ	1	99	1	99
なし	十分な程度あり	利子, 配当, 私的年金等	5	96	8	92
なし	ある程度あり	組合所得, 譲渡所得等	9	91	11	89
なし	「なし」または	事業所得, 賃貸料等	54	46	56	44
	ほとんど「なし」	うち非農家・事業主所得	57	43	–	–
		うち農家所得	72	28	–	–

(注) 1. [substantial]を「十分な程度」, [some]を「ある程度」としている.
　　 2. 所得漏れ率＝申告漏れ所得／申告すべき真の所得. 100%から所得漏れ率を差し引いたのが所得把握率.
(出所) Internal Revenue Service, "National Research Program: IRS Update Tax Gap Estimates," 2006 & 2013.

図表 5-21 個人所得税における番号制度と主要所得の法定調書（未定稿）

		日　本	アメリカ	イギリス	ド イ ツ	スウェーデン
法定調書	事業所得	×	×	×	×	×
○あり	給与所得	○	○	○	○	○
×なし	賃貸所得	○	○	○	×	×
	利子所得	×（源泉分離課税）	○	○	×	○
	配当所得	○	○	○	○	○
	株式・不動産譲渡所得	○	○	○	○	○
番号制度	番号の種類	行政手続番号	社会保障番号	国民保険番号	税務識別番号	住民登録番号
	税務利用（○利用）		○	○（一部）	○	○
	導入年	2016年	1962年	1989年	2009年	1967年

(注) 1. 法定調書の有無について, 財務省資料と OECD 資料とに若干の違いがあるため, 未定稿とした.
　　 2. 財務省資料によればドイツには法定調書制度は原則, 存在しないという. ドイツの法定調書はもっぱら OECD 資料による.
　　 3. スウェーデンにおける主要所得の法定調書の有無は, OECD 資料による.
(出所) 日本, アメリカ, イギリスは, 財務省ホームページ（税制・国際比較・納税環境）.
　　　 ドイツとスウェーデンは, OECD [2006]"Tax Administration in OECD and Selected Non-OECD Countries," October.

　そこで, わが国と欧米主要国の法定調書制度の概要を番号制度とあわせて比較した図表5-21を見ると, 税務当局が事前に申告書まで作成してしまうスウェーデンのような国を含め, 法定調書の有無に関する結論は, 各国とも給与所得は「あり」, 事業所得は「なし」ときわめて単純明快である. このように, 事業所得だけには法定調書が適用されないのは, 前述した源泉徴収制度が適用できないのと同じ理由からである.

　要するに, マイナンバーが導入されても, 法定調書がない以上は, 事業所得の把握はできず, 給与所得との把握格差は是正できない. むしろ, 源泉徴収に

加え，法定調書へのマイナンバー記載によって給与所得の把握がさらに徹底され，事業所得との把握格差がいっそう拡大する恐れが強いのである．

5.3　地方税所得基準の不合理

　社会保障の領域では，負担・受給の所得階層間の公平を確保するのに加え，給付の重点的な配分によって財源負担の節減を図る観点からも，所得を基準に，その多寡に応じて費用負担を求め，逆に，受給を制限する仕組みが広い分野で用いられている．年金分野にも所得基準が重要な役割を果たす制度があるが，主たる分野は医療・介護・福祉等である．

　例えば，国民健康保険や後期高齢者医療制度における保険料の算定や受診時自己負担の割合および限度額（高額療養費）の判定，介護保険における第1号被保険者の保険料段階の決定およびサービス利用時の自己負担割合の判定，保育施設の段階保育料の算定，児童手当や児童扶養手当の受給制限の判定等が主として所得を基準に行われている．

　年金制度の分野で最も重要な所得基準の活用は国民年金（第1号被保険者）の保険料申請免除の審査であり，免除の4つの段階（全額，4分の3，半額，4分の1）に応じて4段階の所得基準が設けられている．厚生労働省年金局の最近の調査（「平成27年度の国民年金加入・保険料納付状況」）によれば，国民年金第1号被保険者1,645万人に対して，申請全額免除者は14.0％の230万人，そして，申請一部免除者は2.9％の47万人にのぼる．

　問題は，以上に列挙したような社会保障諸制度で活用される所得基準の「所得証明」を，一般に，地方個人住民税（正確には所得割）の課税資料に求めていることである．結論を先取りすれば，当年の保険料や自己負担，受給資格等を決定する基準の「所得」は，実は「前年または前々年」の所得なのである．前々年の所得を基準に，その後の就業，所得，家族等の状況変化とは無関係に，当年の負担や給付が決定されるケースも少なくなく，このタイムラグはいかにも合理性に欠ける．

　ただし，この「前年所得課税」の点を除けば，地方住民税の活用には確かに合理性がある．第1に，前述のような所得基準を活用する社会保障諸制度の行政手続きの窓口は住民税を管轄する地方自治体（市区町村）なので，所得情報の入手や審査が効率的にできる．

　第2により重要なのは，所得基準活用の主な目的である低所得者対策では，低所得層の課税情報等の入手・蓄積の仕組みや実績の点で国（国税庁）よりも地方（市区町村）のほうが優れている．その理由は，個人住民税の課税最低限が所得税のそれを下回っていること，給与所得について税務署へ提出する「源泉徴収票」より市区町村へ提出する「給与所得支払報告書」のほうがはるかに包括的であること，低所得層を対象とする生活保護，社会福祉等の行政はもっぱら地方が担当していることなどである．

　しかし，個人住民税の税制および税務行政が基本的には国の所得税に依拠しているため，2つの大きな問題を抱えている．第1に，すでに述べたような所得の概念や所得の把握に係る特徴や問題点がそのまま住民税にも持ち込まれている．そして，第2に，前述した「前年所得課税」も，国の所得税の徴収・納付が完了しないと，住民税の賦課作業が始められないという事情に起因している．

　2016年の所得を例にとれば，国の所得税は，給与所得の年末調整（当年12月）とその他所得の確定申告（17年3月中旬期限）で納付手続きが完了する．これにより確定した国の所得税の課税資料（「給与支払報告書」や「確定申告の写し」）が市区町村に提供されるのを受けて，市区町村は個人住民税の賦課作業に着手する．そして，2017年6月に住民税の所得額および税額を決定して納税者に通知し，徴税を開始する．徴税がすべて完了するのは18年5月（特別徴収）となる．

　このように，2017年6月に決定される住民税は前年の16年の所得に対する税額であり，これを「前年所得課税」という．住民税の税務行政を国の所得税の税務行政に依存するのは，確かに，税務の費用節減や事務効率化には役立つであろう．

　しかし，「前年所得課税」の好ましからぬ影響は，すでに述べた社会保障の分野だけでなく，教育（授業料減免，奨学金等），住宅（公営住宅入居）等，公平確保や低所得者対策に所得基準を活用する広い分野に及んでいる．当年の負担軽減や受給の必要度を前年の所得を基準に，とりわけ，1月から6月の間になされる申請を2年前の「所得」を基準に審査・決定するのはまことに不合理である．

5.4　補論：「給付付き税額控除」の吟味

　いわゆる「給付付き税額控除」（無制限税額控除）は年金制度との直接的な
関連はないが，代表事例であるアメリカ連邦所得税の勤労所得税額控除
（Earned Income Tax Credit）を取り上げ，補論として，その制度と実態の主
要な論点を吟味する．これには3つの理由がある．

　①アメリカでは低賃金就労者を対象に年金保険料控除の代替措置として導入
されたこと，②わが国では消費税率引き上げに伴う低所得者対策として最近注
目されていること，そして，③所得税制を通じる実質的な給付（賃金補助）制
度の実態がほとんど知られていないこと，である．

　税額控除とは，納付税額の算定において算出税額から税制の定める金額を直
接控除する仕組みであり，通常は算出税額を控除限度とする．これに対し，無
制限税額控除では算出税額を上回っても全額の控除が認められ，控除超過分は
税務当局から申告者に給付金として支給される．「給付付き」と呼ばれる所以
である．課税最低限を下回る低所得者は算出税額がゼロなので，定められた控
除金額の全額が申告者への給付金となる．

　アメリカの勤労所得税額控除はまさにこのタイプの税額控除制度で，課税最
低限を若干上回る程度の賃金所得を限度に，もっぱら低賃金就労者（個人事業
主所得も含む）に対象を絞り，家族状況を考慮しつつ，賃金補助として現金給
付を行う所得税制の仕組みである．実際，IRS の税務統計（Statistics of
Income: Individual Income Tax Returns, 2007）から勤労所得税額控除の申告
状況を見ると，申告件数の96％は非課税申告であり，控除税額の88％は給付金
であった．

　図表5-22は，2008年度のアメリカ連邦所得税の勤労所得税額控除制度につ
いて，申告者を単身・夫婦と扶養児童人数に従って6つに区分し，控除税額の
賃金所得に対する比率をわかりやすくグラフ化したものであり，大きく2つの
傾向が明らかとなる．

　1つは，控除税額比率は，最も低い賃金階層を超えて賃金が増加するにつれ
低下傾向をたどり，賃金が課税最低限を若干上回るとゼロになる．もう1つは，
扶養児童がいると，そして，その人数が増えると控除税額比率は高い水準にな
る．このような仕組みの勤労所得税額控除の政策目的は，すでに述べたように，

図表 5-22　勤労所得税額控除の仕組み

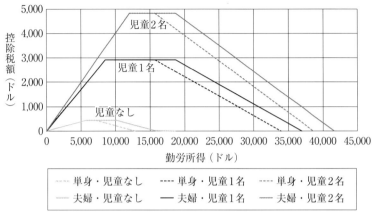

（出所）　CCH Tax Law Editors［2009］"U. S. Master Tax Guide, 2010."

低賃金就労者に的を絞って，子育て費用を加算した賃金補助金を給付すること
にある．

　ただし，アメリカには，西欧諸国やわが国におけるような児童手当制度，そ
して，所得税での社会保険料（年金拠出）控除制度がないことに注意すべきで
ある．実は，低賃金就労者に対象が絞られているが，双方とも勤労所得税額控
除制度が実質的な代替制度なのである．もともと勤労所得税額控除制度は累進
所得税に比べ，低賃金層の負担が重い年金保険料拠出の軽減措置として導入さ
れた経緯がある．

　また，経済的には，勤労所得税額控除制度が低所得者の就労・雇用促進政策
の切り札とされるのは，勤労所得税額控除制度の給付金の実質は賃金補助であ
るが，公的福祉給付であるため，賃金・給与の引き上げと違って，労使ともに
年金保険料の負担増が回避できるからである．

　以上，アメリカの勤労所得税額控除制度の概要と役割を説明してきたが，問
題はこの制度が実際にどの程度的確かつ公正に運営されているかである．イエ
スと評価するのは難しい．日本の会計検査院に当たるアメリカの GAO
（General Accounting Office）の検査によれば，勤労所得税額控除申告額のほ
ぼ3割は過大請求であるという．

　いくつか原因が指摘されている．夫婦共同申告の義務に反して分離申告また

は家族内の高額賃金就労者を除外した申告がなされていること，申告資格を持つ個人事業主の勤労所得が過少に申告されていること，給付制限の基準となる資産所得が過少に申告されていること，控除資格を満たさない児童が扶養児童として申告されていることなどである．

　アメリカの事例だけでは断定はできないが，たんなる理念ではなく，制度運営の公平・公正という点では，給付付き税額控除制度の実態は厳しい評価にならざるをえない．しかも，わが国への給付付き税額控除の導入を検討してみると，そもそも制度運営の基本条件の整備が著しく困難と考えられるのである．

　低所得者対策として給付付き税額控除が機能する基本条件は，無・低所得者がもれなく世帯単位の所得税申告書を税務署に提出することであるが，アメリカの所得税と違って，わが国では低所得層の所得税申告を不要とするさまざまな制度が長年にわたり定着しているからである．

　飲食料品の軽減税率は実行可能であるが低所得者対策の効果は拡散してしまう．これに対し，給付付き税額控除は低所得対策には有効であるがそもそも実行可能性に欠けるのである．

第**6**章

ガバナンス強化を目的とする企業年金検査制度の提案

年金数理人への期待

若杉　敬明

要　旨

企業年金制度運営の現状と新たなガバナンス体制の必要性

企業年金の運営は，企業，加入員が選任した代議員が理事および監事を選定し，①代議員会による意思決定，②理事長による業務全体の執行，③運用執行理事による資産運用業務の執行，④監事による内部監査，および⑤年金数理人の財政検証という体制，のもとに適切に行われることになっている．

しかし，企業年金内部における職務遂行上の過誤や不正，あるいは不適切な資産運用により年金資産が大きく損なわれ，受給権が脅かされる事件が発生して社会問題となっている．年金制度の健全かつ適正な管理運用を担保するためには，企業年金自身による内部統制の強化とともに，企業年金の運営全体を独立な立場から監視するガバナンス体制の確立が急務である．

公的年金を補完する企業年金制度の受給権を確実なものとするために，企業年金は，長期間にわたる将来の掛金納付，年金給付支払いおよび年金資産運用による収益などの見通しに基づいて設計され運営される．このような長期の制度が確実・健全に運営され，受給権が確保されるためにも，年金運営に対するガバナンス体制の強化が喫緊の課題である．

ガバナンスとしての外部検査の必要性

わが国の企業年金の問題は，企業年金の運営を行う理事も監査を担う監事も，同じく企業内部から選ばれるため，監事による内部監査が形骸化しがちなことである．内部監査を実質化するためには，企業年金に精通しかつ独立である外部の第三者による検査すなわち外部検査が不可欠である．

年金検査人による外部監査

　ここに外部検査とは，①年金積立金の運用実態，②年金経理および業務経理，および③財政状態を確認することを通して，監事監査および財政検証の適正性を確認することである．外部検査の担い手である年金検査人としては，公認会計士等も考えられるが，制度上の財政検証を通して年金業務全般に精通した年金数理人が，社会的に見た費用対効果の効率性の観点から現実的である．

年金検査人の選任と独立性の担保

　年金検査人は，事業主と加入者から選出された代議員会が選任する．選任された年金検査人には，他の企業年金関係者の利益からは中立で，加入者・受給者の受給権保護のみを目的として年金検査をするという意味で独立であることを文書により宣誓することが求められる．現在の企業年金制度運営を考慮すると，上述のように企業年金の運営全般に触れる機会が多い年金数理人が年金検査人を兼ねることが多いと予想されるが，その場合，年金検査人である年金数理人は，自らが属する機関が当該企業年金の財政検証を行う受託機関でないことを文書により宣誓しなければならない．

企業年金検査制度に向けての監督官庁，年金数理人会，年金検査人等の対応

　厚生労働大臣は，すべての企業年金に，外部の独立な年金検査人による企業年金の業務全般に関する年金検査を義務づけるとともに，年金検査人の認定をしかるべき機関に委ねるのが適切である．

　そのような機関の1つとしては年金数理人会（公益社団法人日本年金数理人会）が考えられるが，その場合，ガバナンス体制強化における年金検査人の貢献を確実なものにするために，年金数理人会の，制度としての役割と位置づけを再定義することが必要である．

　それに対応して，同数理人会は，業務の拡大に伴い年金数理人に要求される専門的な知見が拡がることに応えて，年金数理人の試験制度，自己研鑽および集合研修等について新しい体制を確立すべきである．

　個々の年金検査人は，その社会的使命の重要性を理解し，高邁な職業意識と職業倫理をもって，独立性を維持して業務および職務を遂行する心構えを持たなければならない．

はじめに

　企業年金は，企業の拠出により従業員の退職後の給付を保障するものである．拠出は最終的には株主によって負担されるものであるから，企業年金の運営が適切に行われ，拠出と給付のバランスが安定的に維持されることが，従業員にとっても株主にとっても最大の関心事である．

　わが国では，企業年金は，公的年金を補完する年金制度として位置づけられており，国は，企業年金を運営する組織を細かに規定し，かつそれが健全に機能するようにルールを定めている．つまり，企業年金の組織は一般に基金と呼ばれるが，基金の運営が，年金原資を負担する企業の事情に振り回されることがないように，国は，基金の独立性を確保するとともに，企業年金の設計，掛け金の徴収，年金資産の運用，そして給付の支払い等の年金業務が適正に行われるように，企業年金の機関や運営方法を細かに定めている．

　年金運営を行うのが年金基金の経営者である．経営者はその責務の重大さや社会的責任の大きさを十分に理解しているはずであるが，現実にはそれを忘れ，間違った運営に陥り，基金の財政を危機に追いやったり，受給者・加入者そして株主に多大な迷惑をかけたりする基金が後を絶たない．

　それゆえ経営者を正しい運営に向けて動機づけるとともに，それが機能しているかを監視する仕組みが必要である．その機能がガバナンスであり，その仕組みをガバナンス・システムと言う．株式会社においては，会社法のガバナンス規整により，株主によって選任された取締役から構成される取締役会が，業務執行の任を負う代表取締役ないし代表執行役を監督することになっている．

　企業年金制度においてもガバナンス・システムが組み込まれている．しかし，そのシステムが機能せず形骸化しているケースが多いというのが現状である（第3節3.5項）．

　わが国の株式会社制度の現状に関しては，コーポレート・ガバナンス改革が関心を呼んでいる．アベノミクスは，日本経済が安定した成長路線に乗ることができないのは，ガバナンス規整が，企業や機関投資家に正しく理解されていないため良い経営が実現されていないという現状認識に基づき，日本版スチュワードシップ・コードおよびコーポレート・ガバナンスを定め，投資家すなわち株主および企業の両側面からガバナンス改革を促し，企業経営の刷新を図ろうとしている．

　株式会社における現代のガバナンス・スタイルは，独立取締役を中心に構成される取締役会による，指名，報酬，監査の機能による経営者の監督である．年金基金の運営および経営者に対するガバナンスのあり方も基本的には同じであるが，企業年金基金は営利を目的とする株式会社とは性格が異なるので，その特殊性には注意が払われなければならない．

本章では，企業年金においては監査特に監視機能が形骸化しているという現状認識に立ち，運営に対する監視を実効化する企業年金検査制度（仮称）を提案するものである.

1　年金と企業年金

1.1　年金の三本柱

「年金とは老後の所得を生み出すための仕組み」である．老後（退職後）の所得としての給付を生み出すには，「原資」が必要になり，「誰か」が原資を拠出しなければならない.

計画された給付に対して原資を確保する仕組みが年金財政であり，給付に対して常に十分な原資が確保されている時，「年金財政は安定である」と言う.その「誰か」が快く，積極的に拠出したいと動機づけられている仕組みでなければ，年金財政の安定はありえない.

わが国の年金制度は，老後所得保障の三本柱と呼ばれる3つの年金，すなわち公的年金，企業年金および個人年金から構成されている．それらの原資拠出の動機は何であろうか.

公的年金の場合には，「相互扶助の精神」に基づき，最終的には自分のためになると信じて拠出する．賦課方式のわが国の公的年金では，自分の拠出は同時代の退職世代が年金として受け取り，自分が退職したら，その時の現役世代の拠出を年金として受け取る．ただし，わが国の公的年金では政策的に積み立てが行われてきたので，一部，積み立て方式が組み入れられている．理念的には，公的年金の場合，拠出する人と年金を受け取る人とは同じではない．したがって，国民が，相互扶助の重要性について正しく理解することが不可欠であり，国民に対する教育が特に重要である．しかし，現実には「年金は天から降ってくるものである」と誤解している人が多い.

個人年金とは，個人が自分のために用意するものであり，自分で拠出・積み立てを行い，それを老後に年金として受け取る．「自分のために」ということで，その論理は誰にでも受け入れられやすい．しかし，多くの若者は30年，40年後の自分の老後のことまでは考えられない，あるいは老後のことまで考える経済的余裕がない，というのが現状であり，個人年金のことまで考える人は少

ないという指摘もある.

　それに対して，企業年金は，企業が自発的に導入するものである．企業年金にかかる拠出の分だけ費用が発生し，株主利益が減少する．その意味で，企業年金の原資拠出は株主が負担する．したがって，株主がその負担を快く受け容れる仕組みでなければ企業年金を安定的に運営することは難しくなる．その結果，従業員は企業年金を退職後の所得として頼りにすることができなくなってしまう．したがって，株主にもメリットがあることが，健全な企業年金の前提である．

　わが国では，企業年金制度は，財政的に弱体化する公的年金を補完するものとして厚生労働省が普及に努めてきたが，必ずしも成果をあげているとは言えない．営利の追求が目的とされている企業が，公的年金を補完するためにコスト負担が大きい企業年金を自ら積極的に採用するであろうか．明確なメリットがなければ，企業は企業年金を熱心に遂行しようとはしない．企業年金制度が縮小している現状を見れば，わが国の企業年金制度には，株主にとってメリットが明確でないことは明白である．

1.2　企業年金の経営的意義

　従業員にとって頼りがいのある企業年金制度であれば，企業は優秀な人材を雇えるであろうし，従業員は企業に忠誠心をもって一生懸命に働いてくれるであろう．その結果，企業は競争力を得て業績が向上する．つまり売上増や費用減により，年金のための拠出が相殺され，企業年金がない場合よりもむしろ利益が増加する．そうすれば，企業年金が普及し，結果として公的年金の補完が可能になる．企業によって人事の状況は異なる．それに応じて企業年金制度も異なる．掛け金や給付を柔軟に設計できる制度になっていれば，企業年金は，株主にとっても意義がありかつ従業員にもメリットがあることになり，その結果，従業員に対する動機づけとして機能しうる企業年金を実現できる．

　例えば，企業の拠出を企業の利益に連動させ，企業業績が良ければ従業員の年金も増えるという業績連動の拠出にしておけば，企業年金がインセンティブとなり，優秀な従業員から精勤を引き出せることになる．企業年金はたんなるコストではなく，使い方によっては便益を生むコストである．このことを，インセンティブとしての企業年金と呼ぶ．

1.3　企業年金とコーポレート・ガバナンス

インセンティブとして効果的な企業年金であれば，株主は積極的に企業年金を支えていこうとする．そして，株主が利益を享受できれば，従業員も豊かな企業年金の恩恵を受ける．

企業年金制度をうまく構築することにより，従業員，株主にとってウィン・ウィンの関係を築くことができる．その結果，国民全体が企業年金制度の恩恵を受けることができる．このような仕組みが機能する前提は，企業において株主の利益を重視する経営が行われることである．株主の観点から経営が行われるように経営を監視し方向づける機能がコーポレート・ガバナンスである．

わが国の会社法は，株主の負託を受けて業務執行を担う役員が，効率的かつ適正に経営を行うように，会社の機関とそのあり方を定めている．それが会社法のガバナンス規整である．世界各国の株式会社に共通の仕組みは，社外取締役を中心とする取締役会が，指名，報酬および監査の機能により，経営者を方向づけるという体制である．ここでの要点は，独立取締役としての社外取締役による取締役会と，取締役とは別人の業務執行役員（経営者）による経営である．

ここでいう報酬とは経営者に対するインセンティブ報酬，監査とは内部監査人および外部監査人の「独立性」のチェックである．これらが備わっている健全なコーポレート・ガバナンスが機能していることこそ，株主にとっても従業員にとっても安心であり企業年金のよりどころである．

1.4　従業員に対するインセンティブとしての企業年金

企業年金をインセンティブとしてとらえる時，それは「優秀な従業員の確保」と「従業員の精勤」のためのインセンティブであるから，企業年金は企業経営上の問題である．しかし，途上国が発展する厳しい競争環境の下，先進国においては企業年金の財政が悪化の一途をたどっている．企業年金を経営者だけに任せておけないということで，経営者が実施する企業年金制度を，取締役会が監視をするケースが多くなっている．これが年金ガバナンスの根源である．しかし，年金という高度に専門的な分野に関しては，取締役会だけが監視をするのではなく，外部の専門家が，独立な立場から各企業の年金制度の仕組みや

インセンティブ・システムとしての有効性あるいは掛け金と給付のバランスなど財政の状態などを検証することが望ましい．つまり企業年金の仕組み，制度としての健全性を検証することも必要であると考えられる．

つまり，外部の専門家が，株主および従業員の利益という観点に立ち，他の利害関係者からは独立な立場から，各企業において，①企業年金制度の健全性，②インセンティブ・システムとしての有効性，および③財政の健全性等を検証することが，社会的に必要なのである．

制度的に定められた運営体制のもとで，各企業の企業年金制度の運営が健全に行われるように監視をする機能が，ここでいう企業年金のガバナンスである．企業年金の運営はさまざまなリスク要因を抱えている．それは，いわば企業年金の宿命である．そのリスクを顕在化させない，あるいは顕在化しても最小限の損害ですむように，企業年金の運営を監視するのが年金ガバナンスの重要な目的であり機能である．

2　企業年金の財政とリスク

企業年金制度（以下，「企業年金」）は，企業（＝株主）の拠出した掛金を積み立てて運用することにより従業員の退職後の収入を確保する，個別企業の所得保障の仕組みである．国は，企業年金として厚生年金基金，基金型および規約型の確定給付企業年金および企業型の確定拠出年金を定めて，その普及と定着に努めている．

企業年金の財政は，長期にわたる企業の掛金拠出および積み立てられた年金資産の保有・運用によって支えられる．このように予想に基づいて目的の実現を図る行動は，時間の経過とともに諸事態の変化に直面する．その意味で，時間はリスク要因である．資産運用の結果は時間とともに変化する．したがって，年金財政は常にリスクにさらされている．また，時間が経過すれば，社会，経済，金融，労働等のマクロ環境は変動し，財政計画の前提とされたパラメータも変化する．それゆえに，給付の実現には常に不確実性が伴う．また，企業の掛金拠出を財源としているため，企業業績の低迷により拠出が確保できず，財政計画が実現されない恐れもある．さらにグローバリゼーションと技術進歩により世界的に企業環境の変動が大きくなっている．これらのことは，年金財政

は常にリスクに直面しており，年金財政は不安定であり，保護されるべき受給権が現実に危機に瀕していることを意味する．

　企業年金の財政を脅かす要因はこれだけではない．企業年金は人的組織（事務局）によって運営される．そこでは積立金運用をはじめさまざまな意思決定がなされる．また，掛け金の徴収や年金の給付に伴い，現金の収入や支出を管理するという業務が行われている．年金財政の計画にマッチした運用の意思決定が行われなければ，積立資産が損なわれる恐れがある．また，過誤や不正により収入が失われたり，想定外の支出が生じたりすれば，財政計画の実現は困難になる．つまり，企業年金の運営それ自体が年金財政の安定を脅かす要因でもある．

　確定給付型の企業年金に関しては，国は，専門家つまり年金数理人によって定期的に財政状況の確認を行う財政検証の制度を設けている．財政検証の結果，既存の計画を実現することが困難と判断された時には，計画を再策定することが求められる．

　それにもかかわらず，企業年金の実態を見ると，上述のようなリスクや危惧が現実の問題となっている．厳しい経営環境のもとで多くの企業で業績が低迷し，経営者の間で掛金拠出に対する負担感や抵抗感が高まっている．その結果，時には企業年金に対する嫌悪感まで生んでいる．また，グローバルな規模で資本の蓄積が進んだことにより世界的に金利が低下しているなかで，金融資産の運用利回りが低迷し，多くの企業年金が，積立金が計画どおりには増殖しないという事態に直面している．同時に，金融資産価格の変動が大きくなっており，積立金を大きく損ねるという状況に陥っている企業年金も少なくない．

　このような環境下において，さらに，積立金の不適切な運用や，年金経理・業務経理に関する不正という企業年金の運営上の問題により積立金が大きく毀損される事件も発生し社会的な問題になってきた．しばしば総合型の企業年金に問題があるとされるが，このような問題は残念ながらどのような企業年金にも起こりうることである．

　これらはいずれも，年金財政を脅かし，計画された年金給付の実現を阻害し，加入者・受給者の受給権を危機に陥れるものである．バブルとその崩壊により，日本の企業年金制度の存在と継続が危ぶまれる事態に至った．それに対応して政府は，企業年金の改革に取り組んできた．

厚生年金基金および税制適格退職年金の両制度が抱える問題を解決するために，2001年（平成13年）相前後して，確定給付企業年金法，確定拠出年金法が公布され，その後施行されたが，それからおよそ15年が経つ．この間，2011年度（平成23年度）末に税制適格退職年金が廃止され，13年6月には厚生年金基金制度の見直しにより厚生年金基金の限定的継続つまり厚生年金基金制度の縮小が決まった．その結果，中小企業を中心に，企業年金や退職給付のない企業が増加した．そのようななか，社会保障審議会企業年金部会においては，給付設計の弾力化や労使のリスク分担の多様化といういわばマクロ的観点から今後の企業年金制度のあり方が検討された．また厚生年金基金に関しては，財政状況に関し基金の業務委託先に所属しない年金数理人に財政診断を受けるセカンド・オピニオン制度の導入が決まっている．

3　企業年金運営体制の現状と問題点

3.1　企業年金の運営体制

企業年金の運営および内部統制の仕組みは，厚生労働省により制度化されている．例えば，基金型の確定給付企業年金においては，母体企業とは独立した法人である企業年金基金において，意思決定機関としての代議員会が規約の変更，予算，事業報告，決算など重要な業務を決定し，業務の執行機関である理事会が理事長を選定して業務の執行を委ねる．ただし，年金資産の運用に関する業務については運用執行理事が執行する．そして，内部監査機関である監事が，理事長および運用執行理事の業務の執行が適法かつ効率的に行われているかをチェックする．なお，会計に関しては年金経理と業務経理の2つの経理区分があり，その双方により企業年金の運営が成り立っている．これに関しても監事の監査が行われる．厚生年金基金もほぼ同様の運営体制である．

規約型の場合は，独立した法人格を持たず，事業主が実施主体となって，労使が合意した年金規約に基づき，年金資産を企業外部に積み立て管理・運用する仕組みであり，事業主が規約を遵守し，加入員等のために忠実に業務を遂行することになっている．基金型とは異なり，監事による内部監査は法定されていないが，母体企業の内部統制のもとに企業年金が運営され，母体企業の内部監査による，運営に対するチェック機能が想定されている．

確定給付企業年金および厚生年金基金の運営に対する外部からのチェック機能としては，年金数理人による財政検証が制度化されている．ここで年金数理人の職務は，企業年金制度から厚生労働大臣へ提出される「年金数理に関する書類」が適正に作成されているかを確認し，署名捺印することである．つまり，企業年金が適正な年金数理に基づいて設計されていること，かつその設計どおりに掛金の徴収と給付の支払いがなされていること等を確認することである．

3.2　企業年金の運営業務の内部統制と内部監査

企業年金が健全に運営されるためには，行われるべき多様な業務を構成するさまざまな職務が効果的・効率的かつ適正に遂行されなければならない．

内部統制とは，業務を構成する職務について，①それぞれの職務の目的と内容，②職務遂行の方法とプロセス，および③職務が正しく遂行されたことをチェックする方法，を定めることである．つまり，組織の目的を達成するため，組織の構成員全員が担当する職務を定めるとともに，その際に守らなければならないルールやプロセスのことを内部統制と言い，ルールやプロセスが守られやすいようにする仕組みが，IT などを利用した内部統制システムである．内部統制が定められていても，それが実践されているとはかぎらない．それゆえ内部統制が機能しているか否かを第三者として確認する作業が不可欠である．これが内部監査である．

内部監査に関しては，企業年金においてもまた一般の企業においても，独立な機能として専門の機関が設けられている．株式会社で言えば内部監査室や経営監査室と呼ばれるセクションである．内部監査とは，内部統制プロセスの最終段階③にほかならない．

3.3　企業年金における不祥事発生の原因

受給権保護のための仕組みは導入されているが，実際には，企業年金運営における職務遂行上のミスや不正により，あるいは不適切な資産運用により，年金資産が大きく損なわれ，加入者等の受給権が脅かされる事件が発覚し社会的な問題になっている．

企業年金制度の中核をなしていた厚生年金基金では，理事も監事も代議員の互選で選ばれる．理事長は，選定代議員である理事の中から理事による選挙で

選定され，基金を代表して業務の執行にあたる．常務理事は，年金制度に関する経験を有し，かつ，厚生年金基金の業務運営に熱意を有する者をもって充てることとされている．運用執行理事は，理事長の指名および理事会の承認を得て選出される．厚生年金基金の財政状況に精通し，年金資産の管理運用業務を適正に執行できる者であって厚生年金基金の業務運営に熱意を有する者が，選出にあたっての条件とされている．他方，理事長，常務理事および運用執行理事の業務執行を監査する監事は，選定代議員，互選代議員のなかからそれぞれ1名ずつ選挙により選定される．理事には企業年金における経験や能力そして熱意があること等の条件が付されているが，制度的に受託者責任の規定が曖昧であることもあり，多くの基金で，いわば素人による企業年金運営が行われてきた．特に総合型の厚生年金基金の多くでは，特定の役員まかせあるいは受託機関まかせの運営がなされてきたと言われる．加えて上述のように監事も代議員から選ばれる仕組みであり，監事の監査は独立性や適正性からほど遠いと言われる．このような企業年金の運営実態は，確定給付企業年金が導入されても，一部の企業年金基金において，依然として受け継がれていると考えられる．すなわち，新たに確定給付企業年金法が施行されても実情は変わっていない．

このように企業年金は代議員という仲間どうしで運営および内部監査が行われてきた．これでは監事のチェック機能が働かないので，監事監査は容易に形骸化する恐れがある．そもそも企業年金の場合は，積立金の運用においても財政の運営においても専門性が高いので，監事の選定を慎重に行うとともに，監事が規律をもって企業年金の運営全般を監査しなければならない．それゆえに，企業年金の健全かつ適正な運営を確保するためには，企業年金の運営における内部統制システムの整備とともに，内部監査体制の見直しが不可欠である．それとともに重要なのが，企業年金の運営と内部統制を外部の独立な第三者が監視するガバナンス体制を制度的に構築することである．

3.4　企業不祥事の原因としての内部監査の実態

内部監査とは，組織体の経営目標の効果的な達成に役立つことを目的として，合法性と合理性の観点から公正かつ独立の立場で，経営諸活動の遂行状況を検討・評価し，これに基づいて意見を述べ，助言・勧告を行う監査業務等のことを言う．

確定給付企業年金の場合，基金型においては監事が2名任命されており，内部監査機能を担う．しかしながら，「監事が，実施頻度を含めて十分な時間を使って監査を行っているか」「監査に必要な能力を有しているか」等の問題点がしばしば指摘される．繰り返しになるが，監事による監査が十分に機能しているか否かについては疑問視されているのが現実である．また，規約型においては，母体企業の内部統制まかせであり，監事制度そのものが法定されていないという根本的な問題がある．

3.5　確定給付企業年金の行政監査

厚生労働省は「確定給付企業年金の監査等マニュアル」により確定給付企業年金を指導してきたが，2010年（平成22年），行政監査の実施要綱を定めた．そこでは，確定給付企業年金を実施する厚生年金適用事業所の事業運営が，①確定給付企業年金法等の法令等に基づき適正に実施されているかを個別かつ具体的に検証し，②必要な是正改善の措置を講ずるとともに，③適正かつ効率的に運営されるよう指導する，とうたわれている．[1]

ここでいう行政監査とは，法的権限に基づき，事業主または基金による企業年金制度の運営状況を検査するものであり，運営の適否の調査のみにとどまらず，企業年金がより効率的に運営されるよう，積極的に助言，指導することであるとしている．

この行政監査の実施要綱は，厚生労働省年金局長通知「確定給付企業年金法に基づく監督の実施について」（2010年11月1日）により「確定給付企業年金監査実施要綱」として定められている．その考え方を紹介しよう．

行政監査は，厚生（支）局の監査職員によって実施されるが，この要綱の興味深いところは，「2　監査の意義等」において，次のように実施上の注意事項を細かに指示していることである．

監査に携わる職員（以下，「監査職員」）は，監査の意義および目的を十分

---

1)　確定給付企業年金は，創設8年後に法令に基づく報告の徴収および監査の方針に関する実施要綱が定められ，これにより行政監査が実施されることになった．なお，厚生年金基金は，厚生年金保険の代行制度であるとして，創設約1年後から行政監査制度の規定が整備された．

理解し，その任務が企業年金の事務全般にわたる監査であることを十分理
解するとともに，その職務を行うに当たっては，次の点に留意すること．

(1)　監査職員は，事実の認定，事務処理の判断，意見の表明を行うに当たっ
ては，常に公正不偏の態度をもってしなければならないこと．

また，監査において是正・改善を求める場合は，法的根拠および理由を明
確に示したうえで行うこと．

なお，監査の現場において監査職員がその場で判断することが困難な事案
については，その場で曖昧な指導等を行うことなく現場から持ち帰り，組
織的な判断を行ったうえで対処すること．

(2)　監査職員は，監査の際，常に懇切丁寧を旨とし，謙虚な態度を保持する
とともに，指導的配慮をもって臨まなければならないこと．

(3)　監査職員は，問題の事実を個別具体的に把握し，その十分な解明をなす
べきであり，その過程においては特に関係者の理解に基づく積極的な協力
が得られるようにすること．

なお，要綱は，今後，地方厚生(支)局の意見等を踏まえ，見直しの検討を行
うこととされている．

要綱は行政監査として，定期的に行われる一般監査と必要に応じて行われる
特別監査とを定めている．一般監査は，書面監査と実地監査とがある．確定給
付企業年金における2012年度（平成24年度）から3年間の監査実施結果の数字
を紹介すると次頁の図表6-1のようになる．監査職員数に限りがあるためであ
ろうが，本来は望ましいはずの実地監査の対象とされた企業年金数は毎年少数
にとどまっている．中心となるべき監査である実地監査が実行された件数は全
体の企業年金数の100分の1以下であり，ごく少数である．一般監査（書面と
実地監査の合計）が行われた企業年金数は増加しているもののまだ全体の10分
の1以下とごくわずかである．

指摘事項は，①加入者，②代議員会，③理事会，④庶務・事務組織，⑤監事
監査，⑥契約，⑦財務および会計，⑧掛金，⑨年金給付，⑩資産運用，⑪個人
情報保護，および⑫情報開示等という区分の業務ごとに記載され，業務全般に
わたっている．

監事監査についてもさまざまな事項が指摘されており，監事監査が形骸化し

図表 6-1　行政監査の監査実施数

確定給付企業年金

	企業年金数	書面監査実施数	実地監査実施数	指摘項目数
平成24年度	14,985企業年金	804企業年金	115企業年金	940件
平成25年度	14,692企業年金	891企業年金	115企業年金	767件
平成26年度	14,296企業年金	1,068企業年金	105企業年金	820件

ていることが明白である．たとえば，平成26年度監査は問題点として次のような事項を指摘している．

- ●監事は，毎事業年度当初，監査の実施計画を立て，これを理事長に通知すること．
- ●監事は，「企業年金基金監事監査規程要綱」に基づき，すべての事項について適正に監査を実施すること．
- ●監事は，監査の結果を文書をもって理事長に通知すること．
- ●監事は，監督官庁からの許認可，承認書，通知書その他の文書の回付を受けること．

　毎年，異なる基金を対象に監査が行われていると推定されるが，どの年をとっても業務全般にわたり多数の事項が，しかも，同じような事項が繰り返し指摘されている．これは多数の企業年金の運営において，多くの業務が正規のルールに則って遂行されていないことを意味している．行政監査が行われるようになって短期間しか経過していないということもあろうが，これらの指摘項目の内容と数が繰り返されるということは，このような監査による指導には限界があることを示しているのではないだろうか．換言すれば，基金における内部統制および内部監査が形骸化していることを如実に表しており，監事監査だけでなく，以下で提唱する企業年金検査の必要性を証明している．

　指摘されている事項は，多数で多岐にわたるが，ある意味では些細な不適切行為が多い．業務の執行においても監事の監査においても，それぞれの当事者が，もう少し気合いを入れて職務を遂行していれば避けられた問題であると思われる．独立な年金検査人による監視により容易に撲滅できる問題である．

3.6　企業年金運営に対するガバナンスの必要性──企業年金検査

　現行の法令においては，代議員会による意思決定，理事長による業務全体の執行と運用執行理事による資産運用業務の執行，監事による内部監査および外

部の年金数理人の財政検証という体制のもとで，個々の企業年金の運営が適切に実施されることになっている．ここで鍵になるのが監事である．監事の内部監査が有効に機能すれば，合理的でない積立金運用も回避できるし，理事や職員の不正経理なども未然に防ぐことができる．

　企業年金の場合，最重要な使命である受給権保護のための仕組みは導入されているが，実際には，企業年金運営における職務遂行上のミスや不正により，あるいは不適切な資産運用により年金資産が大きく損なわれ，加入者等の受給権が脅かされる事件が発覚し社会的な問題になっている．その主たる原因は，内部統制を含む運営能力の欠如，それを見抜けない内部監査の機能不全にある．また，理事や監事は代議員の間の互選であり，企業年金は代議員という仲間どうしで運営および内部監査が行われ，監事のチェック機能が働かず，監事監査は容易に形骸化してしまうことである．

　企業年金においては，積立金の運用についても財政の運営についても専門性が高いので，監事の選定を慎重に行うとともに，監事が規律をもって企業年金の運営全般を監視しなければならない．それを促すためには企業年金の運営と内部統制を外部の独立な第三者が監視するガバナンス体制が不可欠である．そこで，「年金検査」として外部の独立な第三者による検査，すなわち「年金検査制度」の導入を提案する．なお，年金検査を行う独立な第三者を仮に年金検査人と呼ぶ．

　ここで独立とは事業者や企業年金基金の理事や職員から独立という意味であり，企業年金の加入者および受給者の利益を守る立場を取るということである．したがって，検査の主眼点は，企業が約束した受給権を担保する企業年金の運営が行われていることを確認することである．

　企業年金の積立資産は事実上，加入者・受給者に帰属する．すなわち，加入者・受給者の財産である．加入者・受給者は事実上の年金資産の所有者である．加入者・受給者は，企業年金の所有者としてガバナンスを有する．加入者・受給者は所有者としてのガバナンスに基づき，企業年金の運営が受給権の保護を目的として行われることを要求する権利を有している．ここで提唱する年金検査人は，加入者・受給者の受給権保護のために，独立な外部者として，加入者・受給者に代わって検査を行う者である．その意味で，加入者・受給者のガバナンスとしての外部検査の担い手である．

4　企業年金検査制度──企業年金を健全・適正に運営するためのガバナンス強化策

　年金綜合研究所の企業年金ガバナンス研究会（以下，「研究会」）は，「企業年金の運営の健全性を確保することにより，受給権を保護する」といういわばミクロ的観点から検討を行ってきた．その結果として，企業年金に対するガバナンスの強化の必要性を強調するとともに，新しい仕組みの導入を提言している．

　ガバナンスについてはさまざまな考え方があるが，そこでは次のようなコーポレート・ガバナンス概念が前提とされている．「一定の目的を達成するための資金や人の集まりをここでは組織と呼ぶ．ここで組織の目的遂行のために人や資金を統括する機能がマネジメント（経営あるいは運営）である．それに対して，組織のマネジメントが目的実現に向けて適切に行われるように誘導する機能がガバナンスである．」

　コーポレート・ガバナンスつまり株式会社のガバナンスの世界的な潮流は，取締役会の指名，報酬，監査という機能により経営者を会社目的に向けて方向づけるという体制である．ここでは原則として取締役とは別人が執行役員となり経営陣を形成する．それに対して独立取締役としての社外取締役が中心となって取締役会を構成する．社外取締役からなる指名委員会，報酬委員会および監査委員会の三委員会を中心に，優秀な経営者の選任とその経営者に対する動機づけの仕組みを作り機能させるというのが世界のベスト・プラクティスである．ここでは，取締役と言うよりむしろ CEO をトップとする執行役員が企業の経営者である．わが国でも東証のコーポレートガバナンス・コードによって導入された独立取締役も，このような流れに沿うものである．

　株式会社では営利，すなわち事業を行うことにより利益を上げ株主に利益を分配することが企業の目的であり，利益追求が経営者の重要な課題である．しかし，企業年金の場合にはまったく事情が異なる．企業年金の基本的な目的は給付の確保であり，受給権の保護が企業年金におわされた責任である．その意味では，受給権保護のためのガバナンスこそ企業年金の最大の課題である．

　企業および従業員によって拠出された資金により従業員の退職後の収入を確

保することを目的とする企業年金においては，理事長のリーダーシップのもとに行われる業務運営が株式会社の経営（マネジメント）に相当する．他方，代議員会による，理事長の企業年金運営の方向づけがガバナンスである．企業年金における想定外の運用の失敗や業務運営の不祥事はガバナンスの失敗にほかならない．ガバナンスの失敗は，企業年金の本来の目的である，受給者や加入者の受給権を著しく損なうことになる．わが国の企業年金において，業務上の不正や運用の失敗により受給者・加入者の年金資産が損害を受け，受給権が脅かされているということは，まさに代議員会のガバナンスの欠如が根本的な問題である．代議員会のガバナンスの回復，これが研究会の主張する企業年金のガバナンス強化であり，その具体的な方法が提言されている年金検査である．

4.1　企業年金検査の意義と対象

⑴　企業年金検査の意義

　監事による監査は，企業年金の業務全般にわたるものである．ただし，高度な専門性を要する財政検証は年金数理人に委ねられる．したがって，監事による監査が適正かつ厳正に行われれば，事業主の適正な掛金負担のもとで加入者・受給者の受給権は保護される．しかし，監事は代議員の中から選任されるというだけで，特別な資格や能力が要求されていないので，すべての事項について適正かつ厳格な監査が行われるという保証はない．したがって，これまで述べてきたように，独立な立場から監事の監査を検査する外部検査は不可欠である．そもそも重要な事柄については一般にダブル・チェックが不可欠である．

　企業年金基金の運営に関しては，監事の監査と年金数理人の財政検証が定められているが，その両方についてダブル・チェックを行う者がここで提案する年金検査人である．

　監事の監査事項のうち，年金原資の確保という意味で受給権保護に直接かかわるのは，年金積立金の運用と年金経理・業務経理である．したがって，年金検査人の監事監査に関する検査事項は運用と経理が中心になるが，企業年金基金の運営業務が規程等を遵守して行われているかの確認も重要である．また，内部統制が機能し，企業年金基金が諸規定に従い「適正かつ能率的に運営」されていることを確認することも重要である．他方，財政検証に対するダブル・チェックも年金検査人の業務ということになる．

年金検査人の業務の主たる対象は，1）積立金の運用，2）年金経理・業務経理を中心とする運営全般，および3）財政検証である．1）および2）について監事の監査が適正に行われたかを確認するというかたちで，3）について年金数理人の財政検証が適正に行われたかを確認するというかたちで行われる．

(2)　企業年金検査の対象

企業年金の業務は，設計された掛金を徴収し，予定された積立金運用利回りを確保し，給付を行うというものであるから，その業務は一般の企業とは異なり比較的単純である．ただし，現実の問題として，世界的に不安定な金融環境のもとで，運用利回りの確保は至難の課題となっている．

受給権保護の観点から企業年金の運営において課題になる業務は，第1に積立金の運用，第2に年金に関する経理および年金業務を支える周辺の業務に関する経理である．そして第3にそれらの結果としての財政状況に関する健全性の判断である．

積立金の運用に関しては，企業年金が行うことは運用の基本方針の策定であり，運用それ自体は年金運用受託機関によって執行される．財政状況の確認は年金数理など高度な専門性が要求されるので，法令により年金数理人が財政検証というかたちで確認を行うことになっている．したがって，監事による内部監査の対象は，①運用の基本方針およびその実施に対する監査，②年金経理や業務経理の監査，および③財政検証が適正に行われたかの監査，ということになる．

現実の問題として，積立金運用も専門性の高い分野であるので，現在の監事が行った監査を高度な知見を持つ専門家が検査することが望ましい．また，経理にかかわる検査もダブル・チェックという意味で外部の独立な第三者が監事監査の適正性を確認することが望ましい．同じことは，財政検証についても言える．しかし，実現には内部監査の機能不全および外部者による検査の不在により，一部の企業年金で問題が起こっているのである．

外部者の検査を受けることは，監事の監査が第三者の目によって厳しく監視されることを意味する．自分の仕事ぶりを他人に見られていると思えば，人は正しく仕事をしようとする．見られることによる規律である．形骸化しがちであった内部監査に自ずと規律が働き，監事は厳しい監査をするようになると期

待できる．監事の監査が厳しくなれば，各理事にも「見られることによる規律」が働き，各理事の職務遂行も健全化するであろう．

(3)　年金検査の担い手——年金検査人

年金検査の担い手である年金検査人として「誰」がふさわしいのであろうか．積立金の運用に関しては，投資コンサルタントが適切かもしれないし，経理の検査であれば，公認会計士が最適であろう．他方，財政検証のチェックは当然，年金数理人であるべきである．しかし，企業年金は財政的な余裕が乏しいので，多数の専門家を新たに採用することは現実的ではない．

ここでは年金数理人に注目する．年金数理人の資格試験の範囲には投資理論が含まれており，年金数理人は投資理論に関して一定レベルの知見を有している．また，財政検証は決算数値等を用いて行われるので，その過程で年金経理に関する貸借対照表や損益計算書などを精査しており財務諸表に精通している．また財政検証に対する検査は，当然，財政検証を業とする年金数理人が担うべきである．

このように考えると，前節で提案したガバナンスの観点から，年金検査を担う年金検査人としては年金数理人を活用するのが社会的なコストの点から望ましいと考えられる．ただし，年金検査人の能力は，年金数理人でなくても持つことはできる．年金検査人を年金数理人に限定すべきではない．

仮に年金数理人の中から年金検査人を育成する場合には，年金検査人の業務範囲は年金数理人よりはるかに広いので，専門性に関して年金検査人が満たすべき要件は，年金数理人のそれとは別に定められる必要がある．また，年金検査人を兼ねる年金数理人は，以下に述べるように，財政検証を行う年金数理人からは独立でなければならない．

これらを前提として研究会が例示する企業年金検査制度の仕組みは次のようなものである．

4.2　企業年金検査制度の概要

(1)　年金検査人の選任

年金検査人は，事業主と加入者とから選出された代議員会によって選任される．なお，規約型の確定給付企業年金においては事業主と加入者代表との合意

により選任される.

(2)　年金検査人の独立性

　年金検査人は,財政検証を行う年金数理人が属する業務受託機関には所属していないことが前提である.そのうえで年金検査に当たっては,他の企業年金関係者(事業主,理事,監事,財政検証を行う年金数理人,業務および運用の受託機関等)の利害からは中立で,純粋に受給権の保護という目的をもって検査するという意味で独立性を確保する旨を文書で宣誓する.

(3)　年金検査の目的──健全な監事監査の確保

　年金検査の本質は,監事の業務に対する監査である.また,年金検査の目的は,監事の監査の健全性を確保することである.監事が本来の役割を果たしてくれれば,わざわざ年金検査をする必要はない.年金検査の目的は,年金検査があることにより,自律的に監事監査が機能することである.

　監事の監査の具体的職務内容は「確定給付企業年金の事業運営基準」(以下,「事業運営基準」)により定められている.事業運営基準は基金型を前提にしているが,厚生労働省は規約型においてもこれに準じて自主点検等を行うことを要請している.年金検査は,監事の監査に対する監視を年金検査の主要な業務としている.

　事業運営基準は,「監事は,専門的・技術的な基金の事業が長期にわたり健全に継続でき,かつ,特定の目的のために特に設立された認可法人である基金の運営が健全に行われるよう,自己監査機関として特に設けられる」ものであるとして,その業務等について次のように定めている.

　　企業年金基金においては,選定代議員,互選代議員のなかからそれぞれ1名ずつ選挙により任命される監事が,確定給付企業年金の適正な運営の確保を目的として,企業年金基金の業務が正しく運営されているかどうかを監査する.すなわち,監事は,企業年金基金の役員として,基金の業務の執行および財産の状況を監査する.監事の職務については,「企業年金監事監査規程要綱」を基準として,基金ごとに「監査規程」を定め,監事は,少なくとも年1回,基金業務全般にわたって,一定の手順等により定例監査を行わなければならない.

(4)　年金検査人の業務の概要

①積立金運用に対する検査

　積立金運用いわゆる資産運用に対する検査とは，運用執行理事および監事からのヒアリングを通して，かつ事項によっては資料の提供を求め，長期的な視野を持つべき機関投資家として適切な運用がなされているか否かを判断することである．その基礎となるのは現代の投資理論および資産運用の世界におけるベスト・プラクティスである．すなわち，長期の機関投資家の基本は分散投資と長期投資であるべきであるということである．

　・運用の基本方針において次の事項が適切に定められているかを確認する．
　　　—目標運用利回りとリスク
　　　—資産クラスの設定
　　　—基本ポートフォリオ
　　　—目標利回りと予定利率との整合性
　・実際の運用に関しては次のことを確認する
　　　—分散投資と長期投資の基本方針が遵守されていること
　　　—実際のポートフォリオの基本ポートフォリオからの乖離が許容範囲にあること

②運営全般に対する検査——運用を除く監事監査の検査

　企業年金基金業務の進め方については，監督官庁より細目にわたる規程が示されている．規程が守られていれば——つまりコンプライアンスが実践されていれば——基金業務は適正かつ能率的に運営されていることになる．

　年金検査人によるこの検査は一言で表せばコンプライアンス状況の確認であり，具体的には次のような事項である．

　・理事長に面接し，統制環境およびコンプライアンス（法令および規定等遵守すべきことを遵守すること）に対する考え方を確認する．
　・監事に対して次のような質問を行い，監事の監査内容を確認する
　　　—監事は理事，職員等の職務遂行におけるコンプライアンスの状況をどのような方法で確認したか
　　　—経理等に関する不正の有無の確認はどのように行ったか
　　　—どのようなコンプライアンス違反を見つけたか
　　　—それに対してどのように対処したか

　　　　—基金全体としてコンプライアンスの状況は良好か

　・監事からのヒアリングおよび関係書類により次を行う

　　　　—財務諸表はじめ関係帳票の検査により決算書類等の適正性の判断

　　　　—納入すべき金額と金融機関への着金額との照合，等

　③財政検証に対する検査

　財政検証に対する検査とは，年金数理人が行った財政検証が正しい手続き，方法で行われたかを確認することである．

　・年金数理人に対するヒアリングを実施して次の事項について確認し，年金数理人の所見・財政診断・意見書の適正性を確認する．

　　　　—財政検証の基本方針

　　　　—当該企業年金の財政上の長所・短所

　　　　—当期の財政検証において問題になった点

　　　　—長期的観点からの当該企業年金の課題，等

　④年金検査業務の本質

　ここで重要なのは，年金検査とは，監事および財政検証を行う年金数理人に対するヒアリングを通して，1）積立金の運用，および2）年金経理・業務経理を中心とする運営全般について監事の監査が適正に行われたかを確認するというかたちで，また，3）財政検証について年金数理人の業務が適正に行われたかを確認するというかたちで行われることであり，監事が行った監査や年金数理人が行った財政検証を繰り返すことではないということである．

(5)　年金検査人のその他の職務

　①代議員会および理事会への出席

　企業年金の理事長は代議員会および理事会の開催日時および議案を，事前に年金検査人に通知する．年金検査人は，代議員会および理事会に出席し，意見を述べる．ただし，議案の内容によっては自らの判断により欠席できる．また，年金検査人の意見はすべて議事録に記録される．

　②報告等

　年金検査人は，年度の始めに代議員会および理事会に年度の年金検査計画書を提出する．また，年金検査人は年度終了後，代議員会および理事会に年金検査報告書を提出する．同様に，監督官庁に年金検査報告書を提出する．

③理事長および監事との意見交換

　年金検査人は，少なくとも四半期ごとに，理事長および監事と別々に意見交換を行う．

(6)　年金検査人に要求される専門性と経験

　すでに述べてきたように，現在は財政検証のために「年金数理人」の制度がある．年金数理人になるには，以下の4つの要件をみたし，厚生労働大臣の認定を受ける必要がある．

- ・知識：年金数理人会が実施する能力判定試験の全科目に合格すること，あるいは日本アクチュアリー会が実施する資格試験の全科目に合格すること．（例：年金数理人会が実施する能力判定試験の科目……基礎数理，年金数理，会計・経済・投資理論，年金法令・制度運営）
- ・経験：年金数理に関する業務を5年以上
- ・責任者たる経験：年金数理に関する業務を責任者として2年以上
- ・十分な社会的信用を有するものであること

　年金数理人は，年金数理はもとより年金法令・制度運営および会計・経済・投資理論についても一定の専門的知識を有している．当然，従来の業務である財政検証については専門的知見を有している．そのうえ，財政検証の経験を通して，積立金運用の実務およびその他の年金業務全般に関する実務に通暁している．しかし，積立金運用の健全性を判断するためにはより高度な投資理論が必要である．また監事監査を検査するためには，試験科目にはない監査実務を理解する必要があるので，年金検査人の業務を行うためには，既存の年金数理人が有する専門性を超えた専門的知見が必要である．その意味では，年金検査人を育成するためには幅広い分野から人材を確保する必要もあろう．

　年金数理人は年金検査人に最も近いと思われるが，年金検査人になるためには，さらに投資理論および監査実務について研鑽を積む必要がある．また企業年金の業務全般を理解するためには財政検証の実務経験も不可欠である．

(7)　年金検査の対象となる企業年金制度

　主に基金型の確定給付企業年金をモデルとして年金検査の概要を例示してきたが，規約型の確定給付企業年金および厚生年金基金も，これに準じて年金検

査の対象とされるべきである．確定拠出年金に関しても，受給権確保の観点から従業員に対する投資教育の実態および商品の選定・評価プロセスの妥当性等について年金検査が行われるべきである．

5　企業年金検査制度に向けた監督官庁，日本年金数理人会および年金検査人の役割

年金検査の実施においては監督官庁，日本年金数理人会および年金検査人がそれぞれ一定の役割を果たさなければならない．

5.1　監督官庁の役割

厚生労働大臣は，すべての企業年金に，外部の独立な年金検査人による企業年金の業務全般に関する年金検査を義務づけるとともに，年金検査人の認定を年金数理人会（公益社団法人日本年金数理人会）に委ねるのが適切である．その際，次のような施策が考えられる．

① 厚生労働大臣は，年金数理人会が認定した年金検査数理人に年金検査を委ねる．

② 企業年金は，年金数理人会の認定する年金検査数理人の中から年金検査人を選定し厚生労働大臣に届け出る．

③ 年金検査人を変更する場合には，企業年金は変更理由を付して，厚生労働大臣に提出する．

④ 厚生労働大臣は年度終了後所定期間内に，年金検査人の意見が付された年金検査報告書を受領する．

⑤ 厚生労働大臣は年金検査報告書に基づき，必要に応じて企業年金に対して一定の措置を講ずる．

⑥ 厚生労働大臣は，年金検査人の職業倫理および専門的能力の維持・向上を通じて年金検査の品質を高める事業を年金数理人会に委ねる．

⑦ 年金検査の対象である企業年金は，当面の間，リスク・規模等を考慮し限られた企業年金を対象とする．

5.2　日本年金数理人会の役割

　年金数理人会は，日本の企業年金を支える組織として，年金数理人の資質の向上，品位の保持および年金数理業務の改善進歩を図ることを通じて，広く年金制度の普及と発展に寄与し，国民の生活の安定と福祉の向上に役立つ事業を行うことを目的としてきた．その一環として年金数理人の自己研鑽を奨励するとともに，時代とともに変化する年金数理人の専門性を広め深める研修事業を行ってきた．

　年金検査人による企業年金に対する検査の品質を確保するため，年金数理にとどまらず企業年金運営全般の健全性を支える組織として事業を再構築することが望まれる．

　その観点から，年金数理人会は新たな年金検査業務を支えるために，次のような事業を行うことが考えられる．

① 年金検査を担う年金検査人として，必要な経験と知識を有する年金数理人の中から年金検査数理人（仮称）を認定する．

② 年金検査数理人の認定にあたっては，投資実務および監査実務に関する研修ないし試験を実施する．

③ 年金数理人会は，年金検査の有資格者として年金検査数理人を厚生労働大臣に届け出る．

④ 年金数理人会は，年金検査人業務の標準化と品質確保のために，外部検査のフレームワークとして，積立金運用検査マニュアル，業務検査マニュアルおよび年金財政検査マニュアル等を作成し，年金検査人に活用を促す．

⑤ 年金数理人会は，会員に対して，既存の分野に加えて，投資実務，監査実務を対象に自己研鑽および集合研修の機会を提供する．

⑥ 年金数理人会は，コンプライアンスおよび監査・検査の独立性に関する研修の機会を会員に提供する．

⑦ 年金数理人会が提供ないし認定する研修プログラムに参加することを年金検査人の義務と定める．

　ただし，年金検査人への道を年金数理人だけに限るべきではない．幅広い分野の人材にその門戸を開放すべきである．

5.3　年金検査人の役割

年金検査人は，みずからの社会的使命の重要性を理解し，高邁な職業意識と職業倫理をもってその業務および職務を遂行しなければならない．特に受給権保護の観点から「独立性」を意識して責任をまっとうしなければならない．

企業年金をめぐる環境も企業年金制度も変化する．それに応じて企業年金の運営にかかわる業務・職務も変化する．年金検査人はそれにあわせて自己努力とともに集合研修に定期的に参加し，研鑽を積まなければならない．

6　企業年金検査制度の狙いとその効果

以上，「研究会」が提唱する「企業年金検査制度」の詳細を，その問題意識を含めて紹介してきた．最後に，企業年金検査制度の狙いとその効果をあらためて整理しておきたい．

6.1　企業年金検査制度の狙い

⑴　企業年金検査制度の導入の趣旨

厚生年金基金や企業年金基金の理事が，受託者責任を負っていることを自覚して企業年金の運営を行い，運用執行理事が厚生労働省のガイドラインに準じて年金資産の運用管理を行い，かつ監事が，基金が設けた監査規程に基づき監査を行うならば，不正や不適切な資産運用により年金資産が致命的な影響を受けるリスクを最小限に抑えることができるはずである．さらに，監事が，理事や運用執行理事が適切に業務を行っているか否かを規定どおりに監査するならば，「見られることによる規律」が働き，理事は自ずと受託者責任をまっとうする年金業務の運営を行うと期待できる．

また，監事は，年金検査人に自らの監査ぶりを監視されているとなれば，厳格な監査を行うことになるであろう．財政検証を行う年金数理人においても，独立な第三者から監視を受けるということになれば，自ずと緊張感が働き厳正な検証が行われるであろう．

このような考え方のもとに，年金数理人会が認定した年金検査数理人を年金検査人として，積立金運用，業務運営および財政検証を含めて，企業年金の運

営全体を監視する仕組みが，ここで提案する企業年金に対する年金検査制度である．

(2) 年金検査の方法とその効果

年金検査とは，監事が行う監査や年金数理人が行う財政検証を，年金検査人が再度詳細に行い，監事監査や財政検証の適正性を判断することではない．企業年金の実務に精通した経験ある年金検査人が，要点を押さえた質問，あるいは適切に証拠の一部の提出を求めて，監事監査や財政検証の適正性を判断することである．したがって，企業年金にとっても年金検査人にとっても，時間やコストに関してはそれほど大きな負担にはならないはずである．

なお，監事に対しては，現在は監査報酬が支払われていない．厳正な監査を求める以上，その責任に見合った報酬が支払われるように制度の改正が望まれる．

(3) 運用受託機関の受託者責任の遂行

運用に関しては運用受託機関に積立金を預けることになっているので，運用受託機関の受託者責任の遂行が重要となる．信託業法，投資顧問業法，保険業法において受託者責任がどのように明示されているかは別にして，運用受託機関は，受託者責任としての忠実義務および善管注意義務を負っていると考えるのが妥当であろう．企業年金の側が受託機関に任せきりの業務運営をしなければ，受託機関側もみずからの責任で受託者としての義務を果たすものと期待することができる．

それぞれが責任ある行動をとれば，全体としてもルールや規程に沿った業務や職務の遂行がなされる．このような業務運営の環境を，内部統制の分野では統制環境と言う．統制環境が整備されていれば——各人が自分に課された責任を自発的にまっとうしようとする組織風土ができていれば——，こと細かな指示・命令などがなくてもコンプライアンスが実践され，業務や職務は効率的かつ適正に遂行されるであろう．

6.2　企業年金検査制度導入による効果

N厚生年金基金の事件（2013年）では，同基金の事務長が規程に反し勝手に

現金の出し入れを行い，24億円もの大金を着服して警察に逮捕された．同基金はまた，AIJ投資顧問に約65億円を委託し，年金資産の大半を失っていた．特定の運用機関に過半の運用を任せるのは分散投資の原則に反する．H厚生年金基金の場合は，理事長が投資顧問会社から多額の接待を受け，収賄の疑いで逮捕された(2013年)．同基金は，AIJ投資顧問事件でも多額の損失をこうむり，結局，加盟企業の負担において同厚生年金基金は解散された．これら2つの基金において，事務長や理事長のコンプライアンス違反を見逃したのは形骸化した監事監査の失態にほかならない．監事に対して忠実な職務執行を促す効果を持つ年金検査の機能が存在していれば，適正な監事の監査により回避できた可能性が大きい．

AIJ投資顧問事件では多数の基金が被害をこうむったが，運用に対するチェック機能が働いていれば被害はこれほどまでは拡がらなかったはずである．企業年金は民間の問題であるから，その管理は本来「民に任せる」べきことである．しかし，残念ながら，民間の自浄作業が十分に機能していないことが明らかである．なお，この事件を契機に，厚生労働省年金局長通知によって定められている年金基金の資産運用関係者の役割・責任に関するガイドラインの改正が行われた．しかし，このような改正が行われても遵守されなければ意味がない．年金検査はその遵守が担保されることを目的とする制度である．

ここに提唱する「独立な年金検査人」による年金検査が統制環境整備の要になるものと信じている．企業年金に対する新たなチェック機能である年金検査の早急な制度化が切望される．

7　むすびにかえて──社会保障審議会企業年金部会の最近のガバナンス論議の問題点

2017年6月30日，第19回社会保障審議会企業年金部会が開催された．この企業年金部会では，同月6日に公表された「確定拠出年金の運用に関する専門委員会」報告書に加えて，前2回に続き，確定給付企業年金（DB）のガバナンスが議題にのぼった．

企業年金部会で企業年金のガバナンスについて最初に検討されたのは，2014年12月の第13回および14回会合であり，ここではDBのガバナンスに係る主な

事項として，①組織・行為準則，②執行状況の監査等，③資産運用ルール，④加入者への情報開示，の4点が提示された．これらのうち，基金型DBおよび規約型DBの組織面における権限・責任分担については「一定の整備が行われている」と整理され，その他の論点については見直しの方向性が示された．

　2016年に開催された第17回および第18回会合では，議題の名称が「企業年金のガバナンスについて」から「確定給付企業年金のガバナンスについて」へと変更された．つまり確定給付企業年金に限定されたのである．また，新たな論点として「総合型DB基金への対応」が追加された.[2] つまり，さらに総合型DBに対象が絞られたのである．適格退職年金の廃止や厚生年金基金の制度見直しに伴い総合型DB基金の設立が増加しつつあるなか，単独型や連合型と比較して企業間の結びつきが緩やかである総合型DB基金についてガバナンスの強化が急務であるとの問題認識に立ち，①代議員の選任のあり方，②基金の名称のあり方，③会計監査のあり方，の3つの論点が議論された．

　第19回会合では，前2回の論議を受け引き続きDBのガバナンスが議論された．ここでは，総合型DB基金への対応，DBの資産運用ルール，加入者等への説明・開示がそのテーマとされた．その概要は以下のとおりである．

(1) 総合型DB基金への対応
①代議員の選任のあり方
　代議員の選任のあり方については，全事業所から代議員を選任するという方針が見直され，選定代議員の数は事業主の数の10分の1（事業主の数が500を超える場合は50）以上とされている．また，加入事業所の9割以上が所属し，かつ，基金の運営に一定程度参画している組織母体等がある場合は，上記の規制を適用しない措置も提示されている．

②総合型DBにおける会計の正確性の確保
　監査のあり方について，当初，会計監査だけでなく監事監査や行政監査を含めた「執行状況の監査等」というまっとうな議題であったが，会計監査のみに論点が絞られるとともに，総合型DB基金のみの問題へと歪められていると言

---

2)　総合型DB（総合型確定給付企業年金）とは，厚生労働省の通知によると，2以上の厚生年金適用事業所の事業主が共同で実施するDBで，当該適用事業所間の人的関係が緊密でないものを言う．

わざるをえない.

　会計監査については，会計の正確性の確保の観点からは公認会計士が財務情報の適正性を保証する「会計監査」の導入が望ましいとされている一方，費用や事務負担で相当のコストを要することから，監査の対象・範囲やコスト面が課題とされた．今般提示された資料では，会計監査の導入が有効であるとしつつも，その代替措置として，公認会計士による合意された手続業務（AUP：Agreed upon procedures）の活用が新たに提案されている．[3]

　会計監査またはAUPの対象となるのは，年金経理貸借対照表の資産総額が20億円超の総合型DB基金とされたほか，それ以下の総合型DB基金についても，将来の会計監査等の導入を見すえて内部統制の向上を図るべく，専門家（公認会計士・年金数理人等）による支援を受けることが望ましいとの方向性が示された．

　AUPの導入については，基準等の手続の詳細について公認会計士協会，厚生労働省および総合型DB基金関係者が連携しながら検討し，早ければ2019年度（平成31年度）実施の導入スケジュールが提示されている．

(2)　DB の資産運用ルール

　DBの資産運用ルールに関する見直し案には，2012年2月に発覚したAIJ投資顧問による年金資産消失問題を受けて強化された厚生年金基金の資産運用ルールをほぼ踏襲した内容が提示されている．[4]

---

3)　AUPとは，公認会計士と依頼者との間で確認事項や調査手続等について事前に合意するとともに，当該合意に基づいた手続結果を会計士が依頼者に報告する業務を言い，会計監査よりも費用が比較的安価であるとされている．なお，AUPを利用する業務には現在以下のようなものがある．M&Aの対象となる会社または事業の財務を調査する財務デューデリジェンスのように特定事項に関し専門家の支援を受けて行う業務，過去財務情報またはそれ以外の情報等に一定の信頼性の付与を与える業務，または最近では監督当局への申請・報告に当たっての法令等に基づく業務がある．

4)　第183回国会 厚生労働委員会 第14号（平成25年6月18日）における香取年金局長の発言要旨「厚生年金基金の存続基金について，二度と代行割れを起こさないよう，ガバナンスの観点から厳しい規制を図る必要があり，財政運営，資産運用，モニタリング等に具体策を講ずる．財政運営では，年金数理人による確認に，新たに業務委託先に属さない者による財政診断を追加.」

(3)　加入者等への説明・開示

　DB 制度の状況を加入者等によりわかりやすく開示することにより，DB 制度への関心・理解をより深めてもらう必要があるという観点から，「DB 全体との比較」や「企業の退職金制度の全体像およびそのなかでの DB の位置づけの開示」等の見直しを行うのが望ましいと提案された．

　企業年金部会における企業年金のガバナンスに関する議論は，上に紹介した第19回企業年金部会が最後であり，今後は政省令の作成という実務に向かうという．企業年金部会でガバナンスの議論が始まった当初は，企業年金のガバナンスに係る主な事項の 1 つとして DB の「執行状況の監査等」が掲げられていたにもかかわらず，いつの間にか対象は総合型 DB の会計監査に限定されるという，問題の矮小化でお茶が濁されていると言わざるをえない．第 3 節3.5項「確定給付企業年金の行政監査」に示したように，企業年金においては業務全般にわたりきわめて多数の不適切な運営が行われており，これを正すことが喫緊の課題であるはずである．

　その意味で，企業年金部会のガバナンス論議の結論には問題が多い．

　第 1 に，ガバナンス改革の対象を総合型確定給付企業年金に限ったことである．企業年金部会では，厚生年金基金の場合と同様に，確定給付企業年金を，単独型・連合型・総合型に分類して議論していると思われる．この 3 つのタイプの相違は企業年金制度への企業の参加方法の違いだけであり，企業年金の運営に本質的な相違はない．したがって，これらの制度運営に対するガバナンスの必要性は，基本的にはまったく同じである．ガバナンス規整を敷く場合には，当然，同じルールであるべきである．

　実際問題として，単独型・連合型の確定給付企業年金は上場企業などの大企業が多く，総合型の確定給付企業年金は中小企業が多い．上場企業には上場に関係するさまざまな規制があるので，経営組織や内部統制や外部監査の仕組みが整っているところが多い．それらの企業では，企業年金運営に対するガバナンスは機能しているかもしれない．しかし，単独型・連合型であっても上場企業でない企業が多数存在している．また，AIJ 投資顧問に年金資産を預けた企業年金は，約90にも及び大企業の企業年金も含まれている．それらの事実を無視して，中小企業が多いという理由だけで，総合型だけに網をかけるのはたん

なる差別であり，間違っている．

　第2に，第3節3.5項で示した行政監査の指摘事項からも明らかなように，企業年金運営において指摘された問題点は，会計に関するものだけでなく，業務全般にわたっている．確定給付企業年金のガバナンス問題として，会計だけに焦点を当てるのは，重大な認識不足に基づく誤りである．

　第3に，公認会計士による AUP の活用が検討されているが，今後はどのような手続きとするか関係者間（公認会計士協会，厚生労働省，総合型 DB 基金）で検討されることになっている．提示された案では，監事監査に公認会計士が帯同する等のかたちを考えているようであるが，企業年金の運営には積立金運用・財政運営の専門的な知識が要求されることを考慮すると，次のような問題がある．公認会計士の立場からは，自らの判断により証拠を入手せず決められた手続きにより得られた事実に即して結果を報告すれば良く，通常の会計監査のように計算書類の適正性の保証を提供するものではない．一方，一般的に監事はすでに述べてきたように企業年金の制度運営に精通していない場合が多い．さらに，公認会計士に企業年金の専門的知識の多くを期待できない．したがって，監事に公認会計士が帯同するとは言っても，公認会計士による責任ある支援による適切な検証は期待できないのではないか．すなわち，いままでの監事監査の延長になるだけと考えられる．コストが比較的に安価であると言っても，手間が増えるだけで検証の効果をあまり期待できない可能性が高い．

　ちなみに，企業年金関係者の間では，企業年金部会の議論について，「今後の企業年金のガバナンスのあり方については，規制ありきではなく，多面的かつ本質的な議論を引き続き展開していくべきである」という声もある．

　われわれが提案する年金検査人制度は，会計に限定しない包括的な企業年金運営に対する検査であり，「見られることによる自己規律」というモニタリングの理に叶ったものである．かつ AUP よりはるかに効果があり，容易かつ安価に実施できる制度である．企業年金部会は糊塗策に走らずに，大きな視点からの改革を目指していただきたい．細かな糊塗策を積み重ねるよりも，根本的な改革のほうが，長期的には，はるかに社会的なコストが低く，かつ改革の目的の達成が容易である．

参考文献

第 1 章

権丈善一［2016］『年金，民主主義，経済学——再分配政策の政治経済学Ⅶ』慶應義塾大学出版会.

日本老年学会・日本老年医学会［2017］「高齢者に関する定義検討ワーキンググループ報告書」.

年金綜合研究所［2016］「公的年金の現状と課題に関する研究」『報告書』（研究責任者：宮武剛）.

吉原健二［1987］『新年金法』全国社会保険協会連合会.

吉原健二・畑満［2016］『日本公的年金制度史——戦後70年・皆年金半世紀』中央法規出版.

Chetty, R. et al.［2016］"The Association between Income and Life Expectancy in the United States, 2001-2014," *JAMA*, Vol.315, No.16, pp.1750-1766.

Gratton, L. and A. Scott［2016］*The 100-Year Life*, Bloomsbury Information Ltd.（池村千秋訳『LIFE SHIFT（ライフ・シフト）』東洋経済新報社，2016年）.

International Actuarial Association［2016］"Determination of Retirement and Eligibility Ages: Actuarial, Social and Economic Impacts."

第 2 章

厚生年金基金連合会編［1999］『海外の年金制度——日本との比較検証』東洋経済新報社.

厚生労働省「2013年就労条件総合調査」.

厚生労働省「2014年就業形態の多様化に関する総合実態調査」.

人事院［2008］「公務公共労働組合協議会『退職者の生活状況についてのアンケート』調査結果報告書」（公務員の高齢期の雇用問題に関する研究会第 8 回資料 1 ）.

西村周三・京極高宣・金子能宏［2014］『社会保障の国際比較研究』ミネルヴァ書房.

年金綜合研究所［2017］「我が国における年金制度の評価基準作成と各国比較」（年金綜合研究所報告書）.

吉原健二・畑満［2016］『日本公的年金制度史』中央法規出版.

労働政策研究・研修機構［2010］「高齢者の雇用・就業の実態に関する調査」.

Andritzky, J. R.［2012］"Government Bonds and Their Investors," IMF WP12/58,

June.

ILO [2013a] *Key Indicators of the Labour Market*, 8th Edition.

ILO [2013b] *ILOSTAT Labour Force Participation Rate M + F 65 +*.

IMF [2015] "World Economic Database," October.

Melbourne MERCER [2009] "Global Pensions Index."

Melbourne MERCER [2015] "Global Pensions Index."

Melbourne MERCER [2016] "Global Pensions Index."

OECD [2005] "Pensions at a Glance."

OECD [2012] "Pensions Outlook."

OECD [2015] "Pensions at a Glance."

OECD, StatExtracts Database.

Saunders, P., R. Patulny, and A. Lee [2004] "Updating and Extending Indicative Budget Standards for Older Australians Final Report," Social Policy Research Center, University of New South Wales, January.

United Nations, *World Population Prospects*, 2015 Revision.

World Bank [2014] *World Wide Governance Indicators*.

第3章

金融庁 [2015]「平成28（2016）事務年度　金融行政方針」.

Actuarial Association of Europe [2016] "The Ageing of the EU-Implications for Pensions: A Discussion Paper," Actuarial Association of Europe, March.

Antolin, P., S. Payet,, and J. Yermo [2012] "Coverage of Private Pension Systems: Evidence and Policy Options," OECD Working Papers on Finance, Insurance and Private Pensions, No. 20, OECD Publishing, Paris.

Babbel, D. F. and C. B. Merrill [2006] "Rational Decumulation," Wharton Financial Institutions Center Working Paper, No. 06-14.

Bikker, J. A. [2013] "Is There an Optimal Pension Fund Size? A Scale-economy Analysis of Administrative and Investment Costs," DNB Working Paper, No. 376, April.

Bikker, J. A. and J. de Dreu [2007] "Operating Costs of Pension Schemes," *Costs and Benefits of Collective Pension Systems*, Springer.

Canadian Institute of Actuaries [2015] "Report of the Task Force on Target Benefit Plans," CIA Task Force on Target Benefit Plans.

Committee of European Insurance and Occupational Pensions Supervisors (CEIOPS) [2008] "Survey on Fully Funded, Technical Provisions and Security Mechanisms in the European Occupational Pension Sector."

De Nederlandische Bank (DNB) [2014] "DNB Asks Funds to Think about the Sustainability of Their Business Models," *DNBulletin*, 16 April.

European Commission [2007] "Joint Report on Social Protection and Social Inclusion 2007," Directorate-General for Employment, Social Affairs and Equal Opportunities, European Communities.

European Union [2017] "Directive (EU) 2016/2341 of the European Parliament and of the Council of 14 December 2016 on the Activities and Supervision of Institutions for Occupational Retirement Provision (IORPs)," *Official Journal of the European Union*, 23. 12. 2016.

Expert Committee on the Future of the Québec Retirement System [2013] "Report—Innovating for a Sustainable Retirement System."

Investment and Pensions Europe [2015] "DC Evolution, Netherland Style," *IPE Magazine*, October.

Mitchell, O. S., J. Poterba, M. Warshawsky, and J. Brown [1999] "New Evidence on the Money's Worth of Individual Annuities," *American Economic Review*, Vol. 89, No. 5, pp. 1299–1318, December.

National Employment Savings Trust (NEST) [2015] "The Future of Retirement: A Retirement Income Blueprint for NEST's Members," NEST Corporation.

OECD [2015] "Pensions at a Glance: OECD and G20 Indicators," OECD Publishing, Paris.

OECD [2016] "OECD Core Principles of Private Pension Regulation," OECD.

Saunders, P., R. Patulny, and A. Lee [2004] "Updating and Extending Indicative Budget Standards for Older Australians Final Report," Social Policy Research Center, University of New South Wales, January.

Social Protection Committee and the European Commission [2015] "The 2015 Pension Adequacy Report: Current and Future Income Adequacy in Old Age in the EU," Vol. I, Joint Report prepared by the Social Protection Committee (SPC) and the European Commission (DG EMPL).

第4章

一般社団法人 年金綜合研究所「中小企業従業員に対する老後所得保障のあり方に関する研究報告書」（平成26年7月）.

一般社団法人 年金綜合研究所「高齢期の所得保障と企業年金制度 サブテーマ①企業年金制度〜企業年金におけるリスク共有の在り方〜」（平成29年4月）.

第5章

金子宏［2016］『法律学講座双書 租税法（第21版）』弘文堂.

久保知行［2009］『わかりやすい企業年金（第 2 版）』日本経済新聞出版社（日経文庫）.

小西秀樹［2010］「マクロ経済学から見た社会保障」宮島洋・西村周三・京極高宣編『財政と所得保障』東京大学出版会.

増井良啓［1998］「退職年金等積立金に対する法人税の立法趣旨をめぐって」『季刊社会保障研究』34巻 2 号.

宮島洋［1986］『租税論の展開と日本の税制』日本評論社.

宮島洋［2010］「社会保障と財政・税制」宮島・西村・京極編，前掲書所収.

宮島洋［2016］「税制と社会保障」『年金数理人』第41号，日本年金数理人会，9 月.

森戸英幸［2003］『企業年金の法と政策』有斐閣.

吉原健二・畑満［2016］『日本公的年金制度史』中央法規出版.

Adema, W. and M. Ladaique［2009］"How Expensive is the Welfare State," OECD Social Employment and Migration Working Papers, No. 92.

Anton, P., C. Pugh, and F. Stewart［2008］"Forms of Benefit Payment at Ritirement," OECD Working Papers on Insurance and Private Pensions, No. 26.

OECD［2015a］"Pensions at a Glance," OECD Publishing.

OECD［2015b］"Stocktaking of the Tax Treatment of Funded Private Pension Plans in OECD and EU Countries," OECD.

第6章

格付投資情報センター編集部［2016］『点検　ガバナンス大改革　年金・機関投資家が問う，ニッポンの企業価値』日本経済新聞出版社.

COSO 著／八田進二・箱田順哉監訳／日本内部統制研究学会・新 COSO 研究会訳［2013］『内部統制の統合的フレームワーク』（フレームワーク篇，ツール篇，外部財務報告篇）日本公認会計士協会出版局.

東京証券取引所［2015］「コーポレートガバナンス・コード」.

箱田順哉監修／宮田信一郎著［2011］『企業年金マネジメント——制度運営から監査まで』東洋経済新報社.

若杉敬明［2005］「時事評論　不祥事とコンプライアンス」『週刊社会保障』第58巻2334号，法研.

若杉敬明［2007］「内部統制とコーポレートガバナンス——会社法の意義」『経営戦略研究』Vol. 13，大和総研経営戦略研究所.

若杉敬明［2008］「内部統制とコーポレートガバナンス——カリフォルニア大学の内部統制ガイドに見る統制活動のあり方」『経営戦略研究』Vol. 15，大和総研経営

戦略研究所.

若杉敬明［2011］『新版　入門ファイナンス』中央経済社.

若杉敬明［2012］「時事評論　厚生年金基金と AIJ 問題」『週刊社会保障』第66巻2676号，法研.

若杉敬明［2016］「ガバナンス強化を目的とする企業年金検査制度の提案——年金数理人への期（上・中・下）」『週刊社会保障』第70巻2858・2859・2860号，法研.

付録資料
「日本の将来推計人口」（平成29年推計）

本資料は「国立社会保障・人口問題研究所」の資料から作成したものである.

日本の将来推計人口（平成29年推計）
《結果および仮定の要約》

推計結果の要約（死亡中位推計）

出生率仮定 ［長期の合計特殊出生率］		中位仮定 ［1.44］	高位仮定 ［1.65］	低位仮定 ［1.25］	平成24年推計 中位仮定 ［1.35］
死亡率仮定 ［長期の平均寿命］		死亡中位仮定 ［男＝84.95年］　　［女＝91.35年］			男＝84.19年 女＝90.93年
総人口	平成27（2015）年	12,709万人 ↓	12,709万人 ↓	12,709万人 ↓	12,660万人 ↓
	平成52（2040）年	11,092万人 ↓	11,374万人 ↓	10,833万人 ↓	10,728万人 ↓
	平成72（2060）年	9,284万人	9,877万人	8,763万人	8,674万人
	平成77（2065）年	8,808万人	9,490万人	8,213万人	［8,135万人］
年少（0〜14歳）人口	平成27（2015）年	1,595万人 12.5% ↓	1,595万人 12.5% ↓	1,595万人 12.5% ↓	1,583万人 12.5% ↓
	平成52（2040）年	1,194万人 10.8% ↓	1,372万人 12.1% ↓	1,027万人 9.5% ↓	1,073万人 10.0% ↓
	平成72（2060）年	951万人 10.2%	1,195万人 12.1%	750万人 8.6%	791万人 9.1%
	平成77（2065）年	898万人 10.2%	1,159万人 12.2%	684万人 8.3%	［735万人 9.0%］
生産年齢（15〜64歳）人口	平成27（2015）年	7,728万人 60.8% ↓	7,728万人 60.8% ↓	7,728万人 60.8% ↓	7,682万人 60.7% ↓
	平成52（2040）年	5,978万人 53.9% ↓	6,081万人 53.5% ↓	5,885万人 54.3% ↓	5,787万人 53.9% ↓
	平成72（2060）年	4,793万人 51.6%	5,142万人 52.1%	4,472万人 51.0%	4,418万人 50.9%
	平成77（2065）年	4,529万人 51.4%	4,950万人 52.2%	4,147万人 50.5%	［4,113万人 50.6%］
老年（65歳以上）人口	平成27（2015）年	3,387万人 26.6% ↓	3,387万人 26.6% ↓	3,387万人 26.6% ↓	3,395万人 26.8% ↓
	平成52（2040）年	3,921万人 35.3% ↓	3,921万人 34.5% ↓	3,921万人 36.2% ↓	3,868万人 36.1% ↓
	平成72（2060）年	3,540万人 38.1%	3,540万人 35.8%	3,540万人 40.4%	3,464万人 39.9%
	平成77（2065）年	3,381万人 38.4%	3,381万人 35.6%	3,381万人 41.2%	［3,287万人 40.4%］

（注）　平成24年推計の平成77（2065）年の数値（括弧内）は長期参考推計結果による．

推計方法の要約

　人口変動要因である出生，死亡，国際人口移動について仮定を設け，コーホート要因法により将来の人口を推計した．仮定は，各要因に関する実績統計に基づき，人口統計学的な投影手法によって設定した．

(1)　出生仮定の要約

　平成12（2000）年生まれ女性コーホート（参照コーホート）の結婚および出生指標に仮定を設け，年長のコーホートの実績値または統計的推定値から参照コーホートの仮定値を経て，平成27（2015）年生まれコーホートまで徐々に変化し，以後は一定となるものと仮定した．

仮定の種類	出生仮定指標	前提			合計特殊出生率			平成24年推計
		現在の実績値1964年生まれの世代		仮定2000年生まれの世代（参照コーホート）	平成27（2015）年実績	経過	平成77（2065）年	平成72（2060）年
中位の仮定	(1)平均初婚年齢	26.3歳	→	28.6歳	1.45	最高値平成27（2015）年1.45	1.44	1.35
	(2)50歳時未婚率	12.0%	→	18.8%				
	(3)夫婦完結出生児数	1.96人	→	1.79人		最低値平成36（2024）年1.42		
	(4)離死別再婚効果	0.959	→	0.955				
高位の仮定	(1)平均初婚年齢		→	28.2歳	1.45	最高値平成36（2024）年1.66	1.65	1.60
	(2)50歳時未婚率		→	13.2%				
	(3)夫婦完結出生児数	同上	→	1.91人		最低値平成27（2015）年1.45		
	(4)離死別再婚効果		→	0.955				
低位の仮定	(1)平均初婚年齢		→	29.0歳	1.45	最高値平成27（2015）年1.45	1.25	1.12
	(2)50歳時未婚率		→	24.7%				
	(3)夫婦完結出生児数	同上	→	1.68人		最低値平成36（2024）年1.20		
	(4)離死別再婚効果		→	0.955				

　（注）　出生性比：平成23（2011）〜27（2015）年の出生性比（105.2）を一定とした．

(2) 死亡仮定の要約

　昭和45（1970）～平成27（2015）年の死亡実績に基づき,「死亡中位」（平成77（2065）年男性84.95年,女性91.35年）の仮定を設定するとともに,パラメータが確率99％で存在する区間に従い「死亡高位」（同年男性83.83年,女性90.21年）,「死亡低位」（同年男性86.05年,女性92.48年）の仮定を設定した.

平均寿命	実績 平成27(2015)年	死亡中位仮定 平成77(2065)年	平成24年推計 平成72(2060)年
男　性	80.75年 ──────▶	84.95年	84.19年
女　性	86.98年 ──────▶	91.35年	90.93年

(3) 国際人口移動仮定の要約

　日本人については,平成22（2010）～平成27（2015）年における男女年齢別入国超過率（純移動率）の平均値を一定とした.外国人については,昭和45（1970）年以降における入国超過数の趨勢を投影することによって仮定値とした.なお,入国外国人の性,年齢別割合や国籍異動率についても過去の趨勢をもとに仮定値を作成した.

日本の人口ピラミッドの変遷と将来の姿

人口ピラミッド1965年

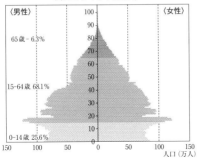

〈男性〉　　　　　　　　　　〈女性〉

65歳 - 6.3%

15-64歳 68.1%

0-14歳 25.6%

人口（万人）

人口ピラミッド1990年

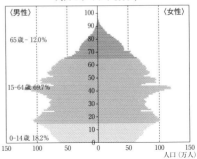

〈男性〉　　　　　　　　　　〈女性〉

65歳 - 12.0%

15-64歳 69.7%

0-14歳 18.2%

人口（万人）

人口ピラミッド2015年

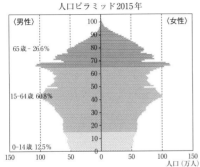

〈男性〉　　　　　　　　　　〈女性〉

65歳 - 26.6%

15-64歳 60.8%

0-14歳 12.5%

人口（万人）

人口ピラミッド2040年（出生中位・死亡中位）

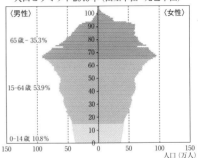

〈男性〉　　　　　　　　　　〈女性〉

65歳 - 35.3%

15-64歳 53.9%

0-14歳 10.8%

人口（万人）

人口ピラミッド2065年（出生中位・死亡中位）

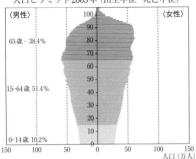

〈男性〉　　　　　　　　　　〈女性〉

65歳 - 38.4%

15-64歳 51.4%

0-14歳 10.2%

人口（万人）

主要先進諸国および国際機関の

推計機関	推計期間	基準人口	出生率（TFR）
アメリカ （政府センサス局）	2012-2060年	2011年 7月1日人口	1仮定 総数：1.91，白人1.83，黒人1.92 AIA[1] 2.01，API[2] 1.78，ヒスパニック2.15
フランス （国立統計経済研究所）	2007-2060年	2005年 1月1日人口	4仮定 中位1.95，高位2.10，低位1.80 ヨーロッパ平均1.60
イギリス （政府統計局）	2015-2039年 （参考推計～ 2114年）	2014年 6月30日人口	3仮定 中位1.89，高位2.09，低位1.69
ドイツ （政府統計局）	2014-2060年	2013年 12月31日人口	3仮定 ①一定1.4，②漸増1.6 置換水準2.1
スウェーデン （政府統計局）	2016-2060年	2015年 12月31日人口	1仮定 1.89
オーストラリア （政府統計局）	2013-2101年	2012年 6月30日人口	3仮定 中位1.80，高位2.00，低位1.60
国連 （国連人口部）	2016-2100年	2015年 7月1日人口	5仮定 中位［確率推計中位数］（1.81） 高位（2.31），低位（1.31）， 一定推計，置換水準 （括弧内は日本の仮定値）

（注）　1）　AIA = American Indian and Alaska Native.
　　　　2）　API = Asian and Pacific Islander.
　　　　3）　EWR = Europäischer Wirtschaftsraum (EEC).

将来人口推計枠組み一覧

仮定の種類と設定方法	
死亡率（平均寿命(年)）	国際人口移動（純移動数）
1 仮定 非ヒスパニック 白人・API：男83.2，女87.2 黒人・AIA：男80.4，女84.7 ヒスパニック：男83.2，女87.2	4 仮定 中位1,215,000 高位1,606,000 低位824,000 一定725,000
4 仮定 中位：男86.0，女91.1 低位：男88.5，女93.6 高位：男83.5，女88.6 2009年一定	4 仮定 中位100,000 高位150,000 低位50,000 ゼロ（封鎖人口）
3 仮定 中位：男84.1，女86.9 低位：男86.0，女88.7 高位：男82.2，女85.2	3 仮定 中位185,000 高位265,000 低位105,000
2 仮定 ①緩やかな上昇：男84.8，女88.8 ②強い上昇：男86.7，女90.4	4 仮定 低位100,000 高位200,000 ゼロ（封鎖人口），300,000
1 仮定 男86.7，女89.1	1 仮定 22,000
2 仮定 中位：男85.2，女88.3 低位：男92.1，女93.6	4 仮定 中位240,000 高位280,000 低位200,000 ゼロ（封鎖人口）
2 仮定 中位［確率推計中位数］ （男90.49，女96.99）， 一定推計 （括弧内は日本の仮定値）	2 仮定 中位（125,000） ゼロ（封鎖人口） （括弧内は日本の仮定値）

あとがき

　年金綜合研究所が，5年前の2012年（平成24年）に創設された際の目的は「年金制度の信頼性の確立」と「持続可能性」について，公開された情報をもとに多くの専門家と研鑽を重ね，現状分析により課題を考えることであった．研究所では，それぞれの課題ごとに研究会を開催し，その報告を積み重ねてきたところである．本書では，それらの研究成果の一部を各研究会の責任者にお願いをして，内容を一冊の書籍としてまとめていただいたものである．

　序章「わが国の公的年金制度」（吉原健二）は，わが国の公的年金制度の歩みと今後の課題について簡潔に論じたたものである．ここで大切なことは，年金制度に対する国民の信頼と制度を管理する国への信頼感であることが，あらためて指摘をされている．

　第1章「公的年金に対する現状認識と課題」（畑満）では，高齢期の就労と年金受給のあり方に関係する支給開始年齢の問題について考察している．先に社会保障制度改革国民会議報告書では，就労期間と引退期間は個々人の選択にゆだねるとされている．しかし本章の分析によると，現行の支給開始年齢のままでは公的年金の標準的な水準でも30年後においては，70歳代後半に，相対的貧困ラインを下回ることが明らかとなった．これについての解決の方向は，従来の確定給付制度（DB）か確定拠出制度（DC）かという議論にとどまることなく，一時金税制の見直しや私的年金の強制化などが有効であることなどを指摘している．

　第2章「国際比較からわかる日本の年金制度」（佐野邦明）では，国際比較を通じてわが国の老後所得保障の課題に着目する．そこでは，国，企業そして個人の役割を明確にし，国民全体の老後所得保障を組み立てる方向性が示唆されている．

　第3章「高齢期の所得保障と企業年金制度」（清水信広）では，高齢期の生活費について，充分性を確保するための中立・客観的な指標の重要性などが指摘される．諸外国との比較で浮き彫りにされた日本の対応の遅れについては，

これらの多くの提言をもとにした議論が深まることが期待される.

　第4章「企業年金の普及と持続可能性」(小野正昭)で取り上げるのは,公的年金を補完する役割を担う企業年金をめぐる論点の整理である.とりわけ,制度が不十分な状況にある中小企業従業員に対する退職金制度などの現状から,中小企業政策として外部積立型制度の普及と事業主拠出に対する支援策を提言している.

　第5章「年金制度と税制」(宮島洋)では,公的年金・企業年金・退職金をめぐる税制の問題が取り上げられる.社会保障分野では,公平・公正の観点から所得を基準にした保険料などの仕組みとなっているが,その基準所得は税制上の所得概念や所得把握に依拠している.給与所得と事業所得との間でも,解消困難な課題があることが指摘されている.

　第6章「ガバナンス強化を目的とする企業年金検査制度の提案」(若杉敬明)では,企業年金の運営体制をめぐる課題と論点が取り上げられる.本来,年金制度の運営体制は内部統制により行われているものである.しかし,規模の大小にかかわらず発生した不祥事について考察すると,ガバナンス体制の確立が要求される.ここでは,企業年金に精通した独立である第三者による,費用対効果を熟慮した検査制度の必要性が提言される.

　これらの提言などから,年金不信を醸成し,制度の本質を理解せずに誤った情報を流し続けた一部の関係者に「持続可能な年金制度を未来につなげる安心と信頼」が,国民の望むものであることを理解していただくことを,あらためて本書を通して願うものである.

　ここで当研究所の5年間の活動について簡単に触れることとする.

　20歳前後の若い世代を対象には,年金制度への不信や誤解を解消するために,年金教育のホームページ「年金ペディア」を開設し,情報発信をして活用をいただいている.今後は,対象世代の拡大などが,内容の充実とともに課題である.

　また,年金を中心としたタイムリーなテーマで,学識豊かな講演者を招いてシンポジウムを開催している.また講演録についても準備が整えられている.

　毎月,多くの有識者にも参加をしていただき,活発な意見交換を行う勉強会

を開催している．この勉強会には，ご多用の中 CAC Holdings 島田俊夫会長に
もご出席いただいております．

　研究会の成果は報告書として公開されている．各位の参考にしていただけれ
ば幸いである．

　創立6年目を迎えるにあたり，新たにこれまでの成果を発展させるために
「社会変化に対応した年金制度再構築」をテーマに研究を開始した．これらの
成果が次の世代の社会保障制度議論に貢献できることを目標に，より深く展開
されることを期待するところである．

　当研究所が5年以上にわたって運営を続けてきたことについては，前事務局
長の西澤晋氏の貢献は大きなものであった．また研究会運営とともに，本書の
とりまとめにあたっては，研究所の岡本隆事務局長，祐川武徳事務局員，関川
裕子事務局員が様々な協力をしたことを最後に記すことをご容赦いただきたい．

　　平成29年10月1日

年金綜合研究所

専務理事　近藤　師昭

【研究会メンバー一覧】

（五十音順　敬称略）

石田　英和	井上　修二	猪熊　律子
今福　愛志	沖田　俊幸	小野　正昭
梶本　章	片寄　郁夫	加藤　丈夫
鎌田　真隆	河原　信次	木口　愛友
京極　高宣	楠田　裕子	栗原　健
権丈　善一	神代　和俊	酒井　英幸
佐々木政治	佐々木裕子	佐野　邦明
塩田　強	清水　時彦	清水　信広
杉田　健	高田　崇司	田川　勝久
瀧原　章夫	田坂　康夫	谷口　充洋
玉木　伸介	西尾　穂高	畑　満
原　佳奈子	枇々木規雄	藤井　康行
正置　正一	宮島　洋	宮武　剛
山崎　俊輔	吉原　健二	渡邊　絹子
渡邉　芳樹		

シンポジウム開催一覧（東京）

（実施時点の役職による，敬称略）

回数	講師	講演テーマ
第1回	財団法人厚生年金事業振興団顧問 吉原　健二	半世紀を迎えた皆年金制度の将来
	慶應義塾大学商学部教授 権丈　善一	公的年金制度の現在と将来
	朝日新聞論説委員　浜田　陽太郎	わたくしから見た日本の年金制度
第2回	社会保障制度改革国民会議事務局 事務局長　中村　秀一	社会保障・税番号制度の導入について
	東京大学名誉教授　宮島　洋	番号制と所得把握 ―社会保障の観点から―
	東京工業大学大学院教授 飯島　淳一	共通番号導入による行政サービスの変革 ―業務プロセスの観点から―
第3回	前・駐スウェーデン日本国特命全権 大使　渡邉　芳樹	変容するスウェーデン社会保障
	東京大学名誉教授　宮島　洋	【パネルディスカッション】
	元日本経済新聞社論説委員 渡辺　俊介	
	前・駐スウェーデン日本国特命全権 大使　渡邉　芳樹	
第4回	厚生労働省大臣官房参事官（資金運用担当）　森　浩太郎	年金積立金運用の現状と課題
	日本証券業協会会長　稲野　和利	【パネルディスカッション】 テーマ： 　公的年金運用と我が国の金融・資本市場
	名古屋市立大学経済学研究科教授 臼杵　政治	
	厚生労働省大臣官房参事官（資金運用担当）　森　浩太郎	
	大妻女子大学短期大学部教授（元GPIF　審議役・企画部長） 玉木　伸介	
第5回	厚生労働省年金局長　香取　照幸	平成26年財政検証を踏まえた年金制度の課題
	読売新聞　編集局社会保障部次長 猪熊　律子	【パネルディスカッション】 テーマ： 　平成26年財政検証と年金制度の課題
	慶應義塾大学商学部教授 権丈　善一	
	慶應義塾大学経済学部教授 山田　篤裕	
	厚生労働省年金局長　香取　照幸	
	元日本経済新聞社論説委員 渡辺　俊介	

回数	講師	講演テーマ
第6回	慶應義塾大学商学部教授（前商学部長）　樋口　美雄	地域の人口減少と高齢化問題
	内閣官房　まち・ひと・しごと創生本部事務局企画官　山内　孝一郎	まち・ひと・しごと創生について
第7回	内閣府内閣審議官　向井　治紀	マイナンバー制度の現状
	厚生労働省年金管理審議官　樽見　英樹	マイナンバーで年金の実務はどう変わるか
第8回	株式会社日本取引所グループ（前）取締役兼代表執行役　斉藤　惇	コーポレート・ガバナンス・コードの策定と我が国資本市場の機能向上の展望について
	金融庁総務企画局企業開示課長　由布　志行	スチュワードシップ・コードの策定と機関投資家に期待される役割
	東京海上アセットマネジメント代表取締役社長　大場　義昭	【パネルディスカッション】テーマ：　2つのコードと年金運用に期待される役割
	オムロン株式会社執行役員常務グローバルIR・コーポレートコミュニケーション本部長　安藤　聡	
	金融庁総務企画局企業開示課長　由布　志行	
	大妻女子大学短期大学部教授（元GPIF　審議役・企画部長）玉木　伸介	
第9回	厚生労働省年金局企業年金国民年金基金課長　内山　博之	企業年金制度をめぐる動向について
	東京大学名誉教授／ミシガン大学ロス・ビジネススクール三井生命金融研究センター理事　若杉　敬明	【パネルディスカッション】テーマ：　これからの企業年金を考える
	企業年金連合会理事長　村瀬　清司	
	みずほ年金研究所研究理事／年金綜合研究所（企業年金制度研究会主席研究員）小野　正昭	
	厚生労働省年金局企業年金国民年金基金課長　内山　博之	
	社会保障審議会企業年金部会長　神奈川県立保健福祉大学名誉教授　山崎　泰彦	

回数	講師	講演テーマ
第10回	厚生労働省大臣官房企画官 熊木　正人	年金教育・広報の現状と課題について
	同志社大学准教授　佐々木　一郎	【パネルディスカッション】 テーマ： 　学校教育・職域・地域からみた 　社会保障教育の現状と課題
	日本年金機構サービス推進部長 西脇　悟	
	読売新聞社編集局社会保障部長 猪熊　律子	
	厚生労働省大臣官房企画官 熊木　正人	
	流通経済大学准教授　百瀬　優	
	慶應義塾大学商学部教授 権丈　善一	【総括】
第11回	慶應義塾長　清家　篤	社会保障制度を将来世代に伝えるために
	厚生労働省年金局長　鈴木　俊彦	年金制度の現状と課題～基礎年金創設から30年を経て～
	元・駐スウェーデン日本国特命全権大使　渡邉　芳樹	公的年金制度の残された課題
	元日本経済新聞社論説委員 渡辺　俊介	「暗い年金将来像」はもうやめよう
第12回	年金綜合研究所国際比較研究会　主席研究員　佐野　邦明	国際比較から見る年金制度の課題
	東京大学名誉教授　宮島　洋	【パネルディスカッション】
	医療介護福祉政策研究フォーラム理事　梶本　章	
	年金綜合研究所国際比較研究会 主席研究員　佐野　邦明	
	日本放送協会解説委員　竹田　忠	
第13回	厚生労働省年金局年金課長 間　隆一郎	公的年金改革の到達点と今後の課題
	厚生労働省年金局企業年金・個人年金課長　青山　桂子	企業年金制度の現状と課題
	日本リハビリテーション振興会理事長　宮武　剛	「社会保障制度改革国民会議」の提唱は生かされたか
	国立社会保障・人口問題研究所人口動向研究部長　石井　太	新しい将来人口推計の見方・考え方
	厚生労働省年金局数理課長 武藤　憲真	人口推計と年金財政

シンポジウム開催一覧（大阪）

（実施時点の役職による，敬称略）

回数	講師	講演テーマ
第1回	内閣府内閣審議官　向井　治紀	マイナンバー制度の現状
	厚生労働省年金管理審議官 樽見　英樹	マイナンバーで年金の実務はどう変わるか
第2回	厚生労働省年金局数理課課長補佐 佐藤　裕亮	年金教育・広報の現状と課題について
	同志社大学准教授　佐々木　一郎	【パネルディスカッション】 テーマ： 　学校教育・職域・地域からみた 　社会保障教育の現状と課題
	日本年金機構サービス推進部長 濱田　聡	
	社会保障審議会年金部会委員／社会保険労務士　原　佳奈子	
	厚生労働省年金局数理課課長補佐 佐藤　裕亮	
	流通経済大学准教授　百瀬　優	
	慶應義塾大学商学部教授 権丈　善一	【総括】
第3回	厚生労働省年金局企画官 江口　満	年金制度改正の概要等
	年金綜合研究所国際比較研究会 主席研究員　佐野　邦明	国際比較から見る日本の年金制度等の課題
	東京大学名誉教授　宮島　洋	税制面から見た年金制度と国際比較
	元・駐スウェーデン日本国特命全権大使　渡邉　芳樹	年金制度の残された課題（スウェーデン他の諸外国との対比も含めて）

年金綜合研究所　研究報告一覧

発行年月	文書名
2013年3月	アメリカの公務員年金制度をめぐる労使紛争と改革の現状 ～地方公務員の年金制度改革を中心とする文献紹介～
2014年7月	中小企業従業員に対する老後所得保障のあり方
2014年7月	退職給付会計プロジェクト「年金負債の認識および測定」
2015年4月	退職給付会計の課題の考察
2016年3月	企業年金におけるマイナンバーの利活用および業務プロセスの改善
2017年3月	年金制度の評価基準作成と国際比較
2017年3月	高齢期の所得保障と企業年金制度
2017年4月	高齢期の所得保障と企業年金制度　サブテーマ①企業年金制度「企業年金におけるリスク共有の在り方」
2017年7月	GPFGがプライベート・エクイティへの投資から超過リターンを得る潜在性の評価とベンチマークに関する推奨

有識者による意見交換会

（実施時点の役職による，敬称略）

回数	題目	講師
第1回	『厚生年金基金制度の将来（存続か改定か廃止か）』	年金綜合研究所理事長 坪野 剛司
第2回	『昔の話でよければ』	財団法人厚生年金事業振興団顧問 吉原 健二
第3回	『番号制と所得把握 —社会保障の観点から—』	東京大学名誉教授 宮島 洋
第4回	『年金をはじめとする社会保障の教育推進の検討状況について』	厚生労働省年金局年金課 企画官 須田 俊孝
		厚生労働省年金局数理課課長補佐 西岡 隆
第5回	『国民会議における年金の議論など』	慶應義塾大学商学部教授 権丈 善一
第6回	『国際的に見た日本の年金制度の評価』	三菱 UFJ 信託銀行株式会社年金コンサルティング部 佐野 邦明
第7回	『国民会議での議論について』	社会保障制度改革国民会議事務局長 中村 秀一
第8回	『変容するスウェーデンの社会保障』	前・駐スウェーデン日本国特命全権大使 渡邉 芳樹
第9回	GPIF の運用を取り巻く環境と「公的・準公的資金の運用・リスク管理等の高度化等に関する有識者会議」報告書等について	大妻女子大学短期大学部教授 玉木 伸介
第10回	公務退職給付（年金・退職手当）のあるべき姿—日米比較からの教訓—	横浜国立大学名誉教授 神代 和俊
第11回	外国人受入れが将来人口を通じて社会保障に及ぼす影響に関する人口学的研究	国立社会保障・人口問題研究所 石井 太
		厚生労働省年金局数理課 武藤 憲真
第12回	社会保障制度改革の展望	神奈川県立保健福祉大学名誉教授 山崎 泰彦
第13回	『公的年金の業務運営について ～5年目に入った日本年金機構～』	日本年金機構副理事長 薄井 康紀
第14回	『年金積立金運用の現状と課題』	厚生労働省大臣官房参事官 森 浩太郎
		大妻女子大学短期大学部教授 玉木 伸介
第15回	『平成26年財政検証及びオプション試算の結果について』	厚生労働省年金局数理課長 山崎 伸彦

回数	題目	講師
第16回	『地域包括ケアシステムの構築と介護保険制度改正』	厚生労働省老健局長 原　勝則
第17回	『地域の人口減少と高齢化問題』	慶應義塾大学商学部教授 樋口　美雄
第18回	『マイナンバー制度のその後について』	内閣官房社会保障改革担当室審議官／内閣官房情報通信技術（IT）総合戦略室副室長（副政府CIO）／内閣府大臣官房番号制度担当室長　向井　治紀
第19回	『GPIFの現状と課題』	年金積立金管理運用独立行政法人理事長　三谷　隆博
第20回	『企業年金をとりまく議論の進展と今後の課題』	企業年金連合会　村瀬　清司
第21回	『社会保障制度改革推進会議の議論について』	慶應義塾大学商学部教授 権丈　善一
第22回	『マイナンバーで年金の実務はどう変わるか』	厚生労働省年金管理審議官 樽見　英樹
第23回	『年金を中心とした，社会保障全般について』	衆議院議員　鴨下　一郎
第24回	『超高齢社会の消費活動』	公益財団法人年金シニアプラン総合研究機構理事長 西村　周三
第25回	『被用者年金一元化後の公的年金のリスク管理』	厚生労働省年金局首席年金数理官 清水　信広
第26回	『三年間の年金課勤務を振り返って』	厚生労働省年金局年金課長 度山　徹
第27回	『企業年金制度の見直しについて』	厚生労働省年金局企業年金国民年金基金課長　内山　博之
第28回	『人口動態統計を活用する加工統計～TFRと生命表～』	厚生労働省大臣官房統計情報部人口動態・保健社会統計課長 廣瀬　滋樹
第29回	『年金情報発信　「年金ペディア」サイトのご紹介』	流通経済大学経済学部准教授 百瀬　優
第30回	『生涯現役社会の条件』	慶應義塾長　清家　篤
第31回	『少子高齢化にどう対応するのか』	厚生労働省（前）事務次官 村木　厚子
第32回	『財政検証とその関連事項について』	厚生労働省年金局数理課長 武藤　憲真
第33回	『最近の国際課題への取り組みについて』	厚生労働省大臣官房国際課長 大鶴　知之
第34回	『公的年金制度の持続可能性の向上のための国民年金法等の一部を改正する法律案について』	厚生労働省年金局総務課長 度山　徹
第35回	『企業年金法の最新動向：法改正，裁判例，今後の課題』	慶應義塾大学法科大学院教授 森戸　英幸

回数	題目	講師
第36回	『年金制度の残された課題』	元・駐スウェーデン日本国特命全権大使　渡邉　芳樹
第37回	『医療分野を中心とする社会保障の展望』	厚生労働事務次官　二川　一男
第38回	『年金積立金運用の現状と課題』	厚生労働省大臣官房参事官（資金運用担当）　宮崎　敦文
第39回	『どうなる!?　日本の人口—最新数値から独自に推計してみる—』	厚生労働省政策統括官（統計・情報政策担当）参事官（人口動態・保健社会統計室長併任）廣瀬　滋樹
第40回	『国際比較から見る日本の年金制度等の課題』	年金綜合研究所年金制度国際比較研究会主席研究員　佐野　邦明
第41回	『人口減少を超えていく』	厚生労働省年金局年金課長　間　隆一郎
第42回	『平成29年度税制改正と社会保障』	厚生労働省政策統括官・参事官（社会保障担当参事官室長併任）度山　徹
第43回	『受動喫煙防止対策』	厚生労働省大臣官房審議官（健康,生活衛生担当）橋本　泰宏
第44回	『働き方改革について』	厚生労働省厚生労働審議官（国会担当）　岡崎　淳一
第45回	『将来人口推計について』	国立社会保障・人口問題研究所人口動向研究部長　石井　太
第46回	『財政再建と日本経済の持続的成長』（これからのマクロ経済運営を見る視点？　体験的財政論を中心に）	株式会社日本政策投資銀行代表取締役副社長　木下　康司
第47回	『これからの年金制度と社会保障』	厚生労働省年金局長　鈴木　俊彦
第48回	『介護保険制度の展望』	厚生労働省老健局長　蒲原　基道
第49回	『GPIF 年金積立金運用の現状と課題』	厚生労働省年金局資金運用課長　宮崎　敦文

執筆者略歴

坪野　剛司 (つぼの　つよし)──監修者

吉原　健二 (よしわら　けんじ)──序章：わが国の公的年金制度
　　　　　　　　　　　　　　これまでの歩みを振り返り，今後の課題を考える

1955年東京大学法学部卒業，同年厚生省入省．年金局長，厚生事務次官など
を歴任して，1990年厚生省退官．
その後，厚生年金基金連合会理事長，財団法人厚生年金事業振興団理事長，
人口問題審議会，社会保障制度審議会，児童福祉審議会，財政審議会資金運
用審議会等の委員，公益財団法人難病医学研究財団理事長，公益財団法人年
金シニアプラン総合研究機構評議員をつとめ，現在は一般社団法人年金綜合
研究所評議員，公益財団法人難病医学研究財団評議員．

畑　満 (はた　みつる)──第1章：公的年金に対する現状認識と課題

1977年大阪大学大学院理学研究科修士課程修了（理学修士［数学］），同年厚
生省入省．保険局調査課長，年金局首席年金数理官，社会保険診療報酬支払
基金審議役を経て，2011年より全国労働者共済生活協同組合連合会共済計理
人（現職）．この間，大阪大学大学院基礎工学研究科非常勤講師，明治大学
商学部兼任講師，東京工業大学大学院社会理工学研究科非常勤講師，東北大
学大学院理学研究科非常勤講師などをつとめる．年金数理人，日本アクチュ
アリー会正会員．
主要著作に，『日本公的年金制度史』（共著，中央法規出版，2016年），『年金
制度が破綻しないことがよくわかる年金 Q&A』（共著，TAC 出版，2012
年），など．

佐野　邦明（さの　くにあき）──第2章：国際比較からわかる日本の年金制度

1975年学習院大学理学部数学科卒業，同年三菱信託銀行入社（現・三菱UFJ信託銀行），年金業務部長，年金コンサルティング部長などを経て，2014年より㈱シーエーシー　専門顧問（現職）．この間，年金数理人会理事，副理事長をつとめる．

主要著作に，『転換期の企業年金制度』（共著，ぎょうせい，1995年），『企業年金ガバナンス』（共著，中央経済社，2007年），『図解　退職給付会計はこう変わる！』（共著，東洋経済新報社，2013年）など．

清水　信広（しみず　のぶひろ）──第3章：高齢期の所得保障と企業年金制度

1979年京都大学理学部卒業，1981年同大学大学院理学研究科修士課程修了，1982年同博士課程中退．同年厚生省入省．厚生年金基金連合会企画事業部次長，GPIF資金運用専門役・同運用部長，農業者年金基金年金計理人，厚生労働省年金局首席年金数理官などを経て，2016年3月厚生労働省退官．2016年6月より全国生活協同組合連合会常勤監事．理学博士，日本アクチュアリー会正会員（理事），日本年金数理人会正会員，日本証券アナリスト協会検定会員．国際アクチュアリー会年金・給付・社会保障セクション（PBSS）運営委員会委員（書記）．

主要著作に，「給付建て企業年金におけるリスク分担手法の再検討」『年金数理人』No.17，2006年8月，pp.23-33，㈳日本年金数理人会（日本年金数理人会第1回企業年金研究賞優秀論文賞受賞論文）など．

小野　正昭（おの　まさあき）──第4章：企業年金の普及と持続可能性

1979年東京大学理学部卒業，同年安田信託銀行（現・みずほ信託銀行）入社．安田年金研究所（現・みずほ年金研究所）主席研究員・年金研究部長，みずほ年金研究所研究理事を経て，2017年よりみずほ信託銀行株式会社年金研究所主席研究員（現職）．

日本アクチュアリー会正会員（参与），年金数理人，社会保障審議会臨時委員，労働政策審議会臨時委員，中小企業政策審議会臨時委員などをつとめる．

宮島　洋（みやじま　ひろし）――第5章：年金制度と税制

1966年東京大学経済学部卒業，1972年東京大学大学院経済学研究科博士課程単位取得・退学．信州大学経済学部助教授等を経て，1985年東京大学経済学部教授，同経済学部長，同副学長，2003年早稲田大学教授．東京大学名誉教授，経済学博士．税制調査会・経済審議会・社会保障審議会等委員を歴任．

主要著作に，『租税論の展開と日本の税制』（日本評論社，1986年），『高齢化時代の社会経済学』（岩波書店，1992年），『講座　社会保障と経済（全3巻）』（共編著，東京大学出版会，2009年・2010年）など．

若杉　敬明（わかすぎ　たかあき）――6章：ガバナンス強化を目的とする企業年金検査制度の提案

1966年東京大学経済学部卒業，1968年東京大学大学院経済学研究科修士課程修了．横浜市立大学商学部助教授，東北大学経済学部助教授等を経て，1985年東京大学経済学部教授，2004年定年退官後，東京経済大学経営学部教授（2013年退職）．1990年よりミシガン大学ロス・ビジネススクール三井生命金融研究センター共同理事，現在に至る．

東京大学名誉教授．日本経営財務研究学会会長，郵政審議会委員，国民生活審議会委員，社会保障審議会委員，㈱リコー取締役，JFEホールディングス㈱監査役，㈱NTTドコモ監査役，日本水産㈱取締役等を歴任．

主要著作に，『企業財務』（東京大学出版会，1989年），『新版入門ファイナンス』（中央経済社，2011年）など．

酒井　英幸（さかい　ひでゆき）――編集担当

1970年東京大学法学部卒業，同年厚生省入省．企業年金課長，内閣審議官，官房国際課長，統計情報部長，職業能力開発局長等を歴任．日本製薬団体連合会理事長等を歴任後，現在，全国生活協同組合連合会理事長等．

主要著作に，『国際化時代の社会保障』（勁草書房，1998年），『新発見！ライフサイクルで見る統計』（共著，中央法規出版，1998年）など．

近藤　師昭（こんどう　のりあき）──編集担当

1961年埼玉大学文理学部卒業，同年三井生命保険相互（現・株式）会社入社．
企業福祉制度推進部長，営業企画部長，常務取締役，顧問．この間，日本年
金数理人会会長，相談役，評議員．東京理科大学非常勤講師．社会保障審議
会年金数理部会委員，年金部会委員等を歴任．現在，年金綜合研究所専務理
事．
主要著作に，『生命保険実務講座』（共著，有斐閣，1990年〜91年），「科学教
養講座・役に立つ年金数理入門」（『科学フォーラム』共著，東京理科大学，
2005年）など．

【監修者紹介】
坪野剛司（つぼの　つよし）
1960 年厚生省入省．1985 年年金局数理課長，1991 年総理府社会保障制度審議会事務局年金数理官，1994 年内閣官房内政審議室内閣審議官，1996 年厚生年金基金連合会常務理事などを歴任．
2001 年全労済参与，2005 年早稲田大学大学院客員教授，公益社団法人日本年金数理人会顧問評議員．公益財団法人年金シニアプラン総合研究機構評議員．2004 年より東京工業大学大学院非常勤講師．2012 年より名古屋大学大学院非常勤講師．2012 年 10 月より年金総合研究所理事長．
主な著書に，『新企業年金（第 2 版)』（編著，日本経済新聞社)，『ASEAN の社会保険実務』（監修，東洋経済新報社）などがある．

【編者紹介】
一般社団法人　年金綜合研究所（Institute of Strategic Solutions for Pension Management）
年金制度は，わが国の社会に定着し高齢者の多くが年金収入を生活の糧としております．地域社会においてもその経済に大きな貢献を果たしております．豊かで不安のない人生を送るためには，社会保障制度の充実，とりわけ年金制度への信頼性の確保が重要です．
一般社団法人年金綜合研究所は，信頼性の確立とその持続可能性を専門家集団の知識を集約し，客観的かつ長期的観点からの学術的研究により，政策提言を行うなどを目的として 2012 年（平成 24 年）10 月 1 日に創設されました．

年金制度の展望
改革への課題と論点

2017 年 12 月 14 日発行

監修者——坪野剛司
編　者——一般社団法人　年金綜合研究所
発行者——山縣裕一郎
発行所——東洋経済新報社
　　　　　〒 103-8345　東京都中央区日本橋本石町 1-2-1
　　　　　電話＝東洋経済コールセンター　03(5605)7021
　　　　　http://toyokeizai.net/
装　丁………吉住郷司
印刷…………丸井工文社
編集担当……村瀬裕己
©Institute of Strategic Solutions for Pension Management　Printed in Japan　ISBN 978-4-492-70147-8